Chinese Economists 50 Forum
中国经济 50 人论坛丛书

走进中国经济 50 人论坛
握手中国最有影响力的群体经济学家

中国经济50人论坛丛书
Chinese Economists 50 Forum

中国式现代化的新路径

白重恩 蔡　昉 樊　纲 江小涓
隆国强 杨伟民 易　纲　主编

中国出版集团
中译出版社

图书在版编目（CIP）数据

中国式现代化的新路径 / 白重恩等主编 . -- 北京：中译出版社 , 2023.5
ISBN 978-7-5001-7347-2

Ⅰ.①中… Ⅱ.①白… Ⅲ.①中国经济—现代化建设—研究 Ⅳ.① F124

中国国家版本馆 CIP 数据核字（2023）第 056490 号

中国式现代化的新路径
ZHONGUOSHI XIANDAIHUA DE XINLUJING

主　　编：	白重恩　蔡　昉　樊　纲　江小涓　隆国强　杨伟民　易　纲
策划编辑：	于　宇　方荟文
责任编辑：	方荟文　于　宇
文字编辑：	方荟文　薛　宇
营销编辑：	马　萱　纪菁菁　钟筏童

出版发行：	中译出版社
地　　址：	北京市西城区新街口外大街 28 号 102 号楼 4 层
电　　话：	（010）68002494（编辑部）
邮　　编：	100088
电子邮箱：	book@ctph.com.cn
网　　址：	http://www.ctph.com.cn

印　　刷：	北京顶佳世纪印刷有限公司
经　　销：	新华书店
规　　格：	710 mm×1000 mm　1/16
印　　张：	21.5
字　　数：	229 千字
版　　次：	2023 年 5 月第 1 版
印　　次：	2023 年 5 月第 1 次印刷

ISBN 978-7-5001-7347-2　　　定价：79.00 元

版权所有　侵权必究

中 译 出 版 社

编委会名单

编委会成员（以姓名拼音字母为序）：

白重恩　蔡昉　樊纲　江小涓　隆国强　杨伟民　易纲

编辑工作人员：

徐剑　朱莉　杨春

目　录

第一章　全球经济治理体系改革
　　一、当前全球经济治理体系的基本特征　　004
　　二、全球经济治理体系加速改革的动力　　013
　　三、全球经济治理体系改革的前景　　023

第二章　LIBOR 的改革及其对中国的启示
　　一、LIBOR 形成机制的改革　　037
　　二、改革的步调及主要内容　　046
　　三、利率形成机制变革的全球金融治理意义　　052
　　四、中国的利率市场化改革　　055

第三章　全球变局下中国科技创新战略和路径选择
　　一、我国科技创新面临的新形势和新挑战　　069
　　二、新发展阶段我国科技创新的新使命和新任务　　075
　　三、我国科技高水平自立自强的战略和路径选择　　084

第四章　大时代下宏观经济学面临的挑战与变革
　　一、经济大时代的五大表现　　093
　　二、宏观经济学面临的四大挑战　　095
　　三、小结　　121

第五章　从"风险—成本"视角看我国当前经济形势

一、政府连续多年降成本，而企业依然感到
　　成本压力大　127
二、新发展阶段的风险成本变化趋势　134
三、当前面临的风险挑战　137
四、加快治理转型，降低风险成本　140

第六章　全球金融体系——危机、变革、出路

一、当前全球货币体系面临挑战　147
二、全球储备货币的早期变迁　151
三、全球货币体系在20世纪的两次寻锚　155
四、全球货币体系再寻锚的必要性和紧迫性　169
五、全球货币体系的新锚需要在更根本、
　　更长远的视角上思考　171

第七章　应对经济风险挑战需要遵循经济规律

一、客观认识发展所处的阶段　177
二、科学判断经济发展的变化和新问题　188
三、明确经济发展的根本出路　199

第八章　资产负债表视角下的中国发展：潜力与挑战

一、财富何以如此重要　213
二、从未有一国财富如此"接近"美国　219
三、财富分配与财富结构　225
四、债务积累与资产积累的同步与分离　230
五、杠杆率周期与资产负债表"奋斗"　234

第九章　以创新促进减碳增长双赢与绿色转型
　　一、双碳目标的提出和实施既是挑战更是机遇　　247
　　二、起步阶段要立足长远，打好基础，有序推进　　253
　　三、进取型减碳战略的三支柱体系　　258

第十章　2022—2023 年世界经济形势分析与展望
　　一、2022 年世界经济形势回顾　　269
　　二、世界经济运行面临的主要风险与掣肘因素　　274
　　三、2023 年世界经济形势展望　　278

第十一章　对当前经济形势的几点看法
　　一、当前国民经济运行的中长期背景　　283
　　二、2022 年前三季度经济运行情况　　287
　　三、2023 年经济走势分析和促进国民经济稳定向好的几点看法　　294

第十二章　党的二十大为经济企稳回升、长期向好提供了强大思想动力
　　一、二十大报告中的经济发展逻辑　　301
　　二、中国经济企稳回升的着力点　　310

附录 1 / 331
附录 2 / 332
附录 3 / 335

中国经济 50 人论坛丛书
Chinese Economists 50 Forum

第一章　全球经济治理体系改革[①]

隆国强[②]

[①] 本文根据 2022 年 3 月 23 日长安讲坛第 386 期内容整理而成。
[②] 隆国强，论坛学术委员会成员，国务院发展研究中心副主任、研究员。

"全球经济治理体系改革"是一个非常重要的课题，关乎我国现代化进程在未来很长一段时间所面临的国际环境。我国正面临着百年未有之大变局和世纪大疫情的叠加冲击，在百年未有之大变局中，有三个因素至关重要：第一个是全球经济格局的变化，特别是大国博弈，它从来都是推动全球经济规则、全球治理变化的一个重要力量。第二个是技术因素，当前我们面临以信息技术为代表的新一轮技术革命，这对我们的生产方式、生活方式都会产生深刻影响，将推动形成有关数字经济、数字贸易等领域的国际规则和国际机构。第三个是下文要讨论的全球经济治理体系。百年未有之大变局中的三个因素——大国博弈、技术因素、制度因素相互交织、相互促进，但最终都会落脚到全球治理体系。

　　在我国未来发展的国际环境中，毫无疑问，全球治理体系的改革和完善是一个非常重要的影响因素。我们经常提到，中国的发展离不开世界。构建国内国际双循环相互促进的新发展格局，需要进一步提高对外开放水平，所以要高度关注未来全球经济治理体系改革的方向，关注如何去适应全球经济贸易规则的演变。同时，作为一个新兴大国，中国一直是经济全球化的参与者、受益者、贡献者，要在全球经济治理体系加速变革的过程中发挥应有的作用，贡献我们的智慧。不论是出于提高自身对外开放水平的角度，还是出于为打造人类命运共同体作出贡献的角度，我们都要高度关注全球经济治理体系的改革。

本文和大家交流三个方面的问题：第一，当前全球经济治理体系的基本特征；第二，全球经济治理体系加速改革的动力；第三，全球经济治理体系改革的前景。

一、当前全球经济治理体系的基本特征

我们经常在文献和媒体中看到"全球治理"（Global Governance），这个概念似乎耳熟能详，但是真要问起这个概念从哪里来，到底是什么含义，很多人答不出来。全球治理，包括全球经济治理，都不是特别老的概念，只有几十年的历史，始于冷战结束前后。1992年，28位国际知名人士发起成立了全球治理委员会（Commission on Global Governance），并创办了《全球治理》杂志，全球治理这个词就是从那时候出现的。1995年联合国成立50周年之际，全球治理委员会发布了一篇报告——《天涯若比邻》（*Our Global*

Neighborhood），阐明了全球治理的概念和价值，以及全球治理与全球安保、经济全球化、改革联合国和加强全世界法治的关系。

到底什么是全球治理？直到今天也没有形成一个被大家普遍接受或者公认、一致的定义，不同专家有不同理解。综合各家观点，可以将全球治理理解为国际社会共同应对全球性问题的管理体制、规则、方法和行动。

全球经济治理体系（Global Economic Governance）是针对国际贸易、国际投资、国际金融等跨境经济活动而形成的由价值观、国际规则和国际组织共同组成的治理系统。这是我给出的定义，强调它有三个核心组成要素：价值观（理论层面）、规则和治理平台。

（一）价值观（理论层面）的演变

世界贸易组织（WTO）有很多规则，《全面与进步跨太平洋伙伴关系协定》（CPTPP）的 25 章有很多规则，国际货币基金组织（IMF）和世界银行（WB）也有很多规则，这些规则背后体现的是不同的价值观。回顾过去几百年的发展演变，关于全球经济治理有各种不同的理论。

早期在欧洲流行的是重商主义理论，把黄金、白银等贵金属作为国家财富的主要形态，外贸顺差越大，赚取的黄金、白银越多。因此，这一理论强调多出口、少进口，顺差越大越好，在实践上则采取"奖出限入"的贸易政策。通过学习现代经济学就会知道，顺差多了可以利用外需，外需是"三驾马车"之一，但是外需太大会出现内外失衡。重商主义时期还没有纸币，如果顺差越来越大，赚的黄金、白银就越来越多。从宏观经济的角度来看,如果一个国家出现贸易逆差,就意味着它的货币供给越来越少,也就是通货紧缩,对经济发展不利;反过来,如果一个国家持续扩大顺差,不仅可以利用外需,同时还增加了货币供给,有利于经济繁荣。这就不难理解当时重商主义为什么强调扩大出口。但货币供给过多又会出现通货膨胀,导致本国商品价格上涨,失去国际竞争力。当重商主义流行、各国都想"奖出限入"的时候,各国都会实施贸易保护主义政策,很难达成国际合作的共识。

到了英国工业革命以后,自由贸易理论逐渐占据上风。首先是亚当·斯密(Adam Smith)在《国富论》(*The Wealth of Nations*)中提出绝对优势理论。为什么要进行国际贸易呢?比如A国和B国,A国农产品有优势,B国纺织品有优势,A国可以向B国出口农产品,进口B国的纺织品;相应地,B国向A国出口纺织品,进口A国的农产品。通过国际贸易让两国都把资源更多集中在自己有优势的领域,两国生产效率都提高,福利都会增加。绝对优势理论是基于两个国家各自有竞争优势,可以开展国际贸易,因此主张相互开放市场。但是亚当·斯密没有回答一个问题:假如A国在两个领域都有优势,农产品很强,纺织品也很强,在两个领域都超过B国,怎么办?B国是不是应该进行保护,不与A国进行国际贸易?

大卫·李嘉图(David Ricardo)回答了这个问题,提出比较优势理论。他认为,虽然B国在两个领域都弱于A国,但是可能纺织品的差距略微小于农产品的差距,对B国来说纺织业就有比较优势。我们常说中国的劳动密集型产品具有比较优势,其实这是绝对优势,是指我们的竞争优势,并非李嘉图所说的"比较优势"。李嘉图说的是,和自己比相对较强的是比较优势,而不是和别国比,比别国强的是绝对优势。李嘉图认为,两国把生产集中在比较优势领域,然后进行国际贸易,也会提高两国福利水平,提高劳动生产效率。根据李嘉图的理论,当一个弱国在各方面都不如对方的时候,也应该通过国际贸易来促进经济发展,提高劳动生产率,提高福利水平。

亚当·斯密和李嘉图的理论结合到一起就形成了自由贸易理论。自由贸易理论主张国家开放,通过开展国际贸易来促进经济发展。回顾200多年的历史,往往是竞争优势比较强的国家在推动自由贸易。第一次世界大战(下简称一战)之前的全球化由英国主导,英国以自由贸易理论为基础推动世界各国开放市场,发展国际贸易,形成了一战前的经济全球化1.0版本。自1914—1918年的一战、1929年大萧条,到第二次世界大战(下简称二战),终结了经济全球化1.0版本。二战结束以后,各国意识到自由贸易有利于维护世界和平,以美国为主导重建了基于自由贸易的全球经济治理体系,开启了经济全球化2.0版本,并沿续至今。

和自由贸易理论相伴而生的还有很多其他理论。比如德国的弗里德里希·李斯特(Friedrich List)发展了幼稚产业保护理论,认为后起国家一个产业刚刚诞生的时候,竞争力不如国外产业,所以要对它进行适度保护,当它发展起来以后再逐渐开放,这实质上是一个阶段性的保护理论,是后起国家应用产业政策推进工业化的理论基础。二战结束以后,阿根廷经济学家劳尔·普雷维什(Raul

Prebisch)提出中心—外围理论(Core and Periphery Theory),认为世界由两部分国家组成:一部分是中心国家,就是发达的、有竞争力的工业化国家;一部分是外围国家,就是发展中国家。在全球分工体系里,中心国家主要负责技术创新,提供工业品和服务,具有国际竞争力;外围国家是原材料、资源等大宗商品的提供者,特别是拉美国家集中体现出这一点,它们既是原材料的供给者,又是制成品的市场。科技创新会推动工业制成品的生产效率越来越高,而初级产品的生产效率提高比较慢,这就导致中心国家和外围国家的交换是不公平的,差距会越来越大。怎么办?按照中心—外围理论,外围国家要关上门,利用自己的资源和市场发展工业化。无论是幼稚产业保护理论,还是中心—外围理论,导致的就是进口替代政策。

可以看到,不同的理论导致不同的政策,当各国的国际贸易政策扩散到国际层面的时候,就变成了全球治理体系中的价值观。

尽管美国在二战以后一直主张自由贸易,但是有一件事很值得关注。2004年美国著名经济学家保罗·A.萨缪尔森(Paul A. Samuelson)在《经济学展望》发表了一篇名为《主流经济学家眼中的全球化:李嘉图—穆勒模型给出的证明》的文章。他在文中提出,发达国家通过技术创新领先于发展中国家,但是当技术扩散使发展中国家在很多原来发达国家具有竞争优势的领域(比如汽车、计算机、飞机等)具备了竞争力,就会导致发达国家在全球化进程中受损。萨缪尔森是美国主流经济学家,非常具有影响力,他提出的这个观点对后来美国的贸易政策产生了重要影响。

（二）国际经贸规则的公平与不公

国际经贸规则是由国家之间或者一些国际组织（包括政府组织和民间组织）制订的，并逐渐被大家一致接受。从形式上看，如果所有成员都接受，则规则对大家是公平的。但是审核它的内容就会发现，其实是不公平的。因为国际规则是具有较大影响力的国家从本国利益出发推动制定的，总体上有利于发达国家。

举个例子。乒乓球是英国人发明的，中国人勤学苦练，以快取胜，欧洲人则靠削球得分。后来重要的乒乓球国际赛事几乎没有了欧洲人的身影，都是东亚国家特别是中国占据霸主地位。国际乒联认为，如果最后都是在中国选手之间竞争，会丧失对其他国家观众的吸引力，转播权也卖不出价钱。因此，国际乒联提出修改规则，把乒乓球变大一点，增加了风阻，球速就会慢下来。从国际乒联角度来说这很公平，还可以提高乒乓球比赛的观赏性，吸引更多国家的观众观看，吸引更多的人参与这项运动。但是这个规则的改变显然有利于削球选手，不利于打快球的选手。尽管规则对大家是公平的，但在规则改变的过程中，有人获益，有人受损。好在中国乒乓球运动员非常厉害，换成大球之后也能快速适应，取得好成绩，但规则本身确实削弱了中国运动员以快取胜的优势。

（三）多边经济治理机构

从治理体系的主体角度来说，全球经济治理体系有各类机构，既有政府间国际组织，也有非政府国际组织；既有全球性多边组织，也有区域性安排。全球经济治理体系的主体数量庞大，层次复杂，叠床架屋，相互交织。最具影响力的全球性经贸治理平台是下述的国际货币基金组织、世界银行和世界贸易组织。除此之外，还有数量众多的各类国际经济治理平台，在此不再详述。

国际货币基金组织是根据1944年7月在布雷顿森林会议签订的《国际货币基金组织协定》，于1945年12月27日成立的，其职责是监察货币汇率和各国贸易情况，提供技术和资金协助，确保全球金融制度运作正常。

世界银行和国际货币基金组织同一天成立，1946年6月开始营业。世界银行由国际复兴开发银行、国际开发协会、国际金融公司、多边投资担保机构和国际投资争端解决中心五个成员机构组成。它成立的初衷是帮助重建，特别是对欧洲的重建，在马歇尔计划中发挥了很重要的作用。欧洲战后重建取得成效以后，世界银行越来越多地转向为发展中国家提供开发性融资，现在它是一个开发性金融机构。除向政府提供各种贷款以外，世界银行也强调它是一个知识型银行，给发展中国家提供咨询和发展战略建议。另外，国际金融公司专注于对私人企业提供优惠贷款。

在多边经济治理体系中，世界贸易组织是国际贸易最重要的平台，其前身是关税及贸易总协定（GATT，简称关贸总协定）。1947年10月30日，23个缔约方在瑞士日内瓦签订关税及贸易总协定。1947年，在古巴哈瓦那召开联合国贸易暨就业会议，美国提议建立一个国际经济机构，叫作国际贸易组织（ITO），但是由于美国未批准《哈瓦那宪章》，这个组织一直没有成立，其职能由关贸总协定和联合国贸易和发展会议承担，直到1995年才成立了世界贸易组织。关贸总协定在战后贸易自由化、便利化进程中发挥了不可替代的作用,组织了8个回合的谈判,大大提高了国际贸易的自由化和便利化程度,而且形成了一系列的国际经贸规则,这些规则后来都转为世界贸易组织的规则。

(四)全球经济治理体系的基本特征

当今全球经济治理体系有几个明显的特点。

第一,主流理论是自由贸易理论,尽管一直受到其他理论的挑战。二战结束以后逐渐形成、不断完善的全球经济治理体系,在自由贸易理论的指导下,沿着贸易投资自由化、便利化、更加透明等方向演进。世界贸易组织最重要的价值观包括:非歧视、开放、透明、互惠、包容性等。但也要看到,自由贸易理论一直受到很多其他理论的挑战。不少发展中国家经常说,当今的世界经济秩序是不公平的(即不利于发展中国家),所以需要改革世界经济秩序,让它更加公正公平。

第二,全球经济治理体系的规则化。一战之前100年的全球化1.0版本,规则很弱,也很少。二战结束后的全球化2.0版本是基于规则的全球化,并且规则越来越完善。全球治理体系中最核心的其实就是各种各样的国际经贸规则。

第三,全球经济治理体系的多层次、多主体性。其中既有多边的国际组织,如世界贸易组织、世界银行、国际货币基金组织,也有数量急剧增加的区域性国际组织,如欧盟、区域贸易安排(RTAs),还有开放的地区主义,如亚太经合组织(APEC),以及难以计数的非政府国际组织。不过，在全球经济治理体系中影响力比较大的当然是大国，国家实力越强，对全球经济治理体系规则的制定就越有影响力，进而在全球治理体系的组织中也越有影响力。

第四，全球经济治理体系的弱强制性。之所以出现这种情况，是因为当今世界并没有一个世界政府。个别国家违背规则的时候怎么处罚？比如WTO有争端解决机制，如果A国没有遵守规则，对汽车行业进行额外补贴，让它赢得额外的竞争力，使贸易伙伴的市场受到冲击，受损的国家可以到WTO起诉。根据WTO的上诉机制，由专家和法官判定A国补贴违背WTO的规则。对A国来说，它有两个选择：第一，接受上诉机制的裁定，取消补贴；第二，置之不理，照补不误。如果A国做出第二个选择，其实WTO也没有太多有效的办法。那么WTO就会授权起诉的国家可以报复A国，比如对A国加征关税，削弱它的进口竞争力。可以看到，如果没有国际体系，两国之间发生矛盾时可以任意互相报复，最终是各自保护自己的市场，全球经济治理体系就会崩溃。能够发挥约束作用的，更大程度上是一个国家的荣誉、名声，关键看各国是不是遵守国际规则。到目前为止，总体上大部分国家对WTO的裁定是遵守的，但确实有个别国家在个别事项上不执行WTO的规则。美国认为WTO的争端解决机制凌驾于其国内法之上，通过阻挠上诉机制法官的遴选，令争端解决机制瘫痪。总体看，全球经济治理体系本身的强制性并不是特别强。

第五，全球经济治理体系的动态演进性。WTO的前身是关贸总协定，从它成立至今，就一直在演进变革之中。关贸总协定组织了 8 轮谈判，达成了很多规则，比如取消所有成员对国际贸易的数量限制，动态持续降低各成员的关税水平等。现在发达国家的关税水平只有 2%—3%。中国原来的关税平均水平是 30%—40%，现在只有 7.4%。在这个过程中，经贸规则从最开始针对货物贸易，慢慢扩展到服务贸易，再到与贸易相关的投资、知识产权等，涵盖的领域越来越多。全球经济治理体系一直在动态演进中，现在进入了一个加速调整的新阶段。

二、全球经济治理体系加速改革的动力

为什么全球经济治理体系进入了加速变革时期？有五个方面的因素共同作用。第一，全球经济贸易发展格局深刻变化。只要格局变化，相应的规则、治理体系也会产生变化。第二，大国博弈日益加剧，特别是当今中美博弈日益加剧，地缘政治也成为全球经济治理体系变革中一个重要的考量。第三，技术变革，特别是以信息技术为代表的新一轮技术革命和产业变革，推动了数字经济、数字贸易的快速发展，一系列新技术变革呼唤国际经贸新规则。第四，环境问题日益突出，绿色转型更加迫切，绿色经济、绿色贸易、绿色投资等相关的规则呼之欲出。第五，原有的全球治理体系难以适应国际经济贸易发展的要求，WTO 改革被提上日程。

（一）全球经济贸易发展格局深刻变化

在过去几十年里，总体来看，全球经济贸易格局呈现出东升西

降或者南升北降,发展中国家在国际贸易中的地位明显上升。比如跨境贸易,从 1987 年到 2020 年这 30 多年的时间里,发展中国家在全球跨境贸易中的比重从 21.9% 提高到 41.3%,其中货物贸易占比从 21.8% 提高到 44%,服务贸易占比从 22.2% 提高到 31.5%。相应地,发达国家在货物贸易、服务贸易的全球占比都在下降。从图 1–1 可以看出,虽然有波动,但是发展中国家总贸易额占比在持续提高。

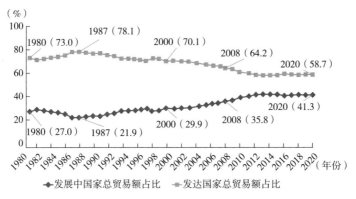

图 1–1　1980—2020 年发展中国家与发达国家总贸易额占比

数据来源:联合国贸易和发展会议。

跨境直接投资是推动国际贸易格局变化的重要力量。跨境直接投资从 20 世纪 90 年代开始大幅度增加,1991 年全球外国直接投资(FDI)流入额仅 1 540 亿美元,2021 年中国一年吸收的外资就超过了这个规模。到 2000 年,全球 FDI 流入额增加到 13 566 亿美元,2016 年达到创纪录的 20 652 亿美元。从 20 世纪 90 年代到 2008 年是经济全球化高歌猛进的阶段,流入发展中国家的跨境直接投资占比越来越高。1991 年 FDI 流入发展中国家是 393 亿美元,不到1/4。2010年以后，FDI流入发展中国家平均每年都在7 000亿美元左右，和发达国家的占比越来越接近，个别年份已经超过发达国家。比如2020年，流入发展中国家的FDI远远超过流入发达国家的比重（见图1-2）。跨境直接投资推动全球分工格局的变化，推动一些传统产业或中低端产业链环节从发达国家转移到发展中国家，从而使发展中国家在全球劳动密集型产品出口中的地位持续提升，而一些发达国家则出现了产业空洞化的现象。

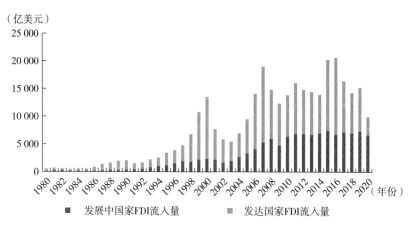

图1-2　1980—2020年发展中国家与发达国家FDI流入量

数据来源：联合国贸易和发展会议。

以往的全球贸易治理体系更多体现了发达国家的利益，对发展中国家的利益体现不够。例如，从谈判的议题不难看出，乌拉圭回合较多体现了发达国家的利益。乌拉圭回合达成了《服务贸易总协定》（GATS），服务贸易谁强？当然是发达国家服务业更有竞争力。《服务贸易总协定》推动各国开放服务市场，发达国家受益更多。乌拉圭回合还达成了《与贸易相关的投资措施协定》（TRIMs），谁是主要的对外投资者？对外投资的主体更多来源于发达经济体，特别是来源于发达经济体中的那些大型跨国公司。投资领域更加开放，对这些发达国家和来自发达国家的跨国公司来说，受益更多一些。再比如《与贸易相关的知识产权协定》（TRIPs）要求加强对知识产权的保护，看上去对各国很公平，可是谁有更多的知识产权？毫无疑问，发达国家创新更活跃，拥有的知识产权更多。可以看到，规则表面很公平，但是体现发达经济体利益的规则更多，在发达国家有竞争力的这些领域里，贸易投资的自由化、便利化推动得更快。

发展中国家占比提升以后，全球经济治理体系中发展中国家的影响力应该相应提高。发展中国家认为，全球经济治理体系没有充分反映其利益诉求，怎么办？多哈回合要反映发展中国家的利益，谈判的议题，比如减少农产品补贴等，更多地体现了发展中国家的关注，所以多哈回合又被称为"发展回合"。从2001年开始，谈了约20年，多哈回合谈判无果而终。为什么出现这种局面？有人说因为WTO遵循共同一致的谈判原则，164个成员难以达成共识。这固然是一个原因。但是，在多哈回合之前同样是遵循共同一致的谈判原则，虽然成员数量没有这么多，但也不少，为什么那时候能够达成一致？因为谈判议题关乎自身利益，美国和欧盟有动力和积极性去发挥领导力，推动谈判达成一致结果。而多哈回合不一样，发达国家认为谈判对它们的利益体现不够，所以没有积极性，不愿发挥领导者作用，这是多哈回合谈判无果而终非常重要的原因。

对于现有国际经济治理体系，发展中国家不满意，发达国家也不满意。在过去这些年，虽然发达国家在经济全球化进程中获益最多，但它们并不是只获益没有成本。比如一些传统产业，特别是劳动密集产业，即所谓的低端制造业，通过直接投资转移到发展中国家，发达国家就出现了产业空洞化。美国在1989年最高峰的时候有2 000万名产业工人，现在只有几百万名。这些产业转出去以后，产业工人去哪里？由于受到劳动技能的约束，这些人只能去更低端的服务业，如当收银员等，他们的收入是下降的。所以在过去几十年里，发达国家收入差距扩大问题日益严重。在全球化过程中获益比较多的是跨国公司高管、华尔街的金融机构、好莱坞明星与高科技公司。传统产业并没有受益，特别是传统产业里被挤出去的产业工人，他们在全球化进程中是受损的。因此，在发达国家出现了一些"反全球化"的声音，发达国家的政府并没有从调节内部分配机制着力，化解结构转化带来的压力，它们只是认为国际经贸规则有问题，认为一些发展中国家占了便宜，对现有全球经济治理体系不满意。如果大家都不满意，那就只能改革，只是各国的动机不一样。

（二）大国博弈日益加剧，地缘政治因素凸显

根据2021年数据，全球GDP是90万亿美元，美国占25.5%，排名第一；中国是17.7万亿美元，占19.7%，排名第二；排名第三的是日本，占5.5%，比2020年下降0.8个百分点；排名第四的是德国，占4.7%；排名第五的是英国，占3.5%；排名第六的是印度，占3.4%；然后是法国占3.3%，韩国占2%。这是前八大经济体。

我们经常讲东升西降，升得最多的是中国。我国在1980年占全球GDP的比重只有1.7%，2021年占比有19.7%。2021年我国GDP与美国的比值达到77%，这对美国来说是从来没有遇到过的。二战结束以后，日本、苏联这两个重要经济体曾一度被美国视为追赶者，最高峰时其GDP与美国比值还不到60%。随着中国和美国经济实力的接近，美国开始把中国作为重要的竞争对手。2017年美国发布的《国家安全战略报告》第一次明确提出，中国是美国的战略竞争对手，而此前美国因"9·11"事件把恐怖主义作为主要安全挑战。从那以后，美国开始从多个方面对中国进行围堵、遏制，特朗普政府甚至发动了对华贸易战。美国对中国发展的围堵和遏制是全面的，很显然它不会仅限于双边层面，而是延伸到各个层面。拜登政府和特朗普政府最大的区别是，不仅在双边层面和中国展开竞争，同时尽力联合它的盟友形成对中国的围堵、遏制。在全球经济治理体系改革过程中，在国际经贸规则的调整中，美国有针对性地试图围堵中国，通过规则调整将中国边缘化。美国把地缘政治的考虑引入国际经贸经济治理体系变革之中，影响到多边、区域的双边经贸规则制定，也令全球经济治理体系改革变得更加复杂。

（三）信息技术革命推动数字经济快速发展，呼唤国际经贸新规则

信息技术的进步呼唤着新的规则。有些规则过去已经形成，比如1996年达成的《信息技术协定》(ITA)，推动签约国从1997年到2000年，用4年的时间把200多种信息技术产品的关税降到零，有力地推动了信息技术产品的国际贸易和国际投资。中国在

2003年加入《信息技术协定》，现在是全世界最大的IT产品出口国。以前汽车是最大的国际贸易产品，但是从分类角度来看，信息技术产品变成现在世界上国际贸易金额最大的一类产品，品种也越来越复杂。2015年又开始谈《信息技术协定》的扩围，增加201项新的产品，比如智能手机等，对这些产品实行零关税，中国是扩围协定谈判的重要参与方。

在服务贸易领域，数字技术快速进步推动跨境数字服务贸易快速发展。数字技术的应用，使原来很多必须当面交易的服务现在可以跨境交易，这样就催生了快速发展的跨境数字服务贸易，一些专门针对数字服务贸易的新规则开始出现。比如在税收领域，经济合作与发展组织（OECD）提出未来国际税收的双支柱，一个支柱是各国之间有一个最低的税率，企业所得税不能低于15%，避免有的国家出现税收洼地；另一个支柱就是数字税，市场提供国都有权利分享企业的数字所得税。什么原因呢？过去几十年，各国的数字经济发展不均衡，美国竞争力很强，欧洲相对比较弱，所以欧洲大量地购买来自美国的数字服务，这样就形成巨大的逆差，引发一些国家的不满。传统服务贸易出口还可能要在本地投资，以商业存在方式开拓市场，现在越来越多的跨境数字服务贸易直接提供跨境服务，直接就把钱赚走了。法国、奥地利都提出对互联网广告征税，有的欧洲国家提出对其他服务征税。OECD在此基础上提出这个方案，标志着制定针对跨境数字贸易的国际税收规则已经提上日程。

在数字经济里数据成为越来越重要的生产要素，谁拥有数据谁就占有优势。要想把数据用起来，就要尽可能地让它流动起来。但数据又涉及信息安全、消费者个人隐私保护，甚至涉及国家信息安全，必须处理好发展和安全的关系。不同国家在数据跨境流动方面有不同想法与诉求。美国是数字经济竞争力最强的国家，所以它极力主张应该尽可能地让数据跨境自由流动，减少限制。欧洲也是这个观点，但它对个人隐私保护是最严格的，限制与个人相关的数据跨境流动。我国也制定了《中华人民共和国网络安全法》《中华人民共和国数据安全法》等法律，对数据跨境流动明确了管理规定。俄罗斯、日本也都有不同的政策法规。在全球数字服务贸易中，数据跨境流动、本地存储的规则呼之欲出，一些区域贸易安排已经制定了初步规则，比如CPTPP已经制定了一些相关规则。

（四）环境问题日益突出，绿色转型更加迫切

在人类古代文明里，不论西方文明，还是中国传统文明，都主张"天人合一"。马克思主义也主张保护环境，恩格斯在《自然辩证法》中指出："我们不要陶醉于人类对自然界的胜利。对于每一次这样的胜利，自然界都会对我们进行报复。"这都说明人和自然要和谐共生。但是，在过去200多年的工业化进程中，大部分国家都经历过先污染后治理。一直到20世纪60年代，才最早有人认识到工业化对环境的污染不可持续。1962年美国科普作家蕾切尔·卡逊（Rachel Carson）出版了一本很有名的书——《寂静的春天》，引发了人们对环境问题的关注。1972年罗马俱乐部发表报告《增长的极限》，讨论资源、环境的可持续问题。1987年，世界环境与发展委员会发表了《我们共同的未来》，正式使用了"可持续发展"

这一概念。在过去40多年的时间里，环境保护和绿色发展、可持续发展的重要性迅速上升。早期主要是治理环境、生态修复，包括水环境、大气环境、土壤环境等。近30年来，国际社会对气候变化问题的重视日益加强。1992年通过了《联合国气候变化框架公约》（UNFCCC），确立了发达国家和发展中国家"共同但有区别的责任"原则。1997年，通过《京都议定书》确定了发达国家2008—2012年的量化减排指标。2016年，195个国家签署的《巴黎协定》对2020年后全球应对气候变化行动做出安排。

作为发展中国家，中国在这些年大力推进环境保护，开展环保攻坚战，取得明显成绩。天更蓝了，水更绿了，但环境保护还要继续推进。2020年9月，习近平主席宣布"中国在2030年之前力争碳达峰，到2060年之前实现碳中和"。作为目前当期碳排放最多的经济体，中国做出实现"双碳"目标的承诺，将大大促进全球减碳行动。中国提出这个目标，有两个原因：第一，地球是我们共同的家园，需要大家来保护，这体现了中国作为负责任大国的担当，是构建人类命运共同体的需要。第二，我国以大量消耗资源能源为代价的粗放型的发展方式本身是不可持续的，不符合高质量发展的要求。要落实新发展理念，实现高质量发展，我国就需要做好"双碳"工作。对我国来说，一方面要继续推进传统的环境治理；另一方面要加快推进碳减排，绿色转型发展的任务十分艰巨。

在这个背景下，过去几十年环境问题在全球经济治理体系里也变得越来越重要。发达国家一直致力推动国际贸易的环境议题。如果有了更高的环境标准，一方面，可以保护环境；另一方面，提高环境标准会增加环保成本，有利于削弱发展中国家的竞争优势。同时，要满足更高的环境标准，发展中国家就要进口发达国家的技术、设备，给发达国家开拓一个新市场。如果对环境产品实行零关税，也有利于环境产品进入他国市场。2014年，WTO开始《环境产品协定》谈判，对54种产品实行零关税，现在有18个成员，中国也是成员之一，已经谈了18轮，还没有结束。针对碳减排，欧盟于2021年7月提出碳边境调节机制，即对高碳产品，如钢铁、水泥的进口征收相应碳边境税。欧盟提出之后，美国也出台了类似法案，引起了全球的关注。这些政策、法案关键是要避免把碳边境措施作为保护本国市场、扭曲国际贸易的手段，同时又能够推动全球碳减排。绿色转型对国际经贸规则提出了新要求，所以绿色转型是推动全球经济治理体系变革的一个越来越重要的力量。

（五）WTO运行不畅，改革提上日程

自1995年成立以来，WTO已运行了20多年，但其三大基本功能都没有正常发挥，运行不畅，使WTO改革提上了日程。

第一，组织谈判和规则制定功能效率低下。多哈回合谈判无果而终，虽然有一些小成就，比如达成了《贸易便利化协定》等，但远远没有满足世界各国对制定新规则的要求。

第二，贸易争端解决机制瘫痪。WTO有争端解决机制，所以被称为"有牙齿的老虎"。但是美国觉得WTO上诉机制与它的国内法不一致（高于它的国内法），所以坚决反对。反对的结果是，美国阻挠上诉机制的法官正常地进行遴选，到2019年末，上诉机

制甚至达不到最少3个法官才能判案的要求。由于美国从中作祟，贸易争端解决机制已经瘫痪。

第三，贸易政策审议功能约束力低。贸易政策审议的目的在于对各成员的全部贸易、做法及对多边贸易体制的影响进行定期的集体审议和评估，以促进所有成员更好地遵守WTO规则、纪律和承诺，确保各成员贸易政策的透明度。按照贸易体的大小，审议周期有区别，最大的4个贸易体每2年一审，其后的16个贸易体每4年一审，其他成员每6年一审。WTO这项功能的约束力太低，没有实现应有的功能。

与此同时，一些成员国无视WTO规则，滥用国家安全例外、贸易救济等规则，出台一些与WTO规则不符的贸易与投资保护政策，挑战了多边贸易体系的权威性、有效性。比如美国特朗普政府单边发起对中国的贸易战，对中国产品加征关税，违背了WTO的非歧视原则，是对WTO规则的一个明显挑战。

三、全球经济治理体系改革的前景

全球经济治理体系改革有三个重要方面：一是多边贸易体系改革，二是区域贸易安排发展前景，三是规则演变的趋势。

（一）多边贸易体系的改革短期难见成效，诸边协定成为规则制定新方式

各方对WTO改革分歧巨大。由于WTO三大基本功能都运行

不畅，所以WTO改革就提上了日程。无论是发达成员还是发展中成员，都提出WTO要改革。WTO改革议题非常广泛，涉及五个方面，包括WTO体制机制改革、传统议题"现代化"、新经济规则、发展中国家地位和特殊与差别待遇、履行通告与透明度义务。

在WTO改革中，不同国家的关注点不一样。总体来看，发达成员比较关注"应对来自非市场经济的挑战"，而发展中成员则更加强调维护发展中国家利益和促进包容性发展。在具体的各个议题上，发达成员与发展中成员存在明显分歧，发达成员之间、发展中成员之间在一些议题上也存在分歧。各成员国立场的巨大分歧，是推进WTO改革面临的最大挑战。

从WTO改革议题的五个方面，可以看出发达国家与发展中国家的分歧。

第一，关于WTO体制机制改革。美国质疑上诉机构的裁决效率和"司法越权"，认为协商一致原则是阻碍多边谈判的重要原因；欧盟、加拿大希望维护WTO权威和有效性，倡导灵活开放的谈判方式。而发展中国家希望维护多边贸易体制，主张坚持"协商一致"的决策机制，强调改革议程须以开放、透明和包容方式进行讨论。

第二，关于传统议题"现代化"。发达国家认为竞争政策、反补贴和防止强制性技术转让等规则未得到很好的遵守，非市场经济做法（国企特殊待遇、产业补贴等）造成市场扭曲和企业不公平竞争。而发展中国家强调尊重成员发展模式，坚持自由竞争和平等原则，在补贴纪律讨论和外商投资安全审查执行中，不能借WTO改革对不同企业设立特殊、歧视性的纪律或待遇。

第三，关于新经济规则。美国、日本要求数据跨境自由流动，反对数据存储设施本地化和通过不合理程序要求企业披露数据与商业秘密；欧盟支持数据开放流动，更强调数据安全和隐私保护。而发展中国家主张挖掘互联网和电子商务潜力，更好地为发展中成员及中小企业融入全球价值链、参与新型国际贸易提供机遇。

第四，关于发展中国家地位和特殊与差别待遇（S&DT）。美国、欧盟、日本强烈要求以"再分类""毕业"等方式改革WTO的身份自我认定规则，防止先进发展中国家利用规则与谈判灵活性，在不公平竞争中获益。发达国家认为，发展中国家太复杂，既有像中国这么大的发展中国家，竞争力很强，也有特别小的发展中国家，所以要对发展中国家进行再分类。有的发展中国家发展到一定程度就得"毕业"，不能再视为发展中国家，所以它要改变发展中国家自我认定的规则。而发展中国家反对剥夺发展中成员"条约嵌入权"和既定事实，据理力争允许依据自我评估认定发展中国家地位，坚持未来改革谈判必须保留S&DT内容。

第五，关于履行通告与透明度义务。发达国家认为缺乏全面补贴信息是现行制度中最大的执行缺陷，要求成员必须强制遵守；希望在反倾销、反补贴、保障措施及国营贸易等方面加强通告义务、加大处罚力度。中国提出不同类型成员都应履行通报义务；印度、非盟等成员强调发达成员发挥示范作用，应以包容方式加强透明度与通报义务，重点在自然人流动与技术转让领域。

另外，WTO改革还受到地缘政治的影响。美国政府将中国视为"最严重的战略竞争对手"，在各个层面针对中国进行遏制，将对华竞争的地缘政治考虑纳入其 WTO 改革的政策文件。例如,《中国加入 WTO 议定书》第 15 条明确规定:"在中国入世 15 年后,将不能再要求中国企业自证其在生产、销售某产品时具备市场经济条件。"也就是说,对华反倾销"替代国"做法应于 2016 年 12 月 11 日终止。但是美国带头不承认中国的市场经济地位,又提出"市场经济"认定标准、国有企业、产业补贴、发展中国家的分类等议题。这些议题指向性非常强,体现了美国对华竞争的考虑。当地缘政治因素进入 WTO 改革以后,就会对 WTO 改革的进程、前景产生非常复杂的影响。

WTO 改革是长期的,WTO 在制定规则方面相对来说运行不畅,是不是说明国际经贸规则停滞不前呢?不是。WTO 成员中的志同道合者开始以诸边协定的方式进行谈判。多边协定是 WTO 所有成员一起谈、一起签署,而诸边协定是 WTO 一部分成员先达成协定,相互推进贸易投资的自由化、便利化。诸边协定可以慢慢扩围,像前面提到的《信息技术协定》就是诸边协定,后来中国也加入其中。诸边协定是通向多边协定、制定新规则的一条通道。未来国际经贸新规则的制定,"先诸边、后多边"将会是一个重要特点。

(二)中国关于 WTO 改革的基本立场

作为世界上最大的货物贸易国,中国坚定支持多边贸易体制,积极、建设性地参与世界贸易组织改革。2018 年 11 月,中国政府发布《中国关于世贸组织改革的立场文件》,提出三项基本原则、五点主张。2019 年 5 月,中国向世界贸易组织提交建议文件,就四个重点行动领域和十二个具体议题提出改革思路。

1. 三项基本原则

第一,世贸组织改革应维护多边贸易体制的核心价值。中国认为有两点:一个是非歧视,一个是开放。"非歧视"涉及最惠国待遇和国民待遇,核心是确保任何成员不得在进出口方面针对某一个其他成员采取歧视性的做法。"开放"涉及对关税的约束和禁止数量限制,核心也是确保任何成员都不能随意地将进口关税提高到超过它的约束水平,不能随意对某一个成员的产品设立数量限制。

第二,世贸组织改革应保障发展中成员的发展利益。发展中成员应该享受特殊与差别待遇,包括比发达成员更小的市场开放程度,更长的开放过渡期,保留政策空间的灵活性以及接受技术援助等。因为发展中成员和发达成员确实在发展阶段、竞争力方面有客观差距。

第三,世贸组织改革应遵循协商一致的决策机制。发展中成员也要平等地、共同地参与,改革不能由少数成员说了算,也不能搞小团体。

2. 五点主张

第一,世贸组织改革应维护多边贸易体制的主渠道地位。

第二,世贸组织改革应优先处理危及世贸组织生存的关键问题。一是尽快解决上诉机构成员的遴选问题,让贸易争端解决机制正常运转。二是要把违反世贸组织规则的单边主义和保护主义的做法关进制度的笼子里,确保世贸组织各项功能能够正常运转。

第三,世贸组织改革应解决贸易规则的公平问题并回应时代需要。比如发达国家对农业过度补贴,导致国际农产品贸易长期严重扭曲。我们如果不去考察国际农产品市场,通常的感觉是发达国家土地贵、劳动力贵,它的农产品应该更贵,应该进口农产品。事实上恰恰相反,美国、澳大利亚、加拿大和一些欧洲国家都是农产品的重要出口国。比如欧盟在20世纪50年代实行共同农业政策,大规模补贴农业,变成非常重要的农产品出口国。欧盟和美国每年对农业的补贴高达数千亿美元,很多发展中国家本来就没有太多可以出口的商品,现在连农产品都限制出口,很多非洲国家还要进口粮食。这就扭曲了各国的比较优势,也不利于发展中国家更好地参与到全球贸易体系中。中国还提出要纠正贸易救济措施、滥用反倾销调查中的所谓替代国做法。另外,中国建议,随着技术进步以及时代的要求,应制定关于投资便利化、中小企业等的规则。

第四,世贸组织改革应保证发展中成员的特殊与差别待遇。不能简单地说一个国家总量很大就不是发展中国家,一定要客观看待发展中国家和发达国家的不同发展阶段,包括人均收入的差距、产业发展阶段的差别、竞争力的差别。中国作为最大的发展中国家,在世贸组织享受对发展中国家的特殊与差别待遇,不能随意被剥夺。

第五,世贸组织改革应尊重成员各自的发展模式。中国主张,世贸组织改革应取消一些成员在投资安全审查和反垄断审查中对特定国家企业的歧视,纠正发达成员滥用出口管制措施、阻挠正常技术合作的做法。中国反对借世贸组织改革对国有企业设立特殊的、歧视性纪律，也不同意将没有事实依据的指责列为世贸组织改革议题。各国有不同的发展模式，应该得到尊重。

总的来说，中国支持世界贸易组织在国际经济治理中发挥更加积极的作用，坚持维护世界贸易组织"开放"与"非歧视"的核心价值，主张循序渐进推进世界贸易组织改革，率先恢复上诉机构正常运行，提高发展中国家在多边贸易体制中的代表性和发言权。中国将建设性地参与渔业补贴、投资便利化、电子商务、服务贸易国内规制、中小微企业、贸易与环境等议题的谈判和商讨。

（三）区域合作迅猛发展，成为全球经济治理新平台

在当今全球经济治理体系中，区域合作变得越来越重要，呈现出三个特点。

一是区域合作组织的数量迅猛增长。20世纪90年代初，全球仅有不到20个区域合作组织。截至2021年6月30日，向世贸组织申报的区域合作组织已经达到350个，分布在全球各个地区，欧盟参与45个，是最多的，英国参与37个（见图1-3）。

二是区域合作出现跨区域化趋势。以前讲到区域合作，像欧盟、东盟都是邻近国家之间开展合作，近年来，越来越多新的区域合作是远距离、跨区域的，如韩国—中美洲、中国—瑞士、英国—新加坡等。

三是区域合作组织大型化。原来区域合作组织的成员有限，覆盖人口有限，现在一些新的区域合作组织成员多、经济贸易总量也大。比如，2020年签署的《区域全面经济伙伴关系协定》（RCEP）由中国、日本等15个成员国组成。2020年总人口达到了22.7亿，GDP总量达到26万亿美元，进出口总额超过10万亿美元，均占全球总量的30%左右。

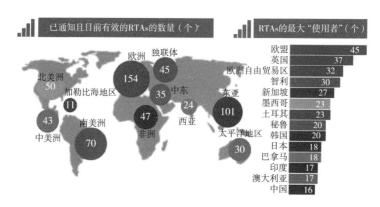

图1-3　全球RTAs数量

注：根据中华人民共和国商务部最新数据，中国参与数量已增至19个。
数据来源：WTO官网，截至2021年6月30日。

中国是区域合作的积极参与方，提出要努力构建面向全球的高标准自由贸易区网络。2000年11月，中国加入世贸组织谈判基本结束，同年，中国—东盟峰会倡议研究了中国和东盟建立自贸区的可行性，得到东盟国家的积极响应。中国—东盟自贸区是中国构建的第一个区域贸易合作。到2021年底，中国已经与26个国家和地区签署了19个区域贸易安排，另外还有10个正在谈判，进行研究的有8个。中国将推动商签更多的高标准自由贸易协定，推动《区域全面经济伙伴关系协定》生效和高标准实施，积极推动加入CPTPP。中国积极参与数字经济、绿色发展、产业链供应链等新兴领域规则制定。2021年11月,中国正式提出加入《数字经济伙伴关系协定》(DEPA)的申请。DEPA是由智利、新西兰、新加坡倡议成立的一个数字经济伙伴关系。

我们看到,随着区域贸易合作数量越来越多,更多国家把区域贸易合作作为制定新规则的一个新平台。

以数字贸易规则为例,2000年《约旦—美国自由贸易协定》首次纳入非约束的电子商务章节;2003年《美国—新加坡自由贸易协定》将电子商务作为独立章节;2012年的《美韩自由贸易协定》则形成了相对完整的电子商务规则体系,涵盖了电子商务的定义、数字产品关税征收及相关待遇、贸易便利化、互联网接入和数据自由流动等内容;2018年底生效的CPTPP包含了跨境数字服务贸易的相关规则,并增强了规则的约束力;2020年6月,新加坡、智利、新西兰签署DEPA,区域数字贸易规则进入专项条约规制的新阶段。

除了数字贸易规则外,区域贸易合作在环境标准、劳工标准等很多方面都率先制定了规则。当然也需要特别警惕,有些区域合作同样受到地缘政治的影响。比如《美墨加三国协议》(USMCA)包含了所谓的"毒丸条款",根据该条款,三个成员中的任何一个,如果要和非市场经济体商谈自贸协定,必须得到另外两个成员国的同意,如果另外两个成员国不同意就不能谈,或者退出美墨加协定才能谈。"毒丸条款"实际上试图逼迫其他国家在大国之间选边站队,比如和美国建了自贸区,就不能和中国建自贸区。在《美墨加三国协议》签署之前,《中国—加拿大自贸协定》已经完成了可行性研究，很快要启动谈判，但是因为"毒丸条款"而搁置。

区域合作安排是 WTO 非歧视原则的例外。毫无疑问，无论是诸边协定还是区域合作协定，都对非成员有歧视，这就违背了 WTO 的非歧视原则，在很长一段时间大家都在讨论，区域贸易安排到底是多边贸易体系的"绊脚石"还是"垫脚石"？对此一直有争论。现在主流看法认为，"先区域，后多边"，把区域合作作为通向多边经贸体系的垫脚石来看待，把区域贸易安排当作非歧视原则的一个例外。

（四）国际经贸新规则的新趋势

国际经贸新规则将呈现三个新趋势。

第一，数字化。21 世纪全球有两大趋势性的变革，其中一个就是数字化转型，这是信息技术进步所带来的结果。信息技术尚处于初期阶段，已经深刻地改变了我们的生产生活方式，未来数字技术进步空间巨大，将更加深刻地改变人类的生产生活方式，例如工业4.0 已经初露端倪，汽车将迈向智能化、网联化、自动化、共享化。在服务领域，数字技术进步已经推动国际贸易发生了很大变化，新的经贸规则呼之欲出。所以说，数字化是技术进步带来的人类经济社会转型的趋势，同时也是未来国际经贸规则演变的趋势。

第二，绿色化。绿色转型愈演愈烈，将有力地促进绿色技术、绿色产品和绿色服务，在国际经济治理体系中，新的绿色贸易、绿色投资规则呼之欲出。

第三，后边境化（Beyond Border）。原来国际经贸治理规则是管控贸易和投资的边境环节，比如关税、进口配额、投资准入等，这些规则都是边境措施。环境标准、劳工标准、国有企业竞争中性、产业补贴、产业政策等，这些政策并不是专门针对外国产品、服务或者投资，而是针对国内的企业，但是这些政策会影响跨境贸易、跨境投资等。未来的国际经贸规则不再限于在边境，越来越多地向边境后政策法规领域扩展，如有的区域合作组织已经制定了劳工标准（比如工人集体谈判工资）、国有企业竞争中性规则等。所以，国际经贸规则从边境措施向后边境措施不断扩展，将是未来全球经济治理体系变革的一个新趋势。

总体来看，当今世界正处于百年未有之大变局，全球经济治理体系在加速变革。中国的发展离不开世界，改革开放是决定当代中国命运的关键一招。中国是全球化的参与者、受益者、贡献者，要继续坚定不移地扩大开放，深化改革。中国也要积极参与全球经济治理体系改革，为全球经济治理体系的完善贡献智慧。

中国经济 50 人论坛丛书
Chinese Economists 50 Forum

第二章　LIBOR 的改革及其对中国的启示[①]

李扬[②]

[①] 本文根据 2022 年 3 月 30 日长安讲坛第 387 期内容整理而成。
[②] 李扬，论坛成员，国家金融与发展实验室理事长，中国社会科学院学部委员、研究员。

2020年以来,全球都在为应对新冠肺炎疫情而疲于奔命。就在此期间,国际金融市场上悄悄发生了一件堪称里程碑的大事件——经过多年酝酿,从2022年初开始,行之多年的全球基准利率,即伦敦同业拆借利率(LIBOR)的形成机制改革将正式启动。

鉴于LIBOR在全球金融体系中的基础地位,这项改革将全面、深入影响国际金融市场的运行。对于中国来说,参与国际金融市场的活动将受到深刻影响自不待言。更重要的是,国内已经推进数十年的利率市场化改革,也因此需要对改革目标和改革路径进行矫正。

一、LIBOR形成机制的改革

学习金融的人对于LIBOR都不陌生,因为它是整个国际金融体系乃至国内金融体系的定价基石。这个基石是二战之后在英国伦敦形成的。

（一）LIBOR 的沿革

要理解 LIBOR 及其改革的意义，须从源头说起。

LIBOR 被国际金融界广泛认可并且成为半官方的金融基准是在 1986 年。但是，在此之前，它曾有过一段很长的民间发展历史。这段历史和欧洲美元的产生、发展有密切关系。

欧洲美元的产生是二战之后整个世界格局变化的反映，同时，它的产生和发展也告诉我们，金融可以有多么伟大的创造力。

欧洲美元产生的深厚基础，深藏于二战之后的世界格局之中。众所周知，二战结束之后，这个世界出现了"美元荒"。二战将整个世界破坏得满目疮痍，所有国家的生产力均遭到严重破坏，唯有美国远离战火，在战争中发了财，其经济欣欣向荣，成为无可匹敌的超级大国。战争结束之后，无论是战胜国还是战败国，都面临繁重且急迫的重建任务，而重建所需的所有物质资料几乎都在美国，要想获得这些物资，只能用美元去购买，因此，美元短缺成为各国共同的痛点，这就是二战之后著名的"美元荒"。"美元荒"是导致欧洲美元产生的实体经济原因。

导致欧洲美元产生的金融方面的直接原因有两个。

第一，二战期间，美国向苏联提供了大量援助，这些援助资金大部分都存放在美国的金融机构里。二战之后，全世界形成了分别以苏联和美国为首的两大对立阵营。苏联担心冷战的形成和发展会导致美国冻结其在二战中提供的美元援助,于是,它急切地想把这些资金从美国转移到更安全的地方。在美英阵营,英国虽为美国的盟友,但也有自己的打算。带着对维多利亚时代辉煌的回忆,曾经的"日不落帝国"却从苏联的需求中看到了商机,欧洲美元应运而生。所谓欧洲美元,就是伦敦的金融机构为非居民提供以美元为主的非英镑金融业务。在这种安排下,苏联可将其美元存款存放于伦敦并可自由支用,其他非英国居民也可以在英国的金融机构中从事非英镑(主要是美元)的存贷款业务。为了鼓励这种发生在美国境外的美元存贷业务发展,英国的金融管理当局甚至规定,存放在伦敦银行中的美元存款无须提交准备金,这使得美元存款在伦敦市场上获得了无上限的派生能力。这些举措不仅使苏联手中的美元资金寻到了安全便利的去处,而且使其他那些急切需要美元的国家和企业获得了新的美元来源。

第二,战后,为了支持欧洲重建,美国国会通过了租借法案,遂使大量资金流入欧洲。为了最大限度地使用这些美元资金,大量的美元留滞在欧洲,主要集中于英国伦敦,为欧洲美元提供了又一来源。

在欧洲美元的实践之上,一个极有想象力的金融创新在战后的欧洲产生并迅速席卷全球,这就是离岸金融。离岸金融范式很快就在国际金融领域中得到迅速发展,欧洲马克、欧洲法国法郎、欧洲日元、欧洲里拉等接踵而至。可以说,自二战结束至20世纪70年代布雷顿森林体系崩溃,离岸金融主宰了全球的金融发展,我们现在熟知的很多国际金融中心,如中国香港、新加坡、维京群岛、开曼群岛、巴哈马群岛等，都是在离岸金融的"阳光雨露"下成长起来的。

以上所述是欧洲美元产生的需求因素。供给方的因素是，战后美国采取了比较严格的资本管制制度，长期禁止美元流出境外，加剧了"美元荒"。后来虽有诸如《爱治法》（Edge Act）的补救，以及根据该法成立的"爱治法公司"的大发展，但终究还是不能满足全世界对美元的渴求，欧洲美元范式还是不可阻挡地大发展。

欧洲美元产生后，在伦敦，环绕美元的借贷活动十分活跃，而且，这些借贷活动很多采取货币互换方式，即用一些英镑或其他国家货币定值的金融工具和美元定值的金融工具进行互换，这就催生了市场对美元定价的需求。在这个过程中，交易各方通过讨价还价形成了美元的交易利率，这就是 LIBOR 的雏形。

LIBOR 形成之后，立刻得到国际金融界的认可。随着世界经济逐渐恢复，全球金融进入高速发展时期，这就对利率的标准化有了需求。投资者越来越希望有一套统一的基准利率。既然 LIBOR 已经在运行，大家也都同意使用它，将 LIBOR 认定为共同的交易基准便顺理成章。值得一提的是，在伦敦形成的欧洲美元的定价方式承袭了英国的传统，即利率由少数银行同人通过报价而不是公开市场交易形成。现在看来，这种报价机制，从一开始就为 LIBOR 的运作埋下了重大隐患。

1986 年，英国银行家协会（BBA）将 LIBOR 正式化，包括美元、英镑、欧元、瑞士法郎、日元等 5 种货币，搭配 7 种期限，共有 35 种不同报价。经过整顿并正式化的 LIBOR 用途非常广泛，作为全球基准利率，它影响着数百亿美元的债券、工商业贷款、住房抵押贷款、利率衍生品等的定价。可以说，全球的金融交易都须仰它的鼻息。

（二）LIBOR 早期的调整

LIBOR 设立之初，为了公平公正地反映市场"真实"利率，管理机构指定了 16 家大型国际银行担任报价银行。在伦敦时间上午 11 点，如果你需要融入一笔资金，想付什么价格，或者你希望拆出一笔资金，希望得到什么价格，都可以通过一定渠道进行报价。这些报价经由 16 家报价行，最终汇聚在报价中心处理，去掉一个最高点和一个最低点，剩余的报价通过技术处理，形成 LIBOR。

这个机制很快就显现出问题，国际社会特别是美国的货币当局觉得，以美元为主的利率不能全部由英国人管理。所以，在 2014 年 2 月，LIBOR 交由美国控制的洲际交易所（Intercontinental Exchange，ICE）下的基准管理局（ICE Benchmark Administration Limited，IBA）进行管理，并嘱其进行改革。

当时推行了三项改革。第一，报价银行数量增加到 20 个，以期增加代表性。第二，取消未被广泛使用的利率期限及交易币种。诸如卢布等，由于其交易量很小，便属被剔除之列。还有一些期限比较少的品种也逐渐被剔除，以求简化之利。第三，报价方法进一步技术化，改为"瀑布法"，即基于交易基础的报价、基于交易衍生基础的报价，以及基于专家判断的报价，顺次推进和叠加，综合形成 LIBOR。

但是，随着金融市场的发展，特别是金融创新的不断深入，LIBOR 的基础逐渐受到侵蚀。因为在货币市场中，拆借市场的份额在逐渐缩小。我们知道，LIBOR 是若干大型银行之间从事同业拆借时所用的利率，其他银行的拆借交易也参考这个价格。如此形成的利率之所以能够成为指导市场运行的基准，是因为同业拆借是市场流动性的主要源泉，而拆借资金和拆借活动主要掌握在那 20 家参与报价的大型全球银行手中。这个事实告诉我们，倘若市场的发展和金融的深化使得流动性的主要源泉离开同业市场，那么以少数参与同业拆借的大型银行的报价为基础形成利率，就存在偏离主流的可能，变革的需要便会产生。

实践的发展正是如此。随着金融市场的蓬勃发展，债券市场，特别是美国的国债市场，逐渐成为市场流动性的主要源泉。这就是说，由于各种原因，美国和很多国家的货币当局逐渐转变为主要依赖在国债市场上的公开市场操作来调控流动性，与之对应，越来越多的金融市场参与者也在自己的资产负债表中保留大量的国债作为二级准备，并通过国债交易来调节自己的头寸，平衡盈亏。在这种情况下，再以同业拆借市场上的资金供求关系为基础来形成基准利率，出现系统性偏差是必然的。

更重要的是，由于 LIBOR 是在挑选出的若干金融机构"报价"基础上形成的，人为因素在所难免，因此也就存在很多体制性矛盾。问题的集中暴露是在 2007—2008 年全球金融危机时期。在危机起伏的过程中，市场隐约感觉到，一些大型报价银行为掩藏自己的流动性风险而刻意压低或抬高自己的 LIBOR 报价。而在 2008 年

9月雷曼兄弟破产之后，LIBOR利率大幅提升，更是给本已是惊弓之鸟的金融市场增添了新的不安定因素。

（三）问题举要

概括而言，LIBOR的缺陷主要有三个。

第一，LIBOR是在银行间市场上，应大型银行拆借头寸的需求而形成的。然而，由于货币市场发展迅速，银行间拆借市场的规模近年来又急剧萎缩，使得LIBOR赖以产生的交易规模与使用它来定价的金融产品的规模和品种严重不匹配。比如，2020年，LIBOR的日均交易规模不足5亿美元，但是参考它来定价的贷款、衍生品规模竟达到200万亿美元，这就出现了严重的不匹配。显然，基准利率既为"基准"，就一定要有代表性，如果说它的交易只是局限于一隅，用它去为更大规模、更大范围的金融交易定价，肯定存在结构性失衡。

第二，特别重要的是，金融运行的深厚基础不是别的，而是信用。LIBOR的发展历程不断在证明这一点。LIBOR最终被替代，既因为银行间的信用出现了问题，也因为金融市场对无风险利率的诉求在上升。于是，以国债这种更高信用为抵押的回购交易，就成为以银行间同业拆借这种以较低信用为基础交易的理想替代品。需要指出的是，这样一个用更高等级的信用替代较低等级的信用的迭代过程还在继续。在数字经济大发展之后，在很多国家，市场对以政府信用为基础的金融活动也开始质疑，于是就导致了比特币、稳定币等数字资产大行其道。关键的原因在于，市场认识到，凡是有人参与的金融活动都有可能被操纵或被利用来实现操纵者的一己利益。于是人们必然设想，能否找到一个无偏无倚、人力所不能及的基础，找到一个数字或算法基础，作为整个金融活动的基准？现在看来，这至少在理论上是可行的。如果果真如此，货币、金融的未来必然还会面临更大的变革。

第三，在交易量收窄、报价样本规模不足的情况下，LIBOR形成机制的透明度开始下降。更有甚者，LIBOR被操纵的问题逐渐显现。历史上，LIBOR被操纵的问题至少被发现过9次，每次都覆盖很多机构，涉及亿美元以上的规模，其中最严重的有两次。

第一次是2012年6月29日，英国巴克莱银行与美国商品期货交易委员会、美国司法部和英国金融服务管理局就其涉嫌操纵LIBOR和EURIBOR（欧洲同业市场利率）丑闻达成和解。据上述三家监管机构调查，2005—2009年，巴克莱银行高管和交易员共同向LIBOR报价员请求人为更改利率257次，试图抬高或降低利率估值，以增加衍生品交易的利润或降低损失。在和解书中，巴克莱银行同意支付总额为2.9亿英镑（4.5亿美元）的罚金。

第二次是2014年11月，欧美监管部门以未能阻止旗下交易员操纵LIBOR为由，对苏格兰皇家银行、美国银行、花旗集团、瑞银集团、摩根大通、汇丰控股等6家银行开出了43亿美元的罚单。

鉴于LIBOR已经沦为某些金融机构扭曲市场信息、破坏公平交易的渊薮，对之进行改革势所必然。

(四)寻找新的利率基准：国际清算银行的看法

对于 LIBOR 形成机制的改革，所有金融机构以及主要国家的中央银行和监管当局都倾注了大量精力。其中，国际清算银行（BIS）的研究最具有代表性，它认为，基准利率应当符合几个标准。第一，具备良好的市场交易量基础，准确、稳健地反应货币市场价格变动，且不易被人为因素干扰和操纵；第二，具备普遍适用的代表性，应能满足货币市场以及该市场以外的其他各类金融市场的需求，为各种类型的金融交易提供价格标尺；第三，基准利率应能为同时经营存、贷业务的金融中介提供计价标准，存贷两端的利率变动机制最好能保持一致，以准确反映金融中介的融资成本和资产收益，避免"基差风险"。

遗憾的是，BIS 虽然历史悠久，经办了很多金融业务，有"西方中央银行的银行"之称，但是它本质上只是一家协调、合作机构，它所形成的规则等对成员国并无很强的约束力。

(五)寻找新的利率基准：美联储的安排

对于 LIBOR 的改革，真正有支配力的主要是各国央行，特别是美联储。果然，美联储很快便对这项改革提出了若干要求，并安排机构予以落实。它认为，新的替代利率应具备三个特征：一是基于日交易量大、流动性高、更活跃和更稳健的市场；二是无风险或近似无风险；三是不能对美国货币政策造成限制。

美联储把塑造新机制的工作交给美国替代基准利率委员会（ARRC），后者根据这三个原则提出了五项更细化的参考标准：第一，基准性（Benchmark Quality），即保证利率的完整性和连贯性——流动性、交易量、流动不足时的弹性、监管方式改变时的弹性、货币政策变化对基准产生制约或不利影响的可能性；第二，方法的科学性（Methodological Quality），即基准指标满足国际证监会组织（IOSCO）稳健性原则的程度——数据标准性、数据透明性、历史数据可用性；第三，可问责性（Accountability），即保留遵守IOSCO准则的过程证据；第四，有效的治理结构（Governance），即治理结构有助于促进基准的完整性；第五，可执行性（Ease of Implementation），即评估利率转换的难易程度，包括与对冲或交易相关的预期需求、标的利率存在或者可能存在期限结构。

根据这些标准，ARRC考虑了以下几种备选替代利率方案，包括：隔夜无抵押贷款利率（联邦基金利率、银行隔夜贷款利率）和一般抵押贷款利率（基于国债抵押回购市场的隔夜利率，排除以美联储为对手方的交易），政策利率（联邦基金目标利率、超额准备金利率、美联储逆回购利率），国债利率，定期隔夜指数掉期利率，定期无抵押贷款利率。

最终形成的方案与一般抵押贷款利率（基于国债抵押回购市场的隔夜利率）比较接近，而且突出强调了其是在市场交易中形成的特点。

二、改革的步调及主要内容

按照既定的步调，2021年12月31日，对于英镑、欧元、瑞士法郎、日元以及一周和两个月期美元的 LIBOR 报价将会停止。到 2023 年 6 月 30 日，终止所有基于 LIBOR 的报价。也就是说，到那个时候，这个金融世界将会依托另一套基准利率进行交易。这个变化具有根本性，因为国际基准利率的改革牵一发而动全身，将对利率定价话语权、货币政策实施、金融机构业务发展，以及国际金融市场格局等带来深远的影响。

表 2-1 总结了美国、英国、欧盟、日本、瑞士等五个主要经济体的主要货币基准利率替代改革的情况。遗憾的是，中国现在的体量尚小，影响也不大，利率决定机制与这些国家存在较大差别，目前还只能作为"接收者"来参与这场革命性的变革。这种状况当然隐藏着很大的问题。当世界上的主要国家，特别是一些储备货币发行国的利率决定机制发生变化之时，中国何以自处，这是我们必须立刻回答的尖锐问题。

表 2-1 主要经济体的主要货币基准利率改革情况

项目	美国	英国	欧盟	日本	瑞士
原基准利率	USD LIBOR	GBP LIBOR	EUR LIBOR	JPY LIBOR	CHF LIBOR
新基准利率简称	SOFR	SONIA	EONIA	TONAR	SARON
新基准利率全称	担保隔夜融资利率（Secured Overnight Financing Rate）	英镑隔夜指数均值（Sterling Overnight Index Average）	欧元隔夜指数均值（Euro Overnight Index Average）	东京隔夜平均利率（Tokyo Overnight Average Rate）	瑞士隔夜平均利率（Swiss Average Rate Overnight）

续表

项目	美国	英国	欧盟	日本	瑞士
类型	交易型	交易型	交易型	交易型	交易型
抵押品	国债	无	无	无	国债
隔夜利率	是	是	是	是	是
监督机构	纽约联邦储备银行	英格兰银行	欧洲央行	日本银行	ICE基准管理局
利率市场	隔夜回购市场	隔夜批发存款交易	隔夜批发存款交易	隔夜活期贷款交易	银行间隔夜回购市场

不妨分析一下利率改革的两个比较重要的特点。

第一个特点是，它们都是交易型的。也就是说，它们都是实时交易的结果。谈到这一点，大家一定会联想到数字经济的发展。众所周知，因为数字经济深入发展，我们如今可以做到实时、全额捕捉市场交易的状况，也正因为如此，我们已经可以直接依据市场交易来为信用定价。在LIBOR通行的时代，我们是做不到这一点的。那时，我们只能选取若干代表，例如选择20个银行对选定的若干产品进行报价，借以间接推断或反映市场供求。这样的结果当然只能是近似的，因其近似，便存在被人上下其手的空间。如今则不同了，数字经济的发展使我们可以全额、实时获取市场信息。这一点非常重要，因为它对LIBOR而言意味着一次革命，同时，它也意味着进一步的革命仍然可能发生。

第二个特点是，美国和瑞士的新基准利率背后都是有抵押的，而且抵押品都是国债，而英国、欧盟和日本则没有明确的抵押品。根据前文的分析，美国、瑞士做此选择，是因为这两个国家的国债市场非常发达，它们的货币政策主要通过国债市场来实施，而且货币政策与财政政策的运行深度契合。英国、欧盟、日本的无抵押安排，则反映出它们维护自身货币地位的努力。形成这种格局，一方面，说明这几个主要国家和地区在利率决定权上在与美国角力；另一方面，英国、欧盟、日本等可能希望利率的决定彻底摆脱各种经济主体（哪怕是政府）的信用束缚，立刻过渡到数字基础上。同时，摆脱美元束缚的意图十分明显。如果是这样，国际利率市场的改革，今后还会有进一步的动作。

（一）新基准利率的优势

新基准利率的优势可以归纳如下。

第一，它是基于市场的真实交易而形成的，而且交易的数据是实时、全额、真实的，所以它可以有效规避报价型利率形成机制在特殊时期可能出现的操纵行为。

第二，它的市场基础超越了传统的"银行间"，覆盖了更多的机构和更为广泛的金融交易。众所周知，近几十年来，世界各国金融体系最突出的发展之一，就是非银行金融机构的稳步增长，而传统的银行机构则相对萎缩。现在，非银行金融机构，无论是机构数量还是运作的资金规模，都已经比传统银行机构大得多。从运行特点来说，非银行金融机构的经营更加依赖利率。但是，在LIBOR体系下，广大非银行金融机构的交易活动并没有被覆盖在利率形成机制中。这次改革弥补了这一缺陷。各国具体的转变路径有所不同——依据美国方式，就是直接用交易更为活跃的回购市场利率替代拆借市场利率,形成隔夜担保融资利率;依据英国方式,就是扩大原先的拆借市场主体,将非银行金融机构纳入,以期尽可能涵盖全部的金融市场交易者,形成了英镑隔夜指数均值。

第三,它的基石是影响力最大的隔夜回购交易。有了它,新的收益率曲线比较容易形成。

第四,美国的新基准以国债为抵押品,从而摒弃了银行的信用风险,杜绝了金融机构参与造假的可能。这个变化强化了基准利率的无风险性。同时,由于它是以国债为抵押的,而国债又是财政政策的主要工具之一,所以新的基准利率的形成机制里不仅蕴含着货币政策和财政政策协调配合的政策取向,而且包含着两大政策体系协调配合的主要渠道。沿着这条思路展开,如今困惑我们的很多新问题大概都可以找到答案。比如,很多人担心,美国近年来发行了巨额国债,未来的解决方案在哪里?囿于传统的分析框架,很多人忧心忡忡,但是,若把国债纳入金融体系来考量,如果国债市场是金融体系流动性的来源,如果国债市场是基准利率形成的基础,巨量的国债就没有那么令人担心了。基于此,对于美国的财政政策、货币政策以及两大政策体系的协调配合机制,我们显然需要重新研究。

(二)新基准利率的缺陷

万事都有两面性,新基准自然也有它的问题。

第一,利率波动大。前文已述及,新基准利率覆盖了尽可能多的货币市场交易,这在提高其代表性的同时,也使得它容易受外部因素的影响。于是，一些过去我们看不到或者在交易中可能会忽略的因素，都会在新基准利率的形成过程中表现出自己，因此它对货币市场资金的供应和需求变化更为敏感。在新机制下，多重复杂因素都可能对利率的形成产生影响，诸如市场流动性的变化、货币政策的外溢性影响，财政政策调整造成的国债抵押品供需关系的变化，甚至是地缘政治的变化等，都会影响到它。

第二，季节性是它的新特点。资料显示，每逢季末，新机制形成的利率出现上涨的概率比较高。

第三，存在"无风险利率的烦恼"。这其实是个悖论。过去，面对 LIBOR 反映虚假信息的问题，市场总在想方设法地要从其决定机制中剔除信用风险。但是，在我们剔除了这个因素之后发现，水至清则无鱼，新利率对银行信用风险不敏感，使得银行资产端与负债端的利率风险难以对冲，存在"基差风险"，形成所谓"无风险利率的烦恼"。于是，我们还必须在它的基础上进一步开发出更多新的交易品种，特别是便利套期保值的新产品。

第四，交易期限短。金融市场需要一条期限连续的曲线，以便为纷繁复杂的金融交易提供基准，仅有一个隔夜利率肯定是不够的。注意到这个缺陷，市场就创造出了所谓"前瞻型利率"（forward-looking）和"后顾型利率"（backward-looking），希望有所补益。所谓"后顾型利率"，其基本原理就是结合合约期内各交易日隔夜利率，通过连续复利计算得到，不需要依赖无风险隔夜利率衍生品市场数据，计算结果具有平滑日常小幅波动的特点。其缺点是，由于相关数据只能在合约期末获得，因而其事前参考性差。

另外，过度平滑可能导致有效信息丢失过多。所谓"前瞻型利率"，指的是基于预期和无风险隔夜利率的期货、互换等衍生品证券交易信息，根据短期利率加期限溢价和风险溢价的方式计算得到。其缺点是计算准确程度与市场价格发现功能紧密相关，需要活跃的无风险隔夜利率衍生品市场予以配合，而后一个市场显然还在建设过程中。

三、利率形成机制变革的全球金融治理意义

作为针对全球金融交易基础设施的改革，LIBOR形成机制的改革当然具有明显的全球治理意义。

（一）利率定价权全面回归美国

我们知道，LIBOR定价的主导权一向在英国伦敦，其产生的原因是欧洲美元市场的出现。虽然在LIBOR的决定程序中，有一个需要将20家银行的报价汇聚上报美国的洲际交易所并需后者批准的环节，但那只是最后阶段的技术性处理，真正的决定力量还是在伦敦金融市场。因为存在这种机制，长期以来在LIBOR的决定过程中，美国的货币当局也只能以普通的市场交易者身份进入，它的货币政策和金融监管政策等，都对LIBOR鞭长莫及，难以产生符合美国货币当局的影响。这种局面当然是美国不愿意看到的。所以基准利率改革的首要目的，就是要让利率的决定权回归美国。

离岸美元定价权的回归，大大提升了美联储货币政策操作对全

球金融市场的影响力，整个国际金融体系的格局因此将进一步出现深刻变化。

（二）强化美国国债市场在国际金融体系中的中枢地位

新基准利率形成过程，依赖于国债作为抵押品的回购交易，这使得国债市场在美国宏观调控机制中的核心地位进一步加强，同时也使得财政、货币两大当局的协调配合更为密切，当然也更复杂。

新基准利率是有抵押的隔夜回购利率，这个抵押品主要是美国政府的债券。这种格局的推行，势必在全球金融市场上大幅增加对美债特别是国债的需求，这有助于缓解美国的财政赤字，并有进一步压低美债收益率的倾向。我们一直在讲，美联储事实上是全球的中央银行，这主要说的是联储货币政策的外溢影响巨大。如果联储主要依赖买卖美国国债来实施货币政策，则美国的财政政策，特别是其债务政策，势必对国际金融市场和全球经济产生更大的直接影响。

近年来，美国的国债规模膨胀、政府杠杆率上升等，成为国内外研究者关注的焦点。绝大多数的分析都认为，天量债务是美国经济的"死荷重"，或迟或早它总要归还，这个过程将会把美国经济拖向另一次长期衰退。这是基于传统理论、囿于传统的国债管理政策、无视国际金融领域新发展的论断。倘若我们把分析的视野扩展到此次基准利率定价机制的变化上，扩展到全球流动性市场发展的新格局上，就会看到别样的图景。初步的分析显示，这种变化显然可能进一步强化全世界都为美国财政赤字买单的机制，从而有利于缓解美国的财政赤字和巨额债务的压力。美债的收益率可能被长期压低，从而已经延续了近20年的美债与利率的耦合关系可能进一步巩固。或许更重要的是，美国国债市场可能成为美元流动性的源泉，一直被学术界所诟病的"债务货币化"可能被体制化。倘若如此，通过债务货币化，巨额的美国政府债务每年将有相当一部分被全球经济增长所吸收，解决债务问题的前景至少不会那么悲观。同样的道理在英国、欧元区和日本也是适用的，这就意味着，在这些国家和地区，政府债务对经济的影响需要全面重新评估。

（三）数字经济的影响

LIBOR定价机制改革的过程，也正是数字经济飞速发展的过程。数字经济的发展具有极强的穿透力，一切经济金融进程都会受到其强烈影响。在基准利率形成机制的改革过程中，数字化当然也要表现自己。在前文列示的五个实行利率机制变革的经济体中，英国、欧盟和日本并没有像美国那样将信用的基础转移到国债上，而是直接转移到存贷款的隔夜交易上，这看起来保留着央行和商业银行间信用交易的形式，但数字化已经全面、潜在地介入了。事实上，即便是美国的改革方案，数字化也没有缺席。

数字经济渗入新型基准利率的形成过程中，其主要影响有二。

首先，信用关系技术化。现在，大数据、云计算、人工智能以及算法等我们熟悉的数字经济的要素都融入了金融交易的过程和利率的决定机制。这种被概括为信息化、网络化、数字化、智能化的因素进入金融业，已经且必将进一步改变金融业的信用基础。前文我们已经讨论过，基准利率的决定机制从若干大银行报价转向以国债为抵押，其实质既是用政府信用代替了银行信用，也是用实时、全额的市场交易替代了交易员的间接叫价机制。更深入地看，随着数字化深入发展，一个新的问题必然提出：鉴于政府信用也或多或少地渗入了人为因素，金融交易、利率的形成是否应当转向比政府信用更可靠的信用基础上呢？现在看来，这种更可信赖的基础确实是存在的，它们存在于数字经济和数字金融之中。

其次，大数据分析、机器学习等新技术手段的采用，可以改善基准利率市场的价格发现功能，深度应用于交易型基准利率收益曲线的构建过程。而且，利率形成机制的转换，客观上使得利率进一步抽象化了。在我看来，这种抽象化过程，进一步凸显了货币作为信用关系的本质，而利率则是信用之价格。总之，数字化的介入，将进一步有助于拨开笼罩在货币经济之上的重重迷雾，让我们认清诸种金融活动的本质。

四、中国的利率市场化改革

中国利率市场化改革自 20 世纪末开始。近十几年来，我们曾多次被告知改革即将成功，就差"临门一脚"，然而，这一"脚"似乎一直没有踢出。冷静地说，我国的利率市场化改革仍然是一项远未完成的艰巨任务。

2002 年，我曾就我国的利率市场化问题写了一篇长文，在《中国证券报》上刊发了一整版，题为《用 5—10 年时间完成利率市场化改革》。文章发表之后，评论者蜂起，对于改革的步调，居然是不支持者居多。很多人说我悲观：改革的步伐如此迅捷，如何需要5—10年？现在看来，当时的判断还是太乐观了一些。援引最近的例证，在"十四五"规划中，关于金融改革提出的目标是"健全市场化利率形成和传导机制，完善央行政策利率体系，更好发挥贷款市场报价利率基准作用"，连"基本完成利率市场化改革"的目标都悄悄隐去了。

这充分说明，要实现利率市场化，我们还有很长的路要走。

（一）勿忘利率的基本概念

现实中并不存在抽象的"利率"，在任何时候，市场上的利率都有多种，它们构成一个多样化且彼此关联的复杂体系。

投融资活动的复杂性和多样性，经济主体的多样性，决定了利率的复杂性和多样性。显见，利率是信用的价格，若把它认作"货币的价格"，则是误读。

利率体系的最基本结构是风险结构和期限结构。所谓风险结构，指的是不同经济主体因其风险程度不同，相应的信用等级不同，其筹资所对应的利率存在差别——风险越大，信用等级越低，其筹资须付出的利率越高；反之相反。据此，依经济主体风险之高低，社会上的利率形成一个高低参差的结构，此即利率的风险结构。所谓利率的期限结构，指的是对同一个筹资主体而言，随着其融资期限的延长，风险相应增大，其融资利率呈现由低（短期）到高（长期）的变化。利率的风险结构和期限结构进一步彰显了利率作为信用之价格的本质。

经济社会中经济主体千差万别，投融资活动千种万般，利率体系便呈现出复杂的结构。这些利率彼此联系、相互影响，形成高度复杂的网络。在纷繁复杂的利率体系中，总有一种或几种利率对利率体系的总体变动产生决定性影响，此即"基准利率"。回忆前文BIS和美联储关于基准利率的研究，形成基准利率最重要的条件包括：第一，此种基准利率应当在交易最活跃、市场参与者最广泛、交易量最大的市场中产生；第二，这个市场应当通过金融产品和市场参与者的纽带，与其他金融市场密切联系，从而使得该市场的交易结果和交易规则具备普通适用性，能够满足货币市场以及其他各类金融市场的需求，为各种类型金融交易提供定价标准和流动性来源；第三，基准利率是核心金融市场的产物，因此，它的基础性作用，以核心金融市场与其他各类金融市场"互联互通"为基础。正因为存在基准利率与其他各种利率相互关联、"纲举目张"的机制，货币政策方能有效施为。

显然，一个有效运转的市场经济体制，是由有效运转的金融市场体系和相应的利率体系承载的。正是这种利率的网络，现实地发挥着引导资源配置的导向作用。我们说市场在资源配置中起决定性作用，这个决定性作用，依托一体化的金融市场体系来实现；其动力结构，则存在于发达有效的利率体系之中。

（二）改革的主要任务

中国作为新兴市场经济国家，在推进改革的过程中，始终面临两个经常产生冲突的任务体系：一是补上我们在建设市场经济体系方面的短板，同时清除传统计划经济遗留下的旧土壤；二是跟上世界发展新潮流，力争在新兴的领域里直面发达经济体，在相同的起点上参与国际竞争。这就使得我们的所有改革都呈现出高度的复杂性。

就利率市场化改革而论，我们需要完成的任务可分三类。

第一，为市场经济正常运行建立所需的基本利率制度。如完善利率由市场竞争形成的机制；打通各个金融市场、打通金融市场和信贷市场，建立互联互通的一体化金融体系；形成中国的基准利率；建立现代的存款准备金制度；完善货币当局公开市场操作制度；完善货币当局对利率的间接调控机制；依循市场经济原则完善央行贷款（再贷款）制度；理顺国库现金管理制度，等等。

第二，为利率政策正常发挥作用创造必需的经济体制条件。其要者，是改革企业特别是国企制度，使得企业成为"真正的企业"，从而能够对利率变化做出符合市场规律的反应；硬化政府的预算约束，规范它们的赤字和赤字融资活动，使之按照市场运行的规则参与金融市场活动。

第三，利用后发优势，跟上甚至领先全球发展步调。其中，认真甄别"影子银行"和"银行的影子"，稳妥发展作为创新源泉的影子银行；对整个金融体系进行数字化改造；大力发展数字货币和平台经济；塑造现代的货币政策和财政政策协调配合机制；完善外汇储备管理体制；积极参与全球金融体系重塑，等等，都是刻不容缓的紧迫任务。

（三）改革的主要领域

前文定性地描述了中国利率市场化改革所需完成的三大类任务，下面我们就其主要领域略做展开。

第一，大力发展直接融资。

直接融资的本质，就是让资金的最终提供者和资金的最终使用者直接显示偏好，直接订立和约，决定利率水平，并直接进行交易。因此，在理论上，大力发展资本市场便成为利率市场化的必要条件。唯其如此，资金供求双方才能充分展示偏好，通过反复竞争和多次"试错"，有效形成市场均衡利率。

在以间接融资为主体的金融体系中，利率的形成过程受到银行中介的阻隔。因此，打开银行的资产负债表，构成利率市场化的重要任务。

银行作为融资中介，客观上将资金的最终供给者和最终需求者割裂开来，进而将一项融资活动分解为两个独立过程，并分别对这两个过程进行定价。在传统的技术基础上，在信息不对称的条件下，金融中介的存在有降低信息不对称、专业化和规模化的积极作用。但是，在信息经济，特别是互联网经济充分发展的条件下，信用中介存在的合理性正在逐步丧失。如今，中介居于融资活动中间会降低融资的中介效率：它增加了融资的环节，创造并保持着主要以"息差"形式存在的融资成本。在一定意义上，相较其他市场经济国家，中国的利率水平长期高悬，中国非金融部门长期背负沉重的利息成本，这是主要原因之一。

因此，为了有效推动利率市场化，与发展资本市场同等重要的任务就是要打开银行的资产负债表，有效率地引导全社会的"脱媒"进程。在负债方，要让各类存款转变为可交易的债券、借据等；在资产方，推动各类贷款的交易，以及在各类贷款基础上的证券化；在发展战略上，要大力发展多样化的理财业务。总之，打开银行的资产负债表，就是让存在于银行资产负债表的"黑箱"中那些长期不流动、不交易的资产和负债进入市场交易，参与寻找市场均衡利率的洪流。

事实上，打开银行资产负债表，尽可能地将传统的负债和资产投入市场交易，还有一层稳步推动银行业务向服务化转型的意义。大家一定注意到，自从1992年美国的利率回落到5%以下，全球利率水平一直呈下行趋势。2008年，随着美国下调联邦基金利率至0—0.25%，全世界进入超低利率时代；2012年，丹麦央行的举措更让我们见证了负利率的出现，人类社会"从此进入了一片未知领域"。长达20余年超低利率或负利率的新实践，严酷地宣告了"息差为本"时代的过去，彰显了通过提供交易和服务来获取新的生存空间的改革意义。这个方向与LIBOR改革方向是一致的。

第二，解除信贷管制。

解除信贷管制是利率市场化的又一必要条件。因为只有解除信贷管制，资金的供求双方，包括作为"中介机构"的各类金融机构，才能充分展示自己的偏好并展开有效竞争。

1998年，中国承认了国际货币基金组织第八条款，中国的货币政策由此起步。然而，虽然我国已于1998年宣布废止银行贷款规模管制，但由于改革不彻底，经济运行每遇问题，都会自觉或不自觉地回到信贷分配乃至信贷管制的老路上。如此收收放放，拖累了我国的市场化改革步伐。应当认识到，在信贷管制条件下，由于资金供求双方均无法展示自己的偏好，而且或明或暗地受到约束乃至管制，利率的市场化是根本谈不上的。毋庸置疑，信贷管制下当然存在利率，而且利率的种类或许比市场化条件下更为庞杂，例如，改革之前，我国就曾有上百种利率。但是，管制下的利率充其量只是财务分配和财富再分配的手段，却极少含有市场调控和提高资源配置效率的意义。我国需要的是作为资源配置手段的利率体系。

第三，市场的一体化。

我国要打破市场分割，促进金融市场一体化，打通金融市场与银行信贷市场，打通银行间市场和交易所市场。简言之，真正实现我国已经提出20余年的各类市场"互联互通"的目标，是形成有效的利率体系的必要条件。

建立有效的国债市场，形成核心金融市场，并据以产生无风险基准利率，借以对其他金融市场产生影响，是形成有效利率体系的又一必要条件。同时，在这样的金融市场体系和由此形成的基准利率体系基础上，货币政策和财政政策方能有效地协调配合，共同发挥提高宏观调控效率的作用。

第四，改革法定准备金制度。

中国是法定准备金率最高的国家之一。2011年前后，我国中小型存款类金融机构的准备金率曾达到19.5%，大型存款类金融机构的准备金率更高达21.5%。目前，虽经多次下调，我国加权平均的法定存款准备金率仍在8.4%，加上超额准备金，加总的准备金率水平依然很高。

现行高得异乎寻常的法定存款准备金率，是2004年前外汇储备急剧增加、人民币大幅升值预期下，央行"冲销"流动性泛滥捉襟见肘时的权宜之计，旨在"深度"冻结过剩流动性。如今，实行高准备率的诸种环境条件均已渐次失去，是将法定准备金制度向正常方向调整的时候了。

必须认识到，畸高的法定准备金率扭曲了中国的金融关系。我们至少可以指出两个明显的弊端：一是以准备金形式存在的数以万亿计的资金是不能作为资金供给进入我国资金供求平衡关系的，这无疑人为减少了资金供应，抬高了利率水平；二是法定准备金率构成存款金融机构的成本高达10%以上（过去曾高达20%以上），无疑会扭曲存款金融机构的资产负债行为，从而扭曲整个银企关系。

应当看到，在储蓄率长期高达40%以上，总储蓄率长期高于总投资率的宏观条件下，中国的利率水平却长期高于多数市场经济国家，这是极不正常的。出现这种现象，扭曲的法定准备金制度难辞其咎。

市场化的法定准备金率改革方向是"零准备"。其要者，是逐步将准备金率降至零水平，支付清算的需求则用交易账户来替代。这种改革的基本理论就是，法定准备金率调控是一种类似税收的高度行政化的调控手段，随着市场化的深入，特别是市场交易制度的不断完善和广泛覆盖，这种制度应当退出历史舞台。实行"零准备"之后，央行主要以交易者的角色在市场上活动，并通过调整自己的资产负债表的总量及结构，影响市场利率和金融机构的头寸。

要启动这一关乎货币政策健康状况的改革进程，需要对央行的货币政策操作框架、外汇储备管理制度、债券市场、货币政策和财政政策协调配合机制等，进行大规模系统改革。

第五，央行调控机制的市场化。

在市场经济中，货币当局应当拥有足够且有效的市场手段，通过其资产负债表的调整和资产交易活动改变资金供求格局，进而影响基准利率的水平和结构，调节货币信贷的供给。

央行当然是市场化改革的积极推动者和组织者，然而，其自身活动的市场化却容易被忽视。例如，我们常说，金融宏观调控从主要对量的调控转换到主要对价的调控，意味着市场化改革的深入，其实不然，因为在实践中，利率是可以被当作十分行政化的手段来使用的。不提供任何配套的措施便"宣布"调高或调低利率水平，便可能是一种行政调控手段，因为此时的利率变化只是货币当局的"决定"，市场上的资金供求关系并没有提供利率变化的基础。

20世纪末，我曾亲历了一场关于"美联储的利率调控政策是行政化还是市场化"的争论，可为此处讨论提供注脚。当时，很多局外人认定联储的利率调控纯属行政行为，根据很简单：这个利率水平是由联储公开市场委员会开会"决定"的。否定者则热心地指出，利率水平需要变动，固然是联储在华盛顿根据形势分析做出的决定，但是，利率水平的现实变动，却是一批主要在纽约活动的国债交易一级自营商们，根据联储的指令，通过与联储账户进行实实在在的买卖交易而实现的。可见，"决定"利率变动和"实现"利率变动是不同的，仅有前者，并不能保证利率政策是市场化的政策行为。

上述例证告诉我们，要建立货币当局的市场化调控机制，必须形成货币供应量调控和利率调控互为条件、彼此应照的"量价联动机制"。显然，这种机制只有在有效、互联互通的金融市场体系中方能形成。

对中国来说，逐步完善央行贷款制度（各类"再贷款"），构成央行宏观调控市场化改革的重要内容。从本质上说，运用央行再贷款来实现金融宏观调控目标，是对每年新增货币供给的有效利用途径之一。这是中国金融宏观调控的特色之一，我们大可不必因为发达经济体的央行很少从事此类活动而心中发虚。毕竟，运用新增货币供给来解决某些国家任务，是社会主义市场经济制度的本质要求之一。

第六，不应忽视影子银行的作用。

影子银行指的是向企业、居民和其他金融机构提供流动性、期限配合和提高杠杆率等服务，从而在不同程度上替代商业银行核心功能的那些工具、结构、企业或市场。在我看来，影子银行是创新的源泉、风险的渊薮。

中国的影子银行大多是"银行的影子"，无非是借新业务之名，借高科技之平台，行传统金融业务之实。这与中国仍然存在严重的金融管制有关。

影子银行体系主要通过开发交易活动和提升金融市场的流动性，通过对传统金融产品和服务"再构造"，向经济社会提供源源不断的信用供给。在这个过程中，它成为推动利率市场化的重要力量。十几年前我曾经写过一篇关于影子银行的文章，用的标题就是《创新的源泉，风险的渊薮》。现在，我仍然坚持这个判断。

第七，抓住数字货币发展的机遇。

这次国际金融市场上的基准利率改革昭示了金融改革和发展的新方向，对于中国金融的改革和发展具有极强的借鉴意义。

但是要注意，改革的具体路径因各国国情和政策取向差别有所不同。美国方式是直接用交易更为活跃的国债回购市场利率替代拆借市场利率，形成隔夜担保融资利率；英国方式则是扩大原先的拆借市场主体，将非银行金融机构悉数纳入，以期尽可能涵盖全部的金融市场交易者，形成了英镑隔夜指数均值。中国的数字经济、数字货币，以及基于数字经济的支付清算机制已经走在世界前列，应当继续鼓励其发展。我们希望在建立良好的协调财政政策和货币政策的机制的同时，花力气在数字化的基础上推进中国的利率市场化改革。

中国经济 50 人论坛丛书
Chinese Economists 50 Forum

第三章　全球变局下中国科技创新战略和路径选择[①]

王一鸣[②]

---

① 本文根据 2022 年 4 月 6 日长安讲坛第 388 期内容整理而成。
② 王一鸣，论坛成员，中国国际经济交流中心副理事长，研究员。

围绕"全球变局下中国科技创新战略和路径选择"这一主题,本文从三个方面展开论述:第一,我国科技创新面临的新形势和新挑战;第二,新发展阶段我国科技创新的新使命和新任务;第三,我国科技高水平自立自强的战略和路径选择。

一、我国科技创新面临的新形势和新挑战

当今世界正经历百年未有之大变局,以人工智能、大数据、物联网、云计算等为核心的新一轮科技革命和产业变革是大变局的关键变量,对经济社会发展和产业链供应链的影响前所未有,正在改变原有国际分工的"中心—外围"结构,重塑各国经济竞争力消长和全球竞争格局。科技创新正在成为大国博弈角逐的主战场。

（一）新一轮科技革命和产业变革正在向纵深演进

新一轮科技革命和产业变革呈现以信息网络和人工智能为主脉，先进制造、清洁能源、生物科技、空天海洋等领域协同推进的"一主多翼"的发展态势，颠覆性技术不断涌现，催生一批新产业、新业态、新模式，对传统的生产方式和生活方式产生前所未有的深刻影响。

1. 新一代信息网络技术向智能化方向发展

信息网络技术各细分领域纵向升级与交叉融合，呈现网络互联的移动化、泛在化和信息处理的高速化、智能化，促进创新链、产业链的代际跃升，以及信息服务的智能化、个性化发展。移动互联技术向物联网快速拓展，计算技术向高性能、量子计算发展，大数据技术促使人类活动全面数据化。物联网、云计算、大数据等新技术构建"人—网—物"互联体系和泛在智能信息网络，推动人工智能向自主学习、人机协同、增强智能和基于网络的群体智能等方向发展，带来众多产业领域的深刻变革和创新。

2. 制造技术向网络化、智能化、绿色化方向发展

信息网络技术与制造业深度融合，先进传感技术、数字化设计制造、机器人与智能控制系统等日趋广泛应用，促进以人机协作为特征的新一代机器人能力不断增强。人机共融的智能制造模式大大提升了制造系统的柔性和敏捷性，推动工业生产向分布式、定制化制造模式转变，制造业生产流程、研发设计、企业管理，乃至用户

关系都出现了智能化趋势。广泛采用节能减排技术、清洁生产工艺和智能化控制，建立工业生态链，引领制造方式的绿色转型。

3. 能源技术向绿色低碳和智能化方向转型

信息网络技术与能源技术融合，推动化石能源清洁化、清洁能源规模化和能源服务智能化。节能技术的不断突破，促进能源结构从高碳向低碳转变，能源生产与消费方式从资源消耗型向生态适应型转变。太阳能、风能、生物质能、地热能、水能、海洋能等可再生能源开发、存储和传输技术的进步，深刻改变了现有能源结构。氢能、天然水合物和聚变能等新一代能源技术的发展，为解决能源需求开辟了新途径。

4. 生物技术向精准医疗和再生医学方向发展

新型基因技术不断涌现，合成生物学快速发展，基因编辑技术日新月异，为医疗健康技术发展带来新动力。以基因组为核心的集成研发、以生物标志物验证为关键的临床技术研究、以基因数据库为中心的基础设施建设的进展，以及精准医学、干细胞与再生医学、分子靶向治疗、移动健康监测等的快速演进推广，使得医学模块加快从临床医学向健康医学扩展，催生生物医药和生物技术产业迅速兴起，呈现出巨大发展潜力。

5. 空天海洋技术向纵深化方向发展

国际空间技术聚焦空间信息应用和建立更强大的空间探索能

力，致力于建立体系融合、高性能、低成本、广覆盖的空间信息与服务系统，推进大推力火箭、可重复使用运载器和新型推进技术的发展和商业化应用，力求在高效率天地往返运输系统、近地空间站应用、月球与火星探测等领域取得突破。海洋科技由浅海向深海、由区域向全球拓展，围绕深海开发、全球变化等领域展开布局，并向"星—空—海""海面—海中—海底"空间海洋立体观测网拓展，载人深潜器、海底资源探测和开发、海洋生物技术和海洋生态工程等，正在催生新型海洋经济。

综上所述，新一轮科技革命和产业变革正在进入多点突破、群体迸发的新阶段，各国在前沿科技领域的竞争加剧，成为重塑全球创新和产业版图的主导因素。

（二）新科技革命和产业变革深刻影响经济社会发展

新一轮科技革命和产业变革将深刻影响人类的生产和生活方式，重塑世界经济和国际竞争格局。

1. 传统生产要素和新生产要素的相对地位显著变化

生产过程的数字化、网络化、智能化使劳动力、土地等传统生产要素的地位相对下降，科技创新和人力资本成为产业竞争力最重要的因素。移动互联网、物联网、大数据等新技术迅猛发展，推动智能制造、大规模个性化定制、互联网金融、网上研发平台等新产业、新业态、新模式的广泛兴起。产业结构高端化的内涵发生明显变化，传统的三次产业分类越来越难以衡量产业发展水平。产业结构现代化将更多体现为信息数据要素投入而带来的边际效率改善和全要素生产率提升。数据规模、数据基础设施、数据加工能力、数据治理体系，正在成为国际产业竞争的制高点。

2. 全球产业竞争格局加快重塑

数字化、网络化、智能化技术的广泛应用，将弱化发展中国家的低成本竞争优势，发达国家凭借智能制造优势弥补劳动力成本劣势和不足，加之拥有对产业价值链高端环节的控制力，原有的竞争优势地位得以巩固和强化。新一轮产业变革中涌现出大量平台型企业，依托自身技术和商业模式创新，拥有广泛连接的生产、供需和市场资源的网络优势，对传统商业模式带来颠覆性冲击和重构性影响。全球产业链、供应链、价值链布局由成本至上转向成本、市场和技术等因素并重，将重构全球产业竞争格局。

3. 就业结构和社会结构深刻变化

与以往工业革命主要替代体力劳动不同，以智能化为主要特征的新一轮科技革命，对简单脑力劳动和程序化工作的替代加快，人与智能机器人将形成替代关系。远程教育、远程医疗、智能交通、分布式能源等新兴服务模式的兴起，使人们的学习、工作和生活更加便捷。与此同时，从事简单脑力劳动和程序化工作的群体收入增长速度变慢，财富向少数人集中态势加剧，收入差距继续扩大，社会结构将日益由"橄榄型"转向"哑铃型"，成为影响社会稳定的重要因素。

（三）全球争夺科技创新制高点的竞争空前激烈

从全球范围看，争夺科技创新制高点的竞争日趋激烈，成为影响国家力量对比变化的重要因素。

1. 美国加快推进与我国的"技术脱钩"

美国视中国为最大的战略竞争对手，不惜成本和代价对我国进行围堵和打压，甚至在部分领域推进与我国的"技术脱钩"。拜登政府推出"小院高墙"战略，针对关键核心技术，划定明确的战略边界，采取更严密、更大力度的对华科技封锁措施。"小院高墙"重点关注三类技术：军事科学技术、中国相对落后的技术和美国处于领先的前沿技术，以确保美国在关键战略技术领域"超前两代"的竞争优势。这对中美双方的影响具有不对称效应，也将增大我国产业技术路线选择的成本和风险。

2. 美国推出《2021年美国创新和竞争法案》

2021年6月8日，美国参议院通过了多数党领袖舒默提交的《2021年美国创新和竞争法案》，这是《无尽前沿法案》的替代修正案，并融入了其他多项法案的涉华内容。该法案主要涉及四个立法目标：（1）在国家科学基金会设立新的技术和创新理事会（DTI），重点关注与美国地缘战略相关的关键技术领域基础研究、商业化及技术创新；（2）创设区域技术中心；（3）针对经济安全、科学、研究、创新、制造和就业建立一个战略报告体系；（4）设立供应链韧性和危机应对计划项目。该法案提出将划拨超过2 000亿美元的开支,其中520亿美元用于美国半导体产业的补贴,5年内将为DTI拨款超过1 000亿美元,以在人工智能、机器学习、其他先进软件开发、高性能计算、半导体、先进计算机硬件、量子计算、信息系统、机器自动化、先进制造等10个关键科技领域寻求突破,以重新构筑美国强大的科技优势。

二、新发展阶段我国科技创新的新使命和新任务

近年来,中国在全球创新版图中的位势迅速提升,但科技创新仍不适应新发展阶段的新要求,产业链供应链自主可控面临新挑战。在日趋严峻复杂的国际环境中,科技创新不仅是发展问题,更是生存问题。我们只有实现高水平科技自立自强,建立与我国现代化建设目标相适应的科技创新体系,才能打破西方的高技术垄断,改变关键核心技术受制于人的被动局面。我国"十四五"规划提出,"坚持创新在我国现代化建设全局中的核心地位,把科技自立自强作为国家发展的战略支撑",明确了我国科技创新的新使命和新任务。

(一)我国在全球创新版图中的位势迅速提升

经过改革开放40多年的发展,我国科技正从跟跑为主转向跟跑与并跑、领跑并存的新阶段,处于从量的积累向质的飞跃、从点的突破向系统能力提升的重要时期,已成为具有重要影响力的科技大国。

1. 主要创新指标进入世界前列

我国已成为全球第二大研发投入国和第二大知识产出国。2021年，我国全社会研发经费支出达到2.79万亿元，占GDP比重为2.44%（见图3-1），居发展中国家首位，超过欧盟15国2.1%的平均水平。研发人员总量居世界第一，国际科技论文总量和被引次数稳居世界第二，发明专利申请量和授权量居世界首位。企业创新主体地位显著增强，企业在全社会研发投入、研究人员和发明专利的占比均超过70%。我国与创新型国家的差距缩小，根据世界知识产权组织（WIPO）发布的《2021年全球创新指数报告》显示，在纳入评价的全球141个国家中，中国的综合排名继2016年首次进入前25名之后，快速跃升至2020的第12位，是前30位中唯一的中等收入经济体。

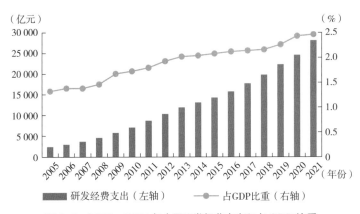

图3-1　2005—2021年中国研发经费支出和占GDP比重

数据来源：国家统计局。

2. 基础前沿和战略高技术取得重大突破

我国在载人航天、探月工程、深海探测、超级计算、量子信息等领域取得了一系列战略性成果。中国空间站天和核心舱成功发射，"嫦娥四号"探测器首次成功登陆月球背面、"嫦娥五号"实现地外天体采样返回，"天问一号"成功着陆火星，北斗卫星导航系统全面开通，"海斗一号"完成万米海试，"奋斗者"号成功坐底，"神威·太湖之光"超级计算机首次实现千万核心并行第一性原理计算模拟，76个光子的量子计算原型机"九章"和62比特可编程超导量子计算原型机"祖冲之号"成功问世，"墨子号"实现无中继千公里级量子密钥分发。高速铁路、特高压输变电、对地观测卫星、电动汽车、核电、大飞机等重大装备和战略性产品取得重要进展，部分产品和技术开始走向世界。战略高技术领域的重大突破，为产业转型升级提供技术支撑。

3. 科技体制机制创新持续推进

健全社会主义市场经济条件下的新型举国体制，加强国家战略科技力量，成立一批国家实验室，重组国家重点实验室，支持周期长、风险大、难度高、前景好的战略性科学计划和科学工程。科技创新的政策体系进一步健全，市场导向的技术创新机制逐步完善，政策工具从财税支持为主逐步转向更多依靠体制机制创新、普惠性政策和发挥市场机制的作用。企业技术创新主体地位不断提升，在智能终端、无人机、电子商务、云计算、互联网金融、人工智能等领域崛起一批具有全球影响力的创新型企业。2021年在全球上榜的1 058家独角兽企业中，我国有301家，排名第二，占全球独角兽企业数量的28%，仅次于美国的46%（见图3-2）。2020年全球研发投入最高的2 500家企业中，中国有597家，排名第二，仅次于美国的779家。

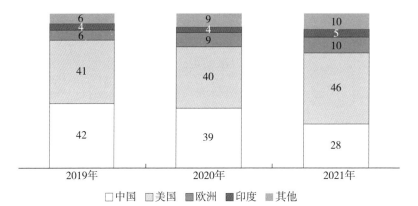

图3-2　2019—2021年全球独角兽公司数量分布占比（%）

数据来源：胡润全球独角兽榜单，截至2021年底。

4. 全社会创新生态不断优化

规模以上工业企业中有近40%开展技术创新活动，研发项目中以开发全新产品或者改进产品功能质量为目标的项目超过80%，创新能力已成为各类企业发展壮大的核心竞争力。龙头企业、中小微企业、科研院所、高校、创客等多方协同，打造专业化众创空间和创新平台，形成从产品创意到产品生产全服务的生态体系，为各类创新主体提供创新合作的平台。

（二）科技创新仍不适应新发展阶段的新要求

尽管我国科技创新已取得重大进展，但与建设世界科技强国的要求相比，还存在一些短板和弱项。

1. 原始创新能力仍然不足

从我国创新投入现状来看，研发投入结构明显存在基础研究、应用基础研究比重低，试验发展比重高的特点，如2019年我国三大研发活动占研发投入的比重分别为6.0%、11.3%和82.7%，基础研究占比远低于OECD国家15%—25%的水平（见图3-3）。科研成果评价重数量、轻质量，重短期利益、轻长期效果，整体质量不高，尚不具备引领国际前沿技术发展的能力。随着我国进入跟跑和并跑、领跑并存的新阶段，迫切需要加大基础研究等创新链前端环节的投入，构筑创新先发优势。

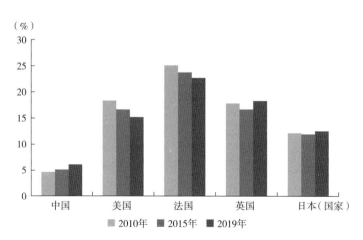

图3-3 2010、2015、2019年中国与主要发达经济体基础研究投入占研发投入比重
数据来源：OECD。

增强原创能力，不仅要增加投入，更重要的是要创造一种有吸引力的环境。著名经济学家菲利普·阿吉翁（Philippe Aghion）牵头撰写的新著《创造性破坏的力量》指出："创新并不等于在某个给定时刻投资于研发活动，然后就能以给定概率在将来收获成果。"创新是一系列前后衔接的活动组合，从基础研究到应用研究，再到商业化，形成一个创造性破坏范式，创新者进行应用研究及商业化是为了获取新的创新资金。根据阿吉翁的理论，知识积累、对财产权利或知识产权的保护、竞争性环境，构成了创造性破坏范式的三个基本原则。

那么，人们为什么愿意做基础研究？动力来自何方？阿吉翁给出的答案是：学术自由。学术界的研究者比企业中同等研究人员的待遇更低，他们之所以愿意放弃在企业获得更高薪酬的机会，而选择在大学和科研机构工作，看重的恰恰是学术自由，包括自由制订研究计划，选择未必有市场化前景的研究项目，以及与同行自由交流等。由此可见，有吸引力的环境，在一定程度上比增加投入更重要。

2. 关键核心技术受制于人

由于基础研究和应用基础研究投入明显不足，支撑产业升级、引领前沿突破的源头技术储备缺乏，关键核心技术供给难以满足产业升级的要求，一些产业领域的关键核心技术，特别是高端芯片、航空发动机、机器人核心部件、储能技术、高端医疗设备、生物制药等受制于人的局面尚未根本改变。我国芯片对进口依赖度较高，其中高端芯片更为突出。原始创新能力不强，特别是缺乏重大突破性、颠覆性技术创新，使得不少关键核心技术仍受制于发达国家。

3. 创新体系整体效能不高

尽管近年来我国科技研发投入增长较快，但创新绩效依然较低，产出效率不高。我国先后部署了一批重大项目和重点任务，但重大突破不如预期。从反映专利质量水平的三方专利来看，我国与发达国家的差距还比较大。通常，在美国、日本、欧盟同时申请的三方专利被认为具有较高的科技含量和经济价值，这反映一个国家技术发明的整体水平及在国际市场上的竞争力。根据中国科学院科技战略咨询研究院发布的《2021技术聚焦》报告，近年来中国三方专利量在世界上排名上升较快，目前位居世界第四位，但与排名靠前的发达国家相比，在专利量、技术方向覆盖面和领域内均衡性等方面仍有较大差距，而排名第一位的日本和第三位的德国，研发支出仅相当于中国的33.5%、25.6%，排名第二位的美国研发支出也仅为中国的119.0%。

4. 人才激励机制仍不健全

人才激励不足、结构失衡是制约创新驱动发展的突出因素。各种人才计划层次多、交叉重复，政策措施落实力度不够，对科研人员和高技能人才激励措施不到位。对科研人员创造的价值体现不足，创新难以获得相应回报，抑制了科研人员的积极性。重人才引进数量，轻人才环境建设，与国际接轨的科研氛围、可持续的科研设施保障,以及一些大城市难以回避的户籍、住房、子女教育、医疗等公共服务仍有较大差距。尽管我国科技人员总量居世界前列,但高端领军人才和高技能人才匮乏。科睿唯安(Clarivate Analytics)发布的2021年度"高被引科学家"名单中,中国大陆入榜人数较上年明显提高,达935人次,但仍不到美国的40%。

(三)产业链供应链自主可控仍面临挑战

通常可以从横向和纵向两个维度观察全球产业链供应链变化。横向维度主要指生产和供给的集中度,全球制成品生产主要集中在中国、德国和美国三大制造中心。纵向维度主要指上下游关系,具有自然资源和不可替代技术的国家处在上游。中国作为处在下游的最大的制造业国家,既面临关税壁垒对产品出口的影响,更面临来自上游国家的技术封锁和关键零部件"断供"的风险。

1. 中国产业链供应链韧性明显增强

中国拥有全球最完整、规模最大的产业体系,制造业占全球比重已达到27%,世界500强上榜企业数量超过美国,已成为全球120多个国家的最大贸易伙伴国,世界多数经济体对中国市场的依赖度明显提高。麦肯锡全球研究院2019年发布的《中国与世界》报告指出:"世界对中国经济的依存度相对有所上升,中国对世界经济的依存度则相对降低。"中国与世界之间的经济联系正在悄然改变。随着中国国内市场总体规模加速扩大,并与美国、欧洲等最终消费市场形成此长彼消关系,中国正在改变既有的全球市场和经济格局。

2. 产业链供应链的短板主要在中间品

改革开放后，我国主要通过"引进、消化、吸收、再创新"的方式，即通过国外公司的技术授权、合作合资、反向工程等多种方式，学习国外先进技术，并对其进行适应性改造和再创新，实现国外先进技术和装备的国产化，推动产业技术进步。这个模式迅速缩小了我国产业技术与国际先进水平的差距，使得我国终端产品领域逐步形成国际竞争力，比如核电、水轮机、高铁、工程机械、通信设备，但与此同时，关键零部件、元器件、基础材料、工业软件等中间品仍是短板。中间品技术迭代快，科技投入大，产业生态复杂，对基础研究、底层技术依赖度较高，创新难度远大于终端产品，对提升自主创新能力提出更高要求。

3. 我国短板产品进口集中度风险偏高

我国产业链整体上处于价值链中低端，在核心零部件、高端装备的精度、稳定性、可靠性和使用寿命等方面与发达国家差距较大，过去主要依靠国际市场进口，但随着国际环境的变化，面临的风险逐步暴露出来。如果把进口商品目录清单中资源性产品排除，剩下的中间品和资本品大约有 8 000 种，我们将"只有少数发达经济体才能生产且中国进口量较大的中间品和资本品"确定为我国制造业短板产品。具体筛选标准是：该产品前五大供货方都为发达经济体；前五大供货方该产品的全球市场占有率超过60%；中国2018年该产品进口额超过 1 亿美元。依照上述标准，可以得到一份涵盖86种核心资本品和中间品的短板产品，其中有 68 种是中间品，有 18 种是资本品。在这 86 种产品中，美国、德国和日本进入我国供给方五强的产品分别达到 71 种、69 种和 61 种。美国还是唯一在所有短板产品上对华均有出口的国家，但有 15 种产品没有进入供给方前 5 位。由此可见，美国、德国、日本是我国短板产品的主要供给国，我国短板产品进口集中度风险偏高。

三、我国科技高水平自立自强的战略和路径选择

面对外部环境的深刻复杂变化和我国进入新发展阶段的新使命，中国科技创新在战略上要从"技术追赶"转向构建局部优势，在路径上要从终端产品创新转向中间品创新，在政策上要从鼓励集成创新转向鼓励原始创新。

（一）在创新战略上，从"技术追赶"转向构建"局部领先优势"

过去在技术追赶阶段，我国科技进步的主要路径是"引进、消化、吸收、再创新"，技术源头在海外，创新以终端产品的集成创新为主，基础研究、核心技术、原始创新能力较为薄弱。面向未来，我国科技创新要从"技术追赶"转向构建"局部领先优势"，形成非对称反制能力，增强在国际科技竞争中的主动权。

1. 构建局部领先优势

跟在先进国家后面追赶，可以大大降低技术路线选择的成本。但这种模式只能缩小与国外先进技术的差距，难以实现对国外的技

术超越。如今，一方面，随着我国科技水平不断提升，利用后发优势的空间日益缩小，我国部分科技领域已进入国际前沿地带，难以再引进先进技术；另一方面，美国对我国围堵打压，实行"技术脱钩"，我国已难以像过去那样跟随追赶，必须增强自主创新能力，实现关键核心技术自主可控，形成局部领先优势。与美国科技全面领先战略不同，我国现在还不具备系统性超越能力，现有科技发展水平决定了只能形成局部领先优势而不是全面领先优势。而构建局部领先优势的领域应是有较好科技基础、符合未来科技发展方向、具有较强战略价值的战略性前沿技术领域。

2. 强化国家战略科技力量

要形成局部领先优势，就不可能是国外先进技术的简单替代，而必须有原始创新，这就对科技创新提出了更高要求。要更好发挥我国的制度优势，强化国家战略力量，增强国家创新体系的整体效能。聚焦量子信息、光子与微纳电子、网络通信、人工智能、生物医药、现代能源系统等重大创新领域，组建一批国家实验室，重组国家重点实验室体系，加快建设跨学科、大协作、高强度的协同创新基础平台，多出战略性、关键性重大科技成果。发挥国家科研机构、高水平研究型大学、科技领军企业的作用，以国家战略需求为导向，着力解决影响、制约国家发展全局和长远利益的重大科技问题，加快建设原始创新策源地，加快突破关键核心技术。

3. 加强原创性、引领性科技攻关

坚持问题导向，从国家急迫需要和长远需求出发，在基础原材料、高端芯片、工业软件、农作物种子等关键核心技术上全力攻关，突破一批关键核心技术。瞄准人工智能、量子信息、集成电路、先进制造、生命健康、脑科学、生物育种、空天科技、深地深海等前沿领域，前瞻部署一批战略性、储备性技术研发项目。探索社会主义市场经济条件下新型举国体制，打赢关键核心技术攻坚战。发挥企业出题者作用，推进重点项目协同和研发活动一体化，加快构建龙头企业牵头、高校院所支撑、各创新主体相互协同的创新联合体，提高科技成果转移转化成效。

（二）在创新路径上，从终端产品创新转向中间品创新

我国部分终端产品已形成较强的国际竞争力，但承载关键核心技术的零部件、元器件、基础材料、基础软件等中间品，仍主要依靠进口。要把"集中力量办大事"的制度优势、超大规模的市场优势同发挥市场在资源配置中的决定性作用结合起来，努力实现更多"从0到1"的突破。

1. 强化中间品的科技创新

中间品不同于终端产品，产品迭代更快、技术含量更高、专业化分工更细，隐含了很多科学原理和隐性知识，需要长期的技术和经验积累，创新难度比终端产品更大、更复杂，必须整合优势科技资源，持续下更大的功夫，才能实现技术突破。中间品采购方是

千千万万市场主体,其市场竞争力不仅在于技术创新性,还要有商业可行性。这就要求强化创新过程的市场需求导向,发挥企业的创新主体作用,推动市场、企业、政府在创新过程中的良性互动,形成有效的创新激励机制,增强企业的创新动力,提升创新的供给质量。

2. 发挥龙头企业的领军作用

企业是创新的主体,是推动创新创造的生力军。要发挥龙头企业引领支撑作用,推动产业链上中下游、大中小企业融通创新,形成强大的创新生态。鼓励行业龙头企业联合高等院校、科研院所和行业上下游企业共建国家产业创新中心,形成跨领域、大协作、高强度的创新基地,开展产业共性关键技术研发、科技成果转化及产业化、科技资源共享服务,推动重点领域项目、基地、人才、资金一体化配置,提升我国产业基础能力和产业链现代化水平。

3. 实施产业基础再造工程

中间品创新需要补齐基础零部件及元器件、基础材料、基础工艺、基础软件等短板。要立足我国产业规模优势、配套优势和部分领域先发优势,加强"四基"技术和重要产品的技术攻关和工程化应用,并为自主创新产品市场化应用创造良好环境。加强重要产品和关键核心技术工程化、产业化突破,推动首台(套)装备、首批次材料、首版次软件示范应用。

(三) 在创新政策上，从鼓励集成创新转向鼓励原始创新

从集成创新转向原始创新，要求加强基础研究和应用基础研究，提升原始创新能力，以基础研究的突破带动引领性原创成果、战略性技术产品的重大突破，在更多领域跻身国际领先行列。

1. 加强基础研究和应用基础研究

无论是构筑局部优势，还是形成中间品创新能力，都需要增强原始创新能力。原始创新要从源头做起，就要加强前瞻性基础研究和应用基础研究，大幅度增加基础研究投入。要加大基础研究财政投入强度，增加研发经费投向基础研究和应用基础研究的比例。"十四五"规划明确提出，我国基础研究占全社会研发总经费的比重要提高到8%。同时要鼓励社会各界以捐赠和建立基金等方式多渠道投入，对企业基础研究投入实行税收优惠，形成持续稳定的投入机制。优化科学研究支出结构，增加面向需求的基础研究支出，提高基础研究对创新的支撑作用。改进基础研究项目的决策机制，实行"自上而下"与"自下而上"相结合，实行自由探索和需求导向相结合。改进科学研究项目的评价机制，实行分类评价和分类管理，对自由探索的研究项目以同行评议为主，对满足国家战略需求的研究项目以目标评价为主。

2. 加大科技创新人才培养力度

基础研究要突破，最关键的是人才。我国高水平科技人才仍然不足，特别是科技领军人才匮乏。要实行更加开放的人才政策，构

筑集聚国内外优秀人才的科研创新高地。强化研究型大学建设同国家战略目标、战略任务的对接，培养更多顶尖人才。创新人才评价机制，改变人才评价制度不合理、人才"帽子"满天飞的现状。加强基础研究人才培养，造就更多国际一流水平的科技领军人才和创新团队。

3. 探索科技成果产权激励制度改革

加快科技成果的产权激励等体制机制创新，使创新人才分享成果收益，是激发科技人员创新活力、推动解决关键核心技术"卡脖子"的有效途径。要继续探索科技人员职务科技成果产权激励制度，在科研项目立项之初或立项之前，由科研团队与单位之间以及科研团队内部之间签订协议，明确研发团队和所在单位、科研团队内部的知识产权处置办法和科技成果股权分配比例，在收益分配上充分体现知识和创新的价值，让科技成果产出与科技人员收益直接挂钩。在试点基础上，逐步扩大股权和分红激励政策实施范围，完善科技成果转化和职务发明法律制度，释放科技人员创新潜力，提高科技供给质量和效率。

中国经济 50 人论坛丛书
Chinese Economists 50 Forum

第四章　大时代下宏观经济学面临的挑战与变革[①]

刘元春[②]

[①] 本文根据 2022 年 4 月 13 日长安讲坛第 389 期内容整理而成。
[②] 刘元春，论坛成员，上海财经大学校长、教授。

本文探讨20年来宏观经济学的变化，尤其是近几年宏观经济学界思考的核心关键问题。

一、经济大时代的五大表现

当前，经济学理论受到极大的挑战，因为理论很难解释和指导现实，经济学创新势在必行。正如习近平总书记在哲学社会科学工作座谈会上的讲话指出："这是一个需要理论而且一定能够产生理论的时代，这是一个需要思想而且一定能够产生思想的时代。"

我们已经步入一个大时代。经济形势面临深刻变化，社会结构面临巨大冲击，国际政治面临全面重构，断裂性变化在各个领域全面爆发。在经济领域主要体现在以下五大方面。

一是2008年美国金融危机引发的全球萧条。大家一致认为，2008年金融危机仅次于1929—1933年的世界经济危机。1929—1933年的世界经济危机直接催生了现在的宏观经济学，即凯恩斯经济学。由此提出的问题就是，2008年美国金融危机所引发的世界经济危机是全球化时代的第一次全球危机，它会不会引起宏观经济学的再次革命呢？更重要的是，2008年金融危机之后，很多人预测这场危机所带来的萧条最多会持续5年，因为按照基钦周期、库兹涅茨周期，危机后的下行期一般为5年左右。

二是2010年以来全球陷入"长期停滞"（secular stagnation）。2008年金融危机之后，很多人按照传统周期理论预测，这场危机所带来的萧条最多会持续5年。但这种预测完全落空了，世界经济持续了9年的"低增长、低通胀、高就业、低利率、低投资、低贸易、高债务"的状态。如何解释这种现象？传统经济学特别是宏观经济学很难给出满意的答案。

三是2020年新冠肺炎疫情导致的大流行和大停滞。新冠肺炎疫情的暴发使得全球经济出现比2008年更严重、持续性更强的深度回落。发达国家2020年GDP增速下滑4.49%，下滑深度比2009年还高出1.2个百分点；新兴经济体下滑-5.9%，比2009年下滑深度高出8.7个百分点。同时，石油期货指数、金融价格等很多经济变量出现超常的变化，传统经济学也难以解释。

四是在信息化浪潮之后开启的数字经济时代。人工智能、5G、生物技术等各类新技术开始涌现，这些技术特征与传统农业社会和工业社会都呈现出完全不同的特点，例如边际收益递增、零边际成本和多元共享等。这些特点与传统经济学的很多前提假设不一致。因此，带来的理论思考是，与农业经济时代、工业化时代的经济学相比较，数字化时代的经济学是否会发生颠覆性的改变和革命？

五是世界开始步入的百年未有之大变局。查尔斯·P.金德尔伯格（Charles P. Kindleberger）、罗伯特·吉尔平（Robert Gilpin）、斯蒂芬·克莱斯纳（Stephen Krasner）等人提出的超级霸权周期似乎已经全面开启，格雷厄姆·艾利森（Graham Alison）重提的"修昔底德陷阱"和"中美必有一战"似乎都在随后的中美贸易冲突和俄乌冲突中得到印证。百年未有之大变局步入加速演化期可能全面改变了经济运行的政治社会环境，传统经济学假设的政治经济和社会经济的运行逻辑已经发生革命性变化，政治和社会问题全面向经济领域的外溢将导致我们在新逻辑体系中面临新问题、新规律和新体系的挑战。

二、宏观经济学面临的四大挑战

上述五个方面都表明，世界经济在各种力量的叠加下发生了结构性剧变，这种剧变与通常假定的一般市场经济环境相比具有很大差别，从而导致宏观经济学发生巨大变异。宏观经济学的假设前提、运行规律、运用场景、传递逻辑也必将发生巨大变异。正是从这些角度，很多思想家都提出，我们正处于一个断裂带，这个断裂带必定引起思想的断裂，诱发思想的创新。宏观经济学面临的挑战格外突出。

（一）"科学"的经济政策为什么没有使人类避免经济危机

经济学为什么没有预测到美国金融危机和全球衰退？经济学家号称"科学"的经济政策为什么没有让我们避免经济危机的出现？全球大危机是否意味着宏观经济学新共识的破灭？这是2008年美国金融危机爆发引发世界经济萧条引发的对经济学家的最大责难。

在雷曼兄弟2008年9月破产之前，以新凯恩斯主义为核心的新共识宏观经济学认为，以货币经济学为主体的宏观经济学已经成为一门科学，我们能够通过通胀盯住制等制度框架来解决市场经济波动问题。为什么会有这种认识呢？因为宏观经济学家对1984年以后的美国经济和世界经济进行了总结，他们发现，2006年前后美国GDP实际增速的波动率大幅度降低，同时CPI也在2%附近徘徊，大部分时间低于2%（见图4-1）。也就是说，全球出现低通胀、高增长的景气状况，宏观经济学上称之为"大缓和"（great moderation）。长达20多年的"大缓和"不仅证明市场经济可以避免周期性波动和危机，同时证明了构建以新凯恩斯主义为核心的宏观经济学达到了一个历史的新高度，已成为一门科学。

新凯恩斯宏观经济学认为，构建宏观经济学可以简单地用三个规则来表达。第一个是动态IS曲线，指的是产出波动由过去、预期产出缺口和实际利率决定。它是建立在微观基础、理性预期、跨期最优、一般均衡的体系之上的。

第二个是新凯恩斯主义菲利普斯曲线，指通货膨胀由当前产出缺口、过去和未来预期通货膨胀决定，包含滞后的价格黏性和前瞻性价格预期,是短期价格黏性和长期价格弹性分析的结合。同时,菲利普斯曲线垂直位于无加速通胀失业率水平上。在理性预期时代或者实际经济周期模型(RBC模型)里,菲利普斯曲线从来都是垂直的,这暗含着"所有政策都是无效的"的结论。但值得注意的是,这个命题太强,意味着经济学家砸了自己的饭碗,因为如果宏观经济政策都没有用的话,无为而治,要经济学家干什么呢?

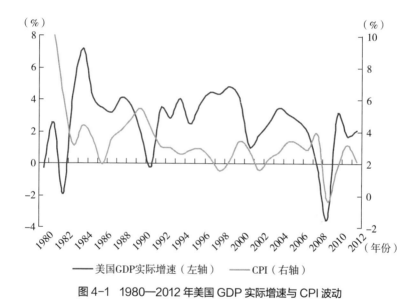

图 4-1　1980—2012 年美国 GDP 实际增速与 CPI 波动

第三个是泰勒规则。央行必须根据实际通货膨胀率与目标通货膨胀率、实际产出与潜在产出之间的缺口变化来调整名义利率,以最终实现稳定价格的目标。利率不再是央行相机抉择的外生变量,而是随经济发展而动态调整的内生政策变量,目的是确保货币政策在短期需求管理中的自动性、透明度性、可信性和可预测性。根据泰勒规则,只有一个目标——通货膨胀率;只有一种工具——政策利率。通过这个目标和工具，就可以自动调节经济，使其达到充分就业的状态。美联储的很多操作都是按照这样的货币政策规则来执行，宏观经济学上对货币政策规则研究最多的就是泰勒规则。

以上三个规则和以下三个公式就构成了新共识的基本内核，迈克尔·伍德福德（Michael Woodford）在2003年指出，新共识就是精巧的动态随机一般均衡（DSGE）模型和方法再附加有价格黏性的新凯恩斯主义思想。

$$(y-\bar{y})_t = \alpha_0 + \alpha_1(y-\bar{y})_{t-1} + \alpha_2 E_t(y-\bar{y})_t + \alpha_3[i - E_t(\pi)_{t+1}] + s_1 \quad (4-1)$$

$$\pi t = \beta_1 \pi_{t-1} + \beta_2 E_t(\pi)_{t+1} + \beta_3(y-\bar{y})_t + s_2 \quad (4-2)$$

$$i_t = r^* + x_1(\pi - \pi^T) + x_2(y-\bar{y})_t + s_3 \quad (4-3)$$

新共识的理论方法和基石是：（1）考虑跨期最优化的宏观经济模型的需要。（2）对理性假设的广泛运用。（3）承认商品、劳动力和信贷市场不完全竞争的重要性，但在金融市场上却承认法玛和萨缪尔森提出的有效市场假说，即资产定价模型、跨期定价模型等是有效的。（4）将代价高昂的价格调整并入宏观经济模型。（5）新凯恩斯主义的DSGE模型。

新共识的主要结论有：（1）实际GDP的趋向变动主要由供给方要素驱动。（2）围绕上升的长期趋势的实际GDP波动和短期实际GDP波动，主要是由总供给需求冲击引起的。（3）尽管管理当局面临通货膨胀与失业之间的短期替代关系，但是长期不存在，即在短期中附件预期的菲利普斯曲线与"奥肯定律"成立，但长期

"自然失业率"与"非加速通货膨胀失业率"是外生的。也就是说，从长期来看，菲利普斯曲线是垂直的，通胀与失业之间不存在替代关系。这就引发一个自然的推论，即货币对实际经济依然不会产生长期性的作用。(4) 在长期，货币供应量的增长率决定着通货膨胀率。(5) 相机决策的传统凯恩斯政策存在问题。积极的财政政策的稳定潜力一定要受到限制，并且财政政策的稳定作用要嵌入自动稳定器当中。货币政策作为稳定政策的核心，应当在规则范畴中实施，一般可以采取有弹性的泰勒规则。根据传统凯恩斯政策，货币政策面临流动偏好陷阱，在特殊时期特别是萧条时期，当流动偏好无穷大的时候，会直接导致货币政策失灵，政府只能采取积极的财政政策来应对。新共识认为，财政政策有一定的效果，但也是在规则之内。马丁·艾肯鲍姆（Martin Eichenbaum）在1997年指出，"古典凯恩斯主义和古典实际周期理论有关货币政策周期性失灵的观点已经被埋葬"。(6) 以往"稳定"被认为是控制论的问题，而现在被认为是博弈论的问题。这就是通常说的"上有政策，下有对策"，对政策的预期会导致相机决策的政策失灵，因此政策从来都不是政府单向控制的一个工具，而是政府与市场主体不断博弈的产物。

关于20世纪80年代到21世纪初期出现的"大缓和"，当时经济学界给出了几种解释。有人认为是经济全球化带来的全球化红利集中释放，有人认为是新技术革命带来的技术创新红利，更有甚者认为是以通货膨胀目标制为政策核心的货币经济学和宏观经济学的成功和金融监管的胜利。2006年弗雷德里克·S. 米什金（Frederic S. Mishkin）提出："货币经济学已经是一门科学。"引导了理性预期革命和RBC理论构建的罗伯特·卢卡斯（Robert Lucas Jr.）说得更明确："经济学按其本意来讲已经成功了，它的核心问题是防止经济陷入萧条，这已经得到解决，事实上在数十年前就已经被解决了。"2005年全球中央银行行长和宏观经济学家在杰克逊霍尔（Jackson Hole）召开会议，达成了以下新共识："货币政策已经取得最终的胜利，各国央行在货币经济学的指导下，已经将周期问题和危机问题解决。"

米什金认为，作为科学的货币政策有以下九大共识：（1）通货膨胀始终且无处不是一种货币现象。货币增长是通货膨胀最为重要的信息之一，但通货膨胀的最终来源并不一定是扩张性的货币政策。（2）价格稳定具有十分重要的作用和收益，通胀盯住制认为价格稳定就可以使市场完全发挥作用，使经济持续稳定地处于通胀状态，所以价格稳定成为唯一的政策目标。（3）失业与通货膨胀并不存在上期替代的关系。（4）在宏观经济中，预测扮演着十分重要的角色。（5）泰勒规则对于价格稳定十分重要。（6）时间不一致问题与货币政策相关。（7）中央银行的独立性将大幅度改善宏观经济绩效，这就要求目标独立、工具独立、机构权限独立。（8）对于名义锚的可信承诺将有助于价格和产出的稳定，这就是货币政策规则与通胀目标制。（9）金融摩擦在经济周期中具有较为重要的地位。但实际上，特别是在2003年以前，通用的DSGE模型中没有金融摩擦的因素。

杰克逊霍尔会议也提出一些观点，基本上大同小异。

2008年经济危机全面爆发之后，新共识提出的结论直接破灭。

周期问题和危机问题没有被解决，作为科学的货币经济学没有预测到大危机的到来并采取相应的措施。在此期间，伦敦政经学院的几位教授给英国女王写信道歉；哈佛大学的学生集体退出 N. 格里高利·曼昆（N. Gregory Mankiw）的课程，认为他讲的没有用。可以看到，2003—2007 年，如果按照新共识的标准，美国所有宏观参数都是稳定的，没有任何迹象表明美国会出现金融危机和经济危机。而金融危机的爆发直接击破了美国货币政策能够避免危机的豪言，更为重要的是，一些经济参数的变化与新共识得出的结论相互冲突，这就引发了整个宏观经济学界的大讨论。

2016 年，著名经济学家保罗·M. 罗默（Paul M. Romer）在《宏观经济学的困境》一文中指出："在 30 余年的时间里，宏观经济学已经开始倒退了。目前，对于识别问题的处理并没有比 20 世纪 70 年代早期有所进步，（经济学家们）因其晦涩难懂而逃避这个问题的挑战。宏观经济理论大家们装作不知道'货币政策收紧可能会导致经济衰退'这样简单的论断而无视不争的事实。他们构建的模型将宏观经济总体变量的波动归因于假想出来的因果力量，而那些因素并不会被人们的行为所影响。"

罗默的观点实际上包括三个方面。第一个方面，DSGE 模型将经济波动归因于某些脱离现实的外生冲击，使模型对现实的解释力不足。经济周期的变化到底是内生冲击还是外生变化？这是经济学界一百多年以来争论的大问题。DSGE 模型延续了 RBC 最基本的理念，由于经济主体的理性预期，由于市场基本是完善的，因此经济的内生不会产生过度波动，过度波动是由外部力量特别是技术性因素带来的。有一个很著名比喻就是"木马效应"——木马自己不会动，它是均衡的，如果有人骑上去，它就会周期性摇摆，这个摇摆是短期的，不会很大。但是罗默列举了很多例子，包括2008年和2020年的一些变化，可以发现，这些外生冲击可能会导致市场的崩溃性变化，有些经过内生的演化而对周期性质产生了很大影响。由此衍生出一个很重要的问题，那就是DSGE均衡思想特别是单一均衡思想与现实不一样，产生这个问题的原因可能有三个：一是理性预期的假设过强；二是对市场的假设过于单一，认为市场摩擦可以忽略；三是认为市场主体往往具有同质性，但现实中市场主体是异质性的，这种异质性会导致生产关系和总量关系的变化。在各类挑战中，最值得关注的是行为宏观经济学的崛起，行为宏观经济学对于多重均衡的形成和混沌体系的出现，都给出了很好的解释。

第二个方面，DSGE模型至今无法解决模型参数识别难题。罗默指出，DSGE模型引入了众多待估参数，加剧了参数识别难题。目前主流宏观经济学采用的校准或贝叶斯估计等方法，不仅无法真正解决识别问题，反而使研究者可以通过调整参数取值或先验分布来达到自身预想的结果。这导致研究结果具有更大的人为操控性，所构建的模型也进一步脱离了现实。一个方程的各种参数都是由于行为结构变化所引起的结构性变化，如何确定这些参数？要用未识别的、未知的真实来进行，在不同时段大家用的方法有一定差异，现在大部分用贝叶斯估计的方法。这种估计方法存在一定的任意性，更重要的是，越是看似精巧、有解的参数识别出现的结果偏离现实的程度越大。罗默对 DSGE 模型从方法上提出激烈的批评。编程和数据方法都具备了，要想达到预想的结果，最重要的不是让 DSGE 模型运转，而是对参数进行估计，这个估计实际上是以结果来识别参数，很多建议往往是经济学家自身主观的一种反映，而不是模型运转的一种客观表达。因此很多人讲，宏观经济模型像个小姑娘，你爱怎么打扮就怎么打扮。

第三个方面，主流宏观经济学家在面对他们所提出的理论存在缺陷时，采取了相互支持和包容的态度。罗默对几位著名经济学家提出了批评，包括卢卡斯、爱德华·普雷斯科特（Edward Prescott）和托马斯·萨金特（Thomas Sargent）。

后来出现了很多关于宏观经济学与货币经济学的笑话，举几个例子与大家分享。第一个笑话是，"我"是做宏观经济学研究的，但"我"不知道宏观经济运行，因为"我"是做宏观计量和 DSGE 的。第二个笑话是，"我"是做宏观的，但"我"不懂货币经济运行和货币政策的实施，因为"我"采用的是货币政策规则和没有 LM 曲线的宏观经济模型。为什么是没有 LM 曲线的宏观经济模型？因为 LM 货币存量是内生的，不能外生调节，能够外生调节的是政策利率，因此 LM 不是传统的向右上方倾斜的曲线，而是一个点而已，当然后来新凯恩斯主义又进行了很多调整。第三个笑话是，"我"是研究货币经济学的，但"我"不懂信贷，也不关心金融，因为"我"只关心货币政策规则的几个参数，其他中间变量都是无用的，金融市场与"我"无关。第四个笑话是，"我"是搞宏观的，微观和行为"我"不知道，因为标准化微观行为假定纳入不了大家所言的异质性和非理性。如果理论前提的虚假性不妨碍模型的预测性,这个模型就是好模型,因此理性预期、"经济人"假设虽然与现实有冲突,但是并不影响其所做出的预测,这叫作"经济学的工具主义"。这个观点现在受到了极大冲击,很多人认为这个方法可能是错误的。第五个笑话是,"我"是搞宏观的,"我"不相信存在就是合理,更不相信偶然或尾部风险,因为"我"只相信大数定理。而对2008年经济危机的解释,很重要的一点就是尾部风险。

在2008年大危机之后,理论界先后进行了几次大反思。一是IMF内部的三次大讨论(2011年、2013年、2015年)从宏观经济政策和宏观经济哲学角度来思考相应的问题。二是杰克逊霍尔年度会议(2010年、2015年)专门出版了两部合集对传统宏观经济学进行反思。三是经济政策研究中心(CEPR)的几次大讨论(2009—2015年)。四是泰勒、本·伯南克(Ben Benanke)、米什金之间的大争论(2011—2013年)。泰勒认为,如果美联储按照他的方法来做,一定不会产生危机。伯南克专门写文章说,泰勒的观点是错的,实际上我们的操作模式在很大程度上是按照货币政策规则来实施的,但不一定是泰勒规则。在实施过程中,在政策操作层面,到底选择CPI还是GDP平减指数?目标汇率如何选择?泰勒规则中通胀缺口和产出缺口的相应参数如何设定?这些问题都引起了很多讨论。五是保罗·克鲁格曼(Paul Krugman)、辜朝明以及里卡多·卡巴雷罗(Ricardo Caballero)之间的争论。克鲁格曼复活了凯恩斯的流动偏好陷阱理论,将流动偏好陷阱向前推进了一步，叫作"胆怯性陷阱"。他认为目前的货币政策不是因为流动偏好陷阱出现问题，而是因为胆怯、胆子不够大而导致扩展的力度没有达到既定水平。辜朝明谈的更多是资产负债表紧缩是危机产生的核心根源。卡巴雷罗提到的是安全性资产困局，认为当安全性资产提供不足，就会产生金融危机。

这些反思和争论导致了经济危机的政策调整与理论发展。

第一，危机事实与理论之间的冲突。一是政策目标。这个政策目标通常是通胀盯住制，通胀的价格水平是物价水平还是GDP平减指数？2%的通货膨胀率目标到底是高还是低？需不需要调整通货膨胀目标的水平？比如莫里斯·奥布斯菲尔德（Maurice Obstfeld）就提出应该将通胀目标调整到4%，以克服零利率下限约束和物价运行出现一些新特征。二是政策工具。原来宏观政策工具主要是美联储短期拆借利率。短期拆借利率要发挥作用需要很多前提条件，否则就无法有效地通过金融市场对其他利率进行调整，也无法有效地进行储蓄与投资之间的调整。考虑到有效金融市场在金融危机时期并不存在，那么宏观调控的政策工具就必须做出系统性的调整。

第二，危机救助的各种政策与理论之间的冲突。在2008—2010年危机治理中出现了非常规货币政策，如量化宽松、零利率政策、扭曲操作、资产购买和前瞻性指引等。这些新政策模式在理论上怎么解释？传统货币经济学不仅对货币政策工具没有深入研究，在危机救助的财政政策方面也没有提供很丰富的工具，但是由于现实的需要，美联储提供了很多新政策工具，比如结构性货币政策、宏观审慎监管。

宏观审慎监管理论是在这次大危机中产生的最大的政策和理论创新。大家认识到：（1）仅通过单一目标、单一工具来进行宏观调整是不够的。（2）在宏观波动调整特别是逆周期调整的时候，财政政策将发挥比货币政策更大的作用。传统的宏观经济学新共识中提到，由于李嘉图等价定理等因素，财政政策基本上没有效率，财政平衡是很重要的基础，同时也可以限制小政府出现膨胀。（3）仅靠财政政策和货币政策还不行，必须增加宏观审慎监管，对金融市场进行调整。这里很重要的理论突破是，金融市场的运行与实体经济密切相关，货币不仅不是面纱，它对短期和中期经济运行都会产生实质性影响，金融市场的变化对实体经济的影响更大，特别是周期的变化。因此金融市场的稳定要纳入宏观调控体系之中。

对于是否关注金融资产价格，宏观经济学界有过两次大争论。第一次是20世纪90年代诞生的第一代货币危机理论提出的，宏观经济政策应当关注汇率和金融资产价格。第二次是美国2010年出现的互联网泡沫问题使很多学者提出，金融泡沫可能引发宏观经济系统性崩溃，宏观经济政策应当关注资产价格。这些革命性的意见最终没有引起革命性的理论创新，因为争论的结果是新共识学派占了上风。他们认为，金融的波动通过价格的发现、风险的释放，为实体经济实现最优资源配置创造基本前提条件，金融价格的波动恰恰是宏观稳定的基础，因此对于金融价格的过度波动，不应当采取事前管控，而应事后清扫。该流派甚至一度出现更为激进的观点，认为金融危机是实现最优控制的手段，人类可以设计出最优的金融危机。当然，2008年美国金融危机引发的经济海啸让大家认识到，金融危机是整个世界不可承受之重，它既不可忽视，也不能事后清扫。从传统的财政政策和货币政策扩展到宏观审慎监管，在宏观经济政策理论上具有里程碑的意义。2008年金融危机催生的宏观经济政策的最大产物就是宏观审慎监管工具。

货币政策框架是整体性失败吗？原来货币政策框架包括一个目标——通货膨胀率，一种工具——基准利率。其理论基础是新凯恩斯经济学，即价格水平的稳定不仅有利于通货膨胀的控制，而且有利于整体经济活动，包括经济增长和金融的稳定。一般将物价水平的稳定界定在通货膨胀率为2%，以剔除价格现场中的各种摩擦。零通货膨胀可能意味着经济紧缩的出现。

中央银行能够通过公开市场业务直接干预的短期利率有两个假定：一是货币政策通过利率和资产价格产生实际效果，而不是通过货币总量（欧洲中央银行的两支柱货币政策例外）。二是利率和资产价格通过套利相互联系，长期利率通过对短期利率的风险调整后的加权平均得到。资产价格可以通过资产收益的风险加权得到，因此，我们只要影响短期利率和未来预期，短期利率就能影响其他变量。这里面隐含的一个很重要的假设前提就是，金融市场是有效市场，在跨期配置上是最优的。而现代金融学证明这是错的，特别是行为金融。一个经典案例是：如果一个人借100块钱，周期分别为1个月、1年、10年，他愿意支付多少利息？最后发现，短期他愿意支付的利息是100%—200%，周期越长他愿意支付的利息越低。可见，对于利息的偏好、时间的偏好不是稳定的，是非线性的。这就会产生很多利率传递机制问题,对资产价格的形成机制也会产生影响。所以灵活的通货膨胀目标值就是泰勒规则,其中是否暗含了有效金融市场和货币市场假说,对此存在大量争论。

过去10年中提出了以下几个大问题。

第一个问题,通货膨胀稳定是必须的,但并不充分。比如2007—2009年,发达国家的核心CPI都是稳定的,并且很低,但经济却崩溃了。因此,盯住CPI是否充分?物价稳定是否意味着产出缺口稳定?资产价格带来需求变化是否也带来了产出缺口的变化?金融价格对产出缺口是不是有影响?我们专门做过研究,发现金融价格不仅对产出缺口有影响,并且影响是持续性的。另一个高度值得关注的问题是,产出缺口是一个理论概念,在现实中是不可观察的,以不同方法测算所得出的结果是不一样的。因此,在政策操作中,很多时候是自己先假定测算产出缺口的水平,然后制定通胀的水平,产出缺口是否精准科学就十分关键了。同时,不管是滤波法还是生产函数方法,得出的潜在产出都是一个趋势值。一旦经济出现裂变,出现结构性变化,预测就会不准。因此,在实际操作中,这种潜在产出分析框架可能存在致命缺陷。宏观经济学必须发展出在不知道产出缺口确切水平的不确定条件下的新政策分析框架,宏观经济政策哲学可能就要求在不断触摸产出缺口的状况下形成科学决策。宏观经济学家的"神性"可能就大打折扣了。

第二个问题,在通货膨胀紧缩式的衰退中,低通货膨胀目标严重限制了货币政策的调控空间。最极端的状况就是名义利率零水平下限。如果从经济人假设出发,实际利率为零是一个现实的下限。在这种约束下,通货膨胀目标越低,则意味着名义利率调控的空间越小,这就引发了货币当局是否应当调高通货膨胀目标的争论。通货膨胀目标为什么不能界定在零水平呢?按照常理,通货膨胀率为零才是物价稳定。这里面有很多统计技巧,也有政策设定技巧。首先,固定加权指数在方法上的缺陷导致 CPI 测算存在高估的固定偏向。其次,目标太低可能导致实际工资的弹性很小,从而妨碍劳动力的流动。这就是阿克罗夫命题——通货膨胀接近于零可能增加长期或自然失业率。最后,是名义利率零下限的限制,名义到零之后,名义利率本身就不能调整,因为理性人不会亏本将钱贷出去,调节实际利率水平的唯一工具就是调节通货膨胀,如果通货膨胀目标是 2%,实际利率就是 -2%,调节空间很小,如果通货膨胀目标调整到 4%,实际利率调控的区间可以扩大 1 倍。因此,面临零利率下限的约束,我们能不能通过通胀盯住制的调整赢得一些空间呢?

第三个问题,金融中介十分重要。套利是否是利率形成的核心?金融市场是否与商品市场意义相同?拍卖分析方法是否有用?投资者退出和破产对价格的影响很大,批量融资与需求贷款没有根本性的差别,利率调整有失灵的时候,则其他控制方法很重要。因此,"善意忽略论"与"事后收拾残局论"可能存在很多问题。

第四个问题,财政政策的反周期功能很重要。一是传统货币政策用到极限,非传统货币政策实施效果不明显。二是财政政策在大危机中有足够的时间发挥其作用。原来认为财政政策可能时间不一致,出现传递时间过长,导致决策时点和发生效益时点错配,从而导致财政不仅没有平抑经济波动,反而成为波动的根源。三是财政政策的空间可能较传统货币政策要宽,项目落在实处,能有效启动经济,而货币政策在金融危机中缺少有效的传导机制。虽然面临财政危机的问题,但是现代货币理论(MMT)提出另外一些思路,认为财政不一定受到平衡功能性财政、周期性财政的约束,因为财政可以依托中央银行进行货币赤字化。

第五个问题,监管不是宏观中性的。这就引出了以下问题:一是宏观审慎监管的必要性,必须对系统性风险、金融脆弱性和外部性、顺周期性进行监管。这是美联储的《多德-弗兰克法案》提出的。二是要求构建足够的反周期模式,目前,各个国家都建立了相应的金融稳定体系。

第六个问题,重新解释"大缓和"。大缓和对供给冲击、预期锚定很重要,但其他成绩呢?答案却不确定。对大缓和的最新解释是,不是货币政策调控极其成功导致大缓和奇迹出现了,相反是新技术景气周期的出现使货币政策不需要复杂的操作。金融系统风险和尾部风险在技术创新完成之后开始得到全面累积,从而导致货币政策这个"南郭先生"现了原形。

政策设计方面的启示有以下几个方面。

第一,危机前的很多政策设计理论和原则是否是正确的?这就引申出一个很重要的问题:是局部修正还是革命?大危机是特殊时期,危机之后我们的共识还是成立的。当然可能有人会反驳,在繁荣时期和通常的平稳时期需要经济学家吗?他们认为在危机时期才需要经济学家,需要经济理论的指导。很多人讲,经济理论不能因为其在常态下能够运行，在非常态下不能运行就不改革。新古典金融和行为金融的争论，也就是关于对金融的基础——金融失灵在宏观经济学中的作用到底是什么。对此很多人就提到了《通论》，主要是通过劳动力市场失灵的宏观化产生的凯恩斯主义革命。这次宏观经济学革命是不是通过金融失灵的宏观经济学化，产生的第二次或者第三次的宏观经济学革命呢？这是值得进一步思考的。

第二，通货膨胀盯住是否应当提高，以避免名义利率零下限约束和低利率困境？

第三，将货币政策与监管政策结合起来，如何从宏观上处理过度杠杆化、过度的资产价格偏离和金融系统风险，避免传统监管工具的顺周期特性，比如资本充足率、评级机构、因市定价等问题怎么改革？

第四，通货膨胀盯住制与外汇干预相结合，是否将汇率稳定纳入货币框架？是否把金融价格纳入通胀盯住制？很多人认为这是"驴唇不对马嘴"，可能导致政策工具不匹配，目标匹配原则相冲突。实际上这里面的目标有好几个，这些目标并不能由其他目标来替代，目标与目标之间很难进行传递，工具与工具之间很难进行传递，必须构建多目标、多工具来进行调整。

第五，在更大范围内提供流动性。流动性枯竭、由此产生的恐慌和金融内生性收缩是危机产生的关键，因此流动性管理至关重要。

第六，在经济环境较好时创造更好的财政政策空间，也就是确定中期财政框架、降低"债务/GDP比率"的可靠承诺以及财政制度是未来发展的核心方向。

第七，设计更好的财政自动稳定器。这里分两类自动稳定器，大家希望财政理论更加丰富，现在做得更好的现代货币理论表面上是货币理论，但本质上是财政理论。

以上是第一个挑战，金融危机和全球大萧条导致宏观经济学新共识的崩溃，带来对金融市场重要性和财政政策重要性的认识，以及对整个宏观经济学新构架、宏观政策哲学新理念和宏观政策制定的大讨论和新改革。

（二）长期停滞的出现是否意味着经济学和经济政策的深度失败

美国经济长期偏离其潜在增长速度，没有自动回归传统路径和潜在路径。世界经济增长速度从原来的 4% 左右一直下滑到现在的 3% 左右（见图 4-2），同时物价水平、贸易水平都处于历史低位。另外，全要素生产率（TFP）增长率也出现极低的状况（见图 4-3）。这些问题引起了很多思考。首先，这种状况无法用传统理论解释。其次，很多现有政策未能奏效，比如美国量化宽松政策实施了两轮，都没有使美国经济回到传统路径上；二十国集团（G20）多次协调，世界经济仍然没有起色。

美国经济学家阿尔文·汉森（Alvin Hansen）于 1937 年提出长期停滞理论。汉森-希克斯模型实际上就是 IS-LM 模型，是一个标准化、形式化的模型。汉森是凯恩斯最得力的学生，也是最擅长凯恩斯主义经济学的超级学者。汉森关注到，1929—1933 年美国大危机之后的 1933—1937 年，美国经济没有像很多理论所想象

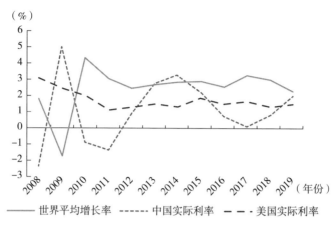

图 4-2　2008—2019 年世界、中国、美国经济实际增长率

数据来源：世界银行数据库。

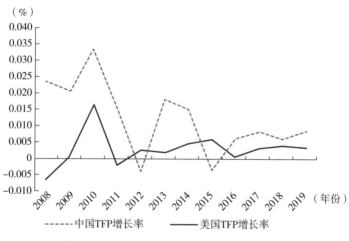

图 4-3　2008—2019 年中国、美国 TFP 增长率

数据来源：世界银行数据库。

的那样恢复到传统状态，而是处于长期停滞状态，实际上美国经济真正摆脱低迷是在二战之后。汉森提出，由于人口增长、要素积累以及技术进步出现结构性衰退时，社会投资将大幅度下降，所以

如果没有政府强力刺激，经济增长就会陷入长期停滞。在 2013 年 IMF 年会上，美国前财政部长拉里·萨默斯（Larry Summers）重提"长期停滞"。

这里有两个问题和几大典型事实。第一个问题：2008 年危机之前，即便是在泡沫已经很严重的时候，我们也没有观察到总需求过剩、通胀走高、失业率走低的现象。第二个问题：危机之后措施频出，但几年时间过去了，经济增速仍然不见起色。如何解释低增速、低失业、低通货膨胀、低贸易增速、低利率和高债务？

萨默斯于 2015 年提出"零利率下限论"，认为经济长期停滞的根源在于实际利率与均衡利率不匹配。后危机时代经济复苏乏力主要源于经济体内部有效需求不足，进而引致均衡实际利率长期下行，甚至低于零，而名义利率因为"零利率下限"约束，致使扩张性货币政策操作空间有限，现实利率无法逼近均衡利率，总需求受到持续抑制。

2017 年萨默斯又对此进行了全面解释。一是人口和技术进步增速放缓；二是资本品价格下降；三是收入分配恶化；四是金融危机后投资风险偏好和期限溢价变化；五是安全资产的需求上升；六是反通胀因素。其中最典型的解释是，均衡利率、自然利率已经低于零，而利率无法调节到零以下，因此出现长期停滞。当然，解决长期停滞最为直接的政策方案就落脚到如何使名义利率或者实际利率调整到与均衡利率相匹配，也就是为负。这类政策怎么实施呢？理论上的探索很多，后来使用的超常货币政策也是这类政策的创新之一。

2011年以来实际无风险利率持续下滑，同时全球GDP加权的无风险利率也在变化，这也可以解释低利率出现的原因。

在这个过程中，出现了很多新理论。一是卡门·M. 莱因哈特（Carmen M. Reinhart）和肯尼斯·罗格夫（Kenneth Rogoff）提出"超级债务周期"假说和著名的"90%阈值原则"。二是伯南克提出"全球储蓄过剩"理论。三是阿代尔·特纳（Adair Turner）于2014年提出"收入分配不平衡"假说。四是罗伯特·J. 戈登（Robert J. Gordon）提出"技术衰退"假说。戈登是基于供给端进行长期解释，其他几个学者主要是基于需求端。目前戈登的观点引起了高度关注，他提出这次信息革命对技术进步的影响并没有想象得那么好，其中一个论断是，就对生产力提升的贡献而言，手机可能不如抽水马桶在历史上的地位重要。更重要的是，他认为从2008年以来全球的技术创新不升反降，不是有大创新，而是创新不足。

这就产生了几个重要的理论挑战。

第一，对潜在产出分析框架的挑战。一是通货膨胀降低和菲利普斯曲线平坦化。在过去30年中，不管失业率是多少，物价水平基本不变。物价水平不变与传统的垂直的菲利普斯曲线和向下倾斜的菲利普斯曲线都不一样，它是平坦的。二是利率水平的长期下滑，实际利率持续为负。美国、日本、欧元区、英国的国债实际利率为负，德国央行、美联储等国家央行的拆借利率、准备金利率为负，负利率不是一般市场的利率。持续负利率的出现，传统理论也解释不清楚，倒贴钱向外借钱不符合理性假定。

第二，对单一货币规则的挑战。

第三，对 DSGE 方法的挑战。

第四，索洛悖论的再出现。罗伯特·索洛（Robert Solow）在 20 世纪 80 年代发表了一篇文章，他提到，到处可见计算机的影子，但在核算中不见对 GDP 的影响，在 TFP 测算中不见计算机的影子。在 20 世纪 80 年代中后期，TFP 的测算没有因为计算机的出现而明显提升。大家天天谈创新，谈技术革命，但是各国 TFP 值都在下降，怎么解释？

第五，对"货币—经济"二分法的挑战，也就是对货币中性论、金融有效与善意忽视论的挑战。最重要的是要在 DSGE 里加入金融因素，原来有债务通缩论，后来有伯南克的金融加速器理论，又有资产负债表收缩理论等，把这些理论通过行为主体行为的假定，嵌入相应的模型中，目前这个进展比大家想象得要快。

第六，对波动与增长二分法的挑战。短期波动与长期增长是否存在关系？萨伊定理认为不存在关系，供给自动创造需求，从长期来看供给曲线就是垂直的。但是有学者提出了"萨伊逆否命题"，认为如果短期需求不足持续存在，中长期的潜在产出必定受损。道理很简单，"少壮不努力，老大徒伤悲"。如果今天的政策没有将一些需求缺口填补，需求不足就会导致很多生产能力的损失，有些可能是永久性损失，从而导致潜在增长的下降，迫使供给侧逼近需求侧，而不是需求侧自动调整来逼近供给侧。需求曲线在短期内变化很灵活，供给曲线只有在中长期才会有一些变化。现在大家发现，经济系统里往往存在反向逼近，我们对市场调整的速度、市场黏性的假设可能要重新审视。

第七，如何认识超常规货币政策，特别是数量宽松政策的理论基础。

以上是对长期停滞理论的解释，以及2008年之后向新共识宏观经济学发起的挑战。这些挑战不仅是批判性的，很多也是带有构建性的。因此很多人认为，解释这一轮长期停滞很可能是产生新一轮宏观经济学构建的一个大契机。前文提到，对于金融危机，很重要的一点就是如何使金融失灵问题纳入宏观体系，这可能会产生宏观经济学的革命。而对于长期停滞，重要的是如何很好地解释长期停滞现象，对低利率现象以及相应的政策体系进行理论化，这可能会对政策哲学和宏观理论体系产生革命性的新构建。

（三）疫情经济学是否会引发经济学的革命

疫情经济学、战争经济学都对宏观经济学提出了挑战。

首先，恐慌蔓延。特别是2020年3—4月，恐慌很严重，恐慌指数达到历史新高。在"黑色两个星期"里出现了很多史诗级的变化——在不到10天里美国股市出现了4次熔断；标普500指数跌幅达到20%，下滑速度创下历史新高。这种跌幅，在1987年股灾的时候用了87天，2000年的"科网泡沫爆破"用了244天，2007—2008年的金融海啸用了188天，而新冠肺炎疫情只用了16天。

新冠肺炎疫情具有"超级黑天鹅"特征。2020年2—7月，出现了5个史诗级的变化：一是4次熔断与"黑色两个星期"；二是负利率和零利率时代的全面到来；三是全世界同步超级财政宽松，估计全球财政赤字超过全球 GDP 的 10%；四是石油期货价格出现负值；五是全球同步深化下滑，下滑幅度超越金融危机和经济危机。

对此，理论上有一些反思。

第一，是否应当构建疫情经济学对大流行进行总结？关于疫情经济学框架，在西方流感之后有两位学者提出通过 SIR 框架（易感—感染—恢复）进行分解，但大家发现在分析新冠大流行时，延续 SIR 框架不能达到既定目标。

第二，超级救助是否需要财政货币化？也就是说，现代货币理论是否成立？这个问题争论多年，一到非常态时期，货币理论就会出现。很多人讲，现代货币理论实际上是债务理论和赤字货币化理论等在财政方面的"借尸还魂"。很多人对它很恐慌、很拒绝，因为它对传统的货币政策规则、财政政策规则原理提出了明显挑战，对货币性质的理解发生了根本性变化——对国家而言，货币不是一种债务，而是一种权力、一种资产。同时，它的负债不像自然人一样，前半生和后半生并不需要进行财务平衡，如果国家的生命是无限期的话，债务基本理念就不是财务平衡，而是流量平衡。换句话说，借新还旧就可以平衡，只要大家相信国家的债务可持续，国家就可以利用债务滚动和循环来维持经济的发展。更重要的是，在世界主权货币体系下，货币的功能发生了极大变化。

第三，现代供应链安全是否需要上升到新高度？供应链宏观管理是否十分重要？这里涉及分工，供给侧的瓶颈效益到底怎么进行约束？

第四，疫情冲击下的需求管理和供给管理如何构建？与一般的经济危机管理有什么重大的区别？可以看到，疫情救助政策在中美之间有巨大的差异，产生的宏观结果也有巨大差异。还有一个重要的现象，就是出现全球通货膨胀，2020年3月美国CPI同比上涨8.5%，英国达到6.2%，欧元区达到5.6%，俄罗斯达到13%，我国也从2月的0.9%上调到3月的1.5%。能源价格、大宗商品价格也出现暴涨。

第五，疫情和俄乌冲突带来的滞胀新形成机制，怎么来解释？用战争经济学、疫情经济学来解释？对于整个市场在超级压力测试下的不同反应和传递速度，我们是否要有一个更深的认识？

虽然传统宏观经济学不讨论疫情和战争，但是在目前的状况下，特别是在百年未有之大变局的加速调整期之下，我们要面临很多外部因素变异，对于这些变异和风险，如何从金融定价、宏观调控方面得到全面反馈，可能需要在理论上有更深的认识。这些认识反过来会使我们更为精准地判断经济运行的常态化命题，原来看到的经济运行体系可能只是一个很窄的状况，在很多极端状况下无法捕捉它的变异，因此也很难总结出真正适合经济运行体系的更一般的规律。

疫情和战争对经济学的拓展虽然是超常规的，但是如果未来的大时代所带来的结构性断裂到处发生，所谓的超常态有可能就是当前和未来的正常状态。有人说，1984—2008年这20多年的黄金时段是人类历史上的超常态状态，而不是常态状态，2008年到现在恰恰有可能是人类历史上的一个常态状态。很多时候宏观经济学描绘的是乌托邦，那是不对的，宏观经济学所描绘的繁荣在本质上是一种超常态、理想化的状况。但是我们解决问题要面对超常态状态，仅仅刻画出地平线的理想状态可能难以解决现实的追求和未来的问题。解决问题和解释新现象依然是理论的核心使命。因此，对于战争经济学和疫情经济学的讨论，不论从实践上还是理论上，就变得更为重要了。

（四）新技术、新模式、新经济对微观基础冲击带来的新挑战

宏观经济学是建立在理性人假设的微观基础之上的，生产模式的规模收益递减也是最常见的假定。这些假设，由于技术和生产范式的变化，使我们面临很多挑战。

第一，规模收益递增假设与一般均衡之间的关系。在规模收益递增之后，均衡的特性会不会发生变化？比如预期是正反馈机制，均衡是多重均衡，不是单一性的，不同的初始值和不同的劳动所带来的均衡，对最终福利来讲可能有好有坏，我们需要甄别。

第二，边际成本递减、零边际成本与传统组织模式之间的冲突，最明显的就是平台经济。

第三，技术突变带来的系统性变化与传统经济假设的平滑性变化之间的冲突。技术突变带来的系统性变化很剧烈，往往是断裂性的，原来的很多方法都是让历史告诉未来，但现在发现历史无法告诉未来。经济主体在这样大的超预期冲击下，跨期决策模式会发生什么样的变化？

第四，平台经济带来的定价模式、基本监管体系的新挑战。定

价模式可能是双边市场定价，可以进行差别化定价，进行各种各样的差异性收购，带来了"赢家通吃"的效应。但是我们发现，传统理论对垄断、创新、竞争这三维之间关系的适用性不强，新凯恩斯主义大量构建在垄断竞争的基础上，而放在平台经济上，相应的行为就会发生变化。

第五，数字经济时代的宏观经济学重构。很多人讲现在是数字经济时代，与传统的工业经济时代不一样，我们需要新的微观基础，需要新的经济传递机制的经济学体系。特别是微观经济学的变化，在行为经济学上的变化，直接导致宏观运行体系和宏观理论构建产生剧烈变化。

三、小结

以上讲到四个方面的挑战和冲击，是在短短不到 15 年内发生的，的确要引起我们的高度重视。四大冲击分别对应四大典型事实，其同时出现，是在其他时代里没有完全遇到过的，冲击的叠加性更值得我们关注。我们正处于一个超级大时代，相比于传统体系，新的运行体系呈现出了强劲的断裂。四大挑战：一是金融危机带来对金融失灵问题和宏观哲学的反思；二是长期停滞带来对低利率和经济停滞的反思；三是疫情和战争带来对极端状态下各种经济运行指标和经济逻辑的反思；四是新技术带来对微观假设和经济传递机制变化的反思，引发经济学特别是宏观经济学的重构。

宏观经济学是边际性调整和改善，还是革命性重构？在重构中，是回归凯恩斯，回归古典的革命，还是着眼世界结构大变革和未来科技革命的革命？我想答案是很明确的。我们不能从一个教条回到另外一个教条，不能从一个特殊案例走向另外一个特殊案例，更不能简单地从一个地平线走向另外一个地平线。如果这样的话，我们的理论进步就很艰难。我们还是要坚持问题导向，面对大时代的超级问题，进行不拘一格的理论性重构，相信这种重构一定会产生很多有价值的结果。

中国经济 50 人论坛丛书
Chinese Economists 50 Forum

第五章 从"风险—成本"视角看我国当前经济形势[①]

刘尚希[②]

---

① 本文根据 2022 年 4 月 20 日长安讲坛第 390 期内容整理而成。
② 刘尚希,论坛成员,中国财政科学研究院院长、研究员。

怎么来看待当前的经济形势？一般都是基于统计数据，从消费、投资、进出口、物价等角度去分析数据。根据国家统计局公布的数据，应当说当前形势是非常严峻的。看待当前经济形势有各种各样的观察视角，那么以什么样的视角更能解释当前宏观经济运行及其变化趋势呢？在这里给大家提供一个视角——"风险—成本"视角。"风险—成本"视角不仅可以解释和观察当前宏观经济形势，还可以作为一般的分析框架去观察不同时期的宏观经济运行变化。

为什么要从"风险—成本"视角来看问题？因为经济主体行为是普遍扩张还是普遍收缩，对宏观经济形势的影响是决定性的，而经济行为的变化取决于成本。预期成本高了，意味着预期利润减少，投资者会减少投资甚至不投资，等待观望。经营成本上升了，经营会发生困难，导致亏损甚至无法持续经营而退出市场。

大体来说，成本包括两类：一类是实体要素成本，一类是虚拟风险成本。过去研究的成本，尽管有各种各样的分类，也有不同维度的定义，但几乎都是实体要素成本，观察视角是历史的，是"过去时"。虚拟风险成本指的是风险转化而来的成本，观察视角是未来的，是"将来时"。风险怎么会转化为成本呢？风险是指遭受损失的可能性，这种可能性的成本毫无疑问不是实体成本，但是风险会使企业的运行成本增加，如融资成本、资产减值准备等。尤其是企业不可控的公共风险，会使企业成本全面上升。

例如，新冠肺炎疫情暴发后，各个企业要防控疫情，要做抗风险准备。从国家角度来说，防控疫情要采取管控措施，物流、人流都受到限制，在这种情况下成本自然升高。对服务业而言，比如旅游业、餐饮业、交通运输业等，影响更明显。这就给我们提供了一个直观的现实案例样本，在疫情防控过程中可以看到企业成本的变化，2022年3月的经济数据出现明显下滑，与疫情有直接关系。

当然，还有一些风险不属于疫情风险，比如俄乌冲突就是地缘政治风险，看起来影响是局部的，但是它能产生"蝴蝶效应"。虽然俄乌冲突发生在欧洲，但对全球的影响非常大，比如石油、天然气、粮食价格都因此而上涨。因为乌克兰、俄罗斯都是粮食出口大国，不少国家都依赖于乌克兰和俄罗斯的粮食出口，俄乌冲突导致粮食不能出口，全球粮食供应减少，风险不断上升、传递、放大，进而影响到越来越多的国家。这对中国也会产生不小的影响，因为中国的石油对外依存度达到70%，天然气也高度依赖进口。这些影响都是地缘政治风险造成的，风险转换为实体成本。通俗地说，就是购买同样的东西，要花更多的钱，成本就上升了。

当前的风险成本越来越大，尤其在高度不确定的条件下，对企业行为的影响越来越大，从而对宏观经济的影响也越来越大。当公共风险水平上升，风险成本就会普遍上升，经济就会收缩。所以，从"风险—成本"分析框架来观察和认识当前的新形势是有解释力和说服力的。通过"风险—成本"分析框架，观察风险转化为成本的过程和机理，用"风险成本"这个概念来表达，这样我们就可以从一个新的角度来观察当前经济形势如何变化，它与风险到底有什么样的关联，风险怎样转换为成本，怎样影响经济活动和宏观经济走势。需要指出的是，这里论及的风险是基于公共性或公共化的风险，即公共风险，市场风险只有当与公共风险相联系时才被涵盖其中。

一、政府连续多年降成本，而企业依然感到成本压力大

近年来，为了稳定宏观经济形势，政府在宏观政策方面一直强调给企业减负减压，比如减税降费，2020年减了2.5万亿元，2021年减了1.5万亿元，2022年预期要达到2.5万亿元，实际执行下来可能比预期的更多。多年来宏观政策重心都放在给企业减压上，企业为什么越来越感到成本压力上升呢？是什么因素对冲了降成本政策的效果？高度概括来说，就是风险。

从"风险—成本"分析框架来看，高风险就是高成本。当前我国进入新发展阶段，其基本特征就是高度的不确定性和高风险，"风

险成本"对企业行为的影响越来越大。各种不确定性和公共风险都会内部化为企业成本，导致企业成本压力不断上升。与此同时，部分龙头企业的风险外部化，导致公共风险水平上升，从而转化为所有企业的成本压力。当前的治理转型不到位，新规则的构建速度与旧制度的解构（失效）速度不匹配，也会导致公共风险的扩大，从而促使各领域成本的全方位上升，包括企业成本、居民生活成本、政府成本都在上升。

（一）各种不确定性和公共风险内部化为企业成本

第一，要拓宽视野，不能局限于经济本身，也不能局限于现实和历史视角。德国社会学家乌尔里希·贝克（Ulrich Beck）曾经阐述，现代社会已经成为"风险社会"，风险是现代社会的基本特征，也成为企业成本的属性。过去是从历史的角度来看待成本的，过去发生的交易事项变成了现在的成本。而风险社会的企业成本不仅是取决于已经发生了什么，而是更取决于未来可能出现的损失，这种预期损失会转化为当期的成本，包括经营成本和投资成本。在会计准则中，对于未来可能的损失，也就是资产减值做出了规定。如果一些资产预期贬值，就要计提资产减值准备，减值准备越多意味着当期成本越高，盈利水平就会下降。这个减值准备怎么来的呢？就是从风险转化而来的。从这一点来说，对成本的定义已经悄然发生改变，只看到历史成本是远远不够的，要更多着眼于未来，未来风险可能导致的损失能够决定当下的活动。若投资购买资产，也是同一个道理，当公共风险上升时，所有的市场投资都会收缩。

第二，风险预期决定了成本预期、利润预期。在宏观不确定性的环境下，企业风险准备就会增大，这不仅体现在会计准则所规定的资产减值准备上，也体现在交易成本上。比如预期原材料价格上涨，企业可能会选择扩大库存，扩大库存就要占用资金，就要扩大融资，多付利息，相应的成本也会上升。这类风险准备远远超过了会计准则里面所讲的减值准备。

第三，当公共风险与企业交易相关联的时候，就会转化成交易成本。企业一般面对的是市场风险，比如价格风险、利率风险、汇率风险、经营风险等，而公共风险是宏观风险，也叫作系统性风险，系统性风险常见于金融领域。对企业来说，公共风险是无法转移分散的，只能承受，比如疫情风险。公共风险上升会影响到所有企业，企业是无可逃避的，比如俄乌冲突，乌克兰处于战争状态，乌克兰所有企业都面临战争风险。在这种情况下，企业成本都会上升。公共风险作为宏观风险，对微观主体来说是一种外部风险，当这种外部风险内部化，就会成为企业成本。当公共风险扩大，不确定性增加时，就会导致整个经济体系的运行成本全面上升。公共风险具有宏观性、隐匿性、不可转移、不可分散、不可预测和直接计量等特点。对不同企业、不同行业来说，其实际承受的风险程度是不一样的，但是从概率上来讲是相同的，这意味着公共风险对微观主体来说没有分别，覆巢之下无完卵。这种风险成本就不再是传统会计学意义上的客观历史成本，而是来自对风险的判断和"风险准备"。当风险准备越来越多的时候，企业行为就会收缩。当公共风险扩大的时候，居民行为也会收缩，比如减少消费。所以公共风险影响的不仅是企业，也会影响居民，从而对整个社会产生影响。从这个意义上来说，我更愿意用"公共风险"这个概念，而不是系统性风险的概念。

（二）企业的个体风险外部化会导致所有企业承压

第一，个体风险可能外部化为公共风险。前文阐述的是公共风险于企业而言的内部化过程，导致企业当期成本和预期成本上升，这是一种情形。另外一种情形是企业的个体风险外部化，会导致所有企业承压，成本上升。个体风险外部化是指个体风险会转变为一个行业、区域以至整个社会的风险，即外部化为公共风险，比如金融机构的风险就不仅是金融机构自身的问题，可能会成为系统性风险，成为公共风险。某个行业的头部企业出现风险，有可能会上升为整个行业的风险，甚至带来整个经济的风险上升，这就变成了公共风险。

第二，头部企业可引发系统性风险。前文提到，头部企业可以引发系统性风险，一旦产生风险外溢，就会导致系统性市场恐慌，引起全行业风险成本上升。如果进一步外溢，还可能会影响全球。比如2008年雷曼兄弟公司破产，后来美国一些头部企业出现风险，引发了美国的金融危机，进而变成全球性的金融危机。这种风险外溢是溢出市场、溢出行业，甚至溢出一个国家，风险不断扩散，导致企业资产贬值，成本全面上升。

第三，重要性企业风险可波及产业链上下游。重要性企业和头部企业的概念差不多，但也有区别，在产业链、供应链中处于关键位置的企业叫作重要性企业。风险可通过重要性企业沿着产业链供应链上下游传递,可能演化形成公共风险,促使供应链上的企业成本呈现上涨趋势。

(三)治理转型与发展转型不适配导致整体成本上升

当前的形势是公共风险水平很高,同时市场领域溢出的风险也在不断增加,这样就导致企业成本不断上升。为什么会出现一方面公共风险的水平居高不下,另一方面个体风险向公共风险转化?这与当前治理转型和发展转型不适配有直接关系。

第一,治理转型跟不上,导致发展成本全面高企。不仅企业的成本,整个国家发展的成本也居高不下,这与公共风险直接关联,与宏观不确定性也直接关联。要解决这个问题就要全面深化改革,让治理转型适配于发展转型,这可能是当前最重要的问题。要避免出现"100 − 1 = 0"的现象,所谓"100 − 1 = 0",就是有100项举措,如果有1个改革举措不到位,就会导致所有举措无法落地。这反映了改革举措相互关联、相互约束的关系,如果没有充分的协商、协调与有效协同,改革就会出现空转的现象。这些年来政府发布了不少关于改革的文件,但是落地的成效值得谨慎评估。

第二,政策难以预期,导致企业成本上升。当企业对政府的政策难以预期的时候,企业的风险是上升的,其行为可能是等待、观望。如果时间长了,行为就会收缩,比如投资乏力,在这种情况下宏观经济的态势就会往下走。此外还有政府政策的"合成谬误""分解谬误"。何谓"合成谬误"?政府的政策来自各个部门,各个部门的政策从各自角度来看是正确的，但是合起来看却是错误的。何谓"分解谬误"？就是对一些系统性的不能分解的任务，在时间、空间上进行分解，也会导致错误。比如降低能耗、降低碳排放，过去是五年一考核，曾经为了加快降碳速度，把五年考核的指标分解成年度指标甚至季度指标，这样一来就导致企业无法经营。如果是以五年为考核周期，企业有一个预期，可以对技术改造、设备更新做一个规划，也有时间去做准备；如果是年度甚至季度考核，企业无法做准备，就达不到考核指标要求，最终只能关张。也就是说，有的任务是不能分解的，一旦分解可能就会导致无法实施。所以，政策实施中的偏差和难以预期也会带来更大的不确定性。

市场本来就有不确定性和风险，如果政策又难以预期，存在"合成谬误""分解谬误"等问题，自然就会给市场主体带来更大风险，导致企业不可预期的风险成本上升。在这个过程中，还会导致不少企业产生巨大的沉没成本。什么是沉没成本？比如一个设备还可以使用，但由于不符合环保的新标准，只能直接报废，这就变成企业的沉没成本。沉没成本是无法收回的，更不会带来净收益。

公共风险不仅来自个体风险外部化产生的外溢，也来自政府本身带来的不确定性。政府怎样避免给市场带来新的风险和不确定性，这是公共风险管理的首要任务。有时候政府出台的政策，其动机是好的，但是由于没有对这些政策进行风险评估，部门之间的政策协同性不够，加之政策出台频率又高，在这种情况下就难以避免给市场带来新的风险，导致成本上升。一些企业选择等待、观望甚至"躺平"，企业行为收缩，与此有直接关系。一旦出现这样的情形，宏观经济走势就会下行。政府频繁出招，可能适得其反。

第三，降低成本的关键在于公共风险管理。要应对宏观经济下行，首先应当在公共风险管理上下功夫，避免政府自身的政策给市场带来新的风险、不确定性，而不仅是考虑财政政策、货币政策怎么扩张。如果公共风险管理不到位，力度更大的扩张性政策不一定有效，政策有可能会失灵。对于政策失灵，从风险角度来说，取决于政府能不能注入确定性，避免注入不确定性。如果政府无意识地引发新的不确定风险，企业的行为反映自然就是收缩。在企业行为收缩的情况下，宏观政策扩张的力度再大，效果也不佳甚至无效。

用需求管理框架来分析当前经济形势并采取对策的时候，通过研究已经发现政府政策措施的效果是边际递减的，一个重要因素是风险成本在上升。如果不从风险视角来观察，风险成本是很难被发现的，因为平时用的是历史成本这个概念，即使风险成本近在眼前也看不到，只是感觉到经济不太好、不稳定，一些指标在下降，但不清楚为什么会这样。当看到这种状况时，按照传统的思路，政府不由自主地要采取扩张性的财政货币政策，希望扭转经济下行的局面，但是忽略了一个重大问题，就是公共风险。如果忽略了公共风险，宏观政策的作用就要大打折扣。

这就是以"风险—成本"分析框架观察到的宏观经济运行的变化。世界的本质是不确定性，这个观点进一步延伸到现在的社会是"风险社会"的判断，当前影响宏观经济形势的最大因素是风险。预期转弱实际上也是风险问题，风险越大，不确定性越大，预期就越弱。从行为经济学的角度来看，企业行为决策与风险是直接关联的，尤其是面对躲不掉，也不能转移的公共风险时，企业的这种行为决策自然就形成了一种收缩的行为反映模式。这是一种自保的措施，在看不清楚的时候自然会停下来。所以在高度不确定性、高风险的新发展阶段，需要从风险视角来观察和判断经济形势。

二、新发展阶段的风险成本变化趋势

在风险社会中，企业成本是风险的函数，且具有普遍性、持续性特征，就像持续普降大雨，江河湖泊的水位都会同步上升。技术进步、组织创新以及数字化，提高了企业的风险对冲能力，降低了风险成本和发展的不确定性。但在新发展阶段，我们必须深刻认识高风险和高度不确定性条件下"风险—成本"的转化机理，增强企业对新发展阶段的适应性，并为政府制定相关政策提供理论依据。过去是在假设宏观确定性的条件下，通过政府的需求管理政策对冲经济下行，现在这种分析框架已经不完全适用了。

（一）导致风险成本趋势性上升的因素

在新发展阶段，导致风险成本趋势性上升的因素是多方面的，主要有以下四个方面。

第一，社会人口结构变化以及人口流动。人口老龄化、适龄劳动力减少都会推高人工成本。在风险社会背景下，企业用工成本不仅取决于劳动力供需关系的变化，还与各类不确定性对劳动力市场形成的"风险溢价"密切相关。比如社会改革不到位，劳动力市场流动性过大，农民工打工地点频繁变化，不能在一个城市沉淀下来。这种不确定性对农民工来说劳动技能难以提高，他们大都从事低收入的工作。同时，对企业来说，招来的工人很难稳定，要不断招工、不断培训，难以培育熟练劳动力和技术工人。农民工难以市民化，社会人口大量人户分离，劳动力市场过度流动，由此带来各种风险成本，如社会管理成本、企业经营成本和居民生活成本，这都是社会管理体制造成的。

第二，传统增长方式带来的环境风险。环境问题源于经济的外部性带来的公共风险和社会成本。在工业化水平不高的条件下，环境风险不大，大自然可以消纳生产生活的各种排放物。随着工业化程度不断提高，排放物与大自然的容纳能力产生冲突，环境风险随之增大，影响人类生存和健康。环境治理中采用的让风险内部化的措施是一项具有广泛共识的政策主张。从本质上看，这也是一个公共风险内部化的过程，将带来企业成本的明显上升。对企业来说就要增加投入，对原有设备进行改造，以适应新的排放标准。

第三，老龄化带来的社会风险。目前全国只有6个省的养老金能维持一段时间，相当多的省份已经收不抵支甚至穿底。到2035年，老龄化进一步加速，老龄人口更多，到那时候"老本"已经花光，养老风险会转化为企业要承受的成本。如果老龄化速度缓慢上升，还可以通过技术进步、劳动生产力提高、国家治理提升，提高企业的承受力。在老龄化速度很快的条件下，企业的承受能力还没来得及提高，就要承担这种老龄化风险成本，这成为中国面临的重大挑战。

第四,全球化重构的风险。在过去 40 多年的发展历程中,中国经济深度融入全球化进程,进口、出口依存度较高,产业链和供应链都已经嵌入世界经济的分工协作体系中。随着国际社会力量对比变化,地缘政治风险、逆全球化风险叠加扩散,全球产业链和供应链正在重构之中,中国的经济安全风险、能源安全风险、金融安全风险等急剧上升,在未来相当长的时间里都会不断转化为企业风险成本和中国发展成本。

(二)导致风险成本趋势性下降的因素

对一个国家来说,大变局也是大机会。若国家治理能力和风险对冲能力不断提升,也将带来风险成本的趋势性下降。具体来说,以下因素会导致风险成本趋势性下降。

第一,技术进步。企业通过获取新技术和运用新的生产手段,同样有助于应对公共风险,提升风险对冲能力。特别是互联网、云计算、区块链和算法等数字技术的快速发展,企业自动化、智能化水平的提升,"机器换人"计划产生了明显的就业替代效应,有利于对冲适龄劳动力短缺带来的风险成本上升。

第二,组织和模式创新。这表现为平台型企业越来越成为现代企业主导的组织形态,主营业务对应主要盈利来源的传统商业模式也在变革中。随着工业服务化、服务业和农业的工业化,以及数字产业化和产业数字化,原有的经济分工协作体系重塑,经济的组织形态和商业模式在不断创新,这将提高经济韧性和整体抗风险的能力,增强经济发展的确定性。这意味着企业对冲风险成本的能力整体上升。

第三，经济社会数字化。数据已经成为一种新的生产要素，数据和其他要素之间产生的协同效应，不仅是一种边际的变化，而且是一场颠覆性的革命。数字化是人类社会继农业革命、工业革命之后的第三次革命，当下流行的经济学都是工业革命的成果，是基于工业化背景下的市场经济运行经验总结形成的。数字革命与工业革命不是一个逻辑，比如边际成本与边际收益的关系在数字化条件下反转，数字化催生了边际成本递减、边际收益递增。数字革命给整个经济社会运行嵌入了一个新逻辑，但是我们对此还没有真正地深入认识。中央深改委会议提出，要加强数字政府建设。这也就是要加快政府与数字化大趋势的匹配性，政府自身要主动创新，应对政府自身产生的新风险。数字化将成为风险成本趋势性下降的主要路径。

三、当前面临的风险挑战

（一）当前面临多层次的风险挑战

一是西方主导的全球化在"换轨"，不断强化"去中国化"。国际环境更趋复杂严峻，逆全球化思潮不断强化，基于全球产业分工体系的中国供应链面临解构的巨大风险。而重构中国主导的全球供应链，在当前综合国力条件下还力所不逮，处于两难之境，中国可持续发展风险成倍扩大。

二是治理转型滞后。当前政府转型、社会转型与经济转型之间不适配，相互脱节所带来的公共风险已呈现出扩散态势。

三是转向新发展格局面临许多未知风险。从战略方向上已经明确，我国要构建国内大循环为主，国内国际双循环相互促进的新发展格局，但其转变的战略路径仍在探索。

宏观不确定性和公共风险水平上升，导致社会总供需之间形成负反馈，预期转弱。一方面，需求收缩，并同时反映在外部需求和内部需求的收缩两个方面；另一方面，供给冲击，大宗商品结构性短缺、价格飙升，"缺料、缺电、缺柜、缺芯"等问题此起彼伏，均导致相关制造业生产效率下降、成本上升。预期转弱对未来发展前景不乐观，经济社会行为普遍收缩内卷，进一步强化了社会总供需之间的负反馈，导致经济下行加速。

四是市场主体对政府政策的依赖度上升，欠发达地区对中央财政的依赖度上升。这意味着市场风险在以一种新的形式溢出市场，向政府集聚；地方区域风险通过财政向中央集聚，不断加大政府的风险和中央的风险。

（二）"风险—成本"视角下的经济发展压力

实现中国的可持续发展，不但要解决好当前面临的各种复杂问题，而且要着眼于各种潜在的问题，即从风险的角度来防范各种层出不穷的新问题。从"风险—成本"这个视角观察，归纳起来是成本问题。各种历史问题属于历史成本，各种潜在问题属于风险成本。发展成本上升，将会拖累发展的速度和质量。

当前全球公共风险是在加速扩散的，世界经济的成本普遍抬升。这里包括地缘政治风险、全球疫情风险、全球贫富差距扩大引发的全球民粹主义、民族主义思潮等，导致全球化过程中形成的全球产业分工体系、全球产业链供应链都在被打破，需要重构。这对各个国家尤其对中国来说，风险有多大？这需要新的认知和评估框架。中国很多企业、很多行业"两头"都依赖于全球市场，产品销售依赖于全球市场，原材料、关键零部件也依赖于全球市场。在这种情况下，对中国经济可持续发展带来的风险是不断加大的，导致中国的发展成本全面上升。

第一，从"风险—成本"的视角来看，不仅是企业的成本，整个国家发展的成本都在快速上升。在风险社会，经济呈现为风险特征，可以称为"风险经济"，成本越来越多地来自不确定性和风险。比如价格变化，过去我们从供需角度来解释，在风险社会就是一种风险溢价。所谓风险溢价，从供需双方来说，就是面对风险，一方愿意出更高的价格购买，或者愿意用更低的价格出售。出现负价格就是风险定价的结果。一般来说，价格不可能为负，但从风险角度来看是可能的。原材料涨价，需求者愿意付更高价格来购买，这就是风险溢价，因为风险在需求方。从这个角度来看，成本的本质都可以视为风险的转化。当制度变迁、制度创新滞后于风险衍生速度的时候，整个经济社会面临的不确定性就会被放大，发展成本急剧上升。

第二，风险成本将进一步转化为可持续发展的压力。从短期来看，2021年第三季度以来，我国经济出现了较为明显的收缩迹象。尤其是2022年第一季度，公共风险扩大，宏观不确定性上升，预期越来越差,所以宏观经济指标出现断崖式下滑。

从长期来看,我国面临的不可预期的风险成本在持续上升。如果企业采取"躺平"的行为策略,有可能使我国经济落入长期低速增长的区间,这对我国来说是一个巨大的战略风险,意味着中国的国际竞争力会下降。代表未来增长潜力和国际竞争力的数字经济领域就出现了这种现象,美国的数字经济发展速度快于我国。数字经济代表了一个国家经济的未来,正因为如此,我国高度重视数字经济发展,但是数字治理现在还很滞后,与数字化转型严重不匹配。

四、加快治理转型,降低风险成本

从国家与市场、社会关系的角度来看,降低公共风险水平,提升宏观确定性,关键在国家治理的效能。制度经济学部分地解释了一些国家发展绩效好和一些国家发展绩效不好的原因,把制度因素提升到影响发展的各因素的首位,这对解释中国市场化导向的开放是有积极意义的。但在新发展阶段,仅仅从制度与经济的关系难以解释经济社会的整体发展、高质量发展的新实践。经济是嵌入社会当中的,也可以说是嵌入国家治理体系当中的。国家治理,包括制度和行为,实质上是风险治理,是构建未来发展确定性的关键。这也是党的十八届三中全会把国家治理现代化确定为全面深化改革总目标的原因所在。治理转型若是跟不上,各种风险将会全面爆发。降低发展的风险成本,着力点在全面深化改革,加快国家治理转型。

（一）降成本要从防风险出发

当前的降成本政策是没有风险概念的，就事论事居多。这与对成本的理解停留在"历史成本"的认知上有直接关系。既然"风险成本"越来越成为成本的主体内容，降成本就要从风险治理入手，从公共风险入手。

第一，要低头看"水位"（历史成本），更要抬头看"乌云"（风险成本）。不能光看"水位"的变化，因为洪水已经是一个实体，"水位"的变化只能说明当下和过去，未来的变化体现在天上的"乌云"，能感受到，但抓不到，摸不着，会下多大的雨，下多长时间，都是不确定的，这就是风险。如果要下大雨，下长时间的雨，就意味着防洪形势非常严峻。这是一个比喻，跟我们研究当前风险成本问题的道理是一样的，不仅要看到实体，看到呈现出来的问题，更要研究非实体，也就是虚拟的风险问题。

第二，从关注实体成本到聚焦风险成本。实体成本都是历史成本，是过去的交易事项（包括合约）导致的。实行减税降费是从降实体成本角度出发采取的政策措施，现在更应当考虑虚拟的风险成本，把公共风险水平降下来。如果宏观不确定性降低了，公共风险水平下降了，企业成本自然就会下降，企业的行为模式自然就会改变。

第三，降低人力资源错配的风险成本。从过去的教训来看，社会人力资源错配导致的风险成本是最大的，在公共部门、企业部门都是如此。坚持以人为本的发展模式，促进人口、劳动力自由流动和家庭迁徙，促进职业经理人市场的发育和人才市场的发展。这既是一个市场问题，也是一个社会成员基本权利平等的问题和政府运行体系改革的问题。

（二）如何降低发展的风险成本

第一，加大加快治理转型的步伐，协同推进社会化改革和市场化改革。社会化改革就是社会领域的改革，要通过社会化改革加快社会发育。社会发育涉及社会的自组织能力、自管理能力、自约束能力。如果社会没有发育起来，企业家精神、契约精神、诚信体系等方面都很难健全。不讲诚信与契约，会带来企业的交易成本急剧上升。从这方面来说，必须把社会化改革摆在突出位置，通过社会化改革来推进市场化改革，这是当前要考虑的重大改革路径问题。

通过市场化改革，让计划经济转型成为市场经济，在计划经济之上还有社会体制，这个社会体制也带有明显的计划特征，所以也可以叫"计划社会"。计划社会这个框架一直延续到现在，在科教文卫领域，在户籍管理、城乡分治等诸多方面，这个框架依然存在，这表明社会转型没有与经济转型匹配，导致社会发育偏慢，市场经济发展缺少社会滋养乃至社会约束。

第二，完善两级治理体制，调动"防风险"的两个积极性。持续推动中央与地方关系的改革，特别是中央与地方的财政关系，要防公共风险向中央集聚，必须有两个积极性：中央的积极性和地方的积极性，这两个行为主体的积极性是以体制和法律为基础的。同时，必须持续推进中央与地方的财政事权和支出责任划分改革。这个问题涉及国家的纵向治理结构，治理结构决定了治理效能。只有进一步优化国家治理结构，才能提升国家治理效能，降低可持续发展的风险。

第三，推动金融市场化改革，提高金融体系效率，降低融资成本。同时，加快金融转型，从"融资"的金融转向"财富管理"的金融，为企业、居民和政府等，提供财富风险管理。随着财富的金融化，风险管理服务，包括宏观和微观、国内和国际，都应当成为金融的新职责和新使命。

第四，做好政策预期管理，对相关公共政策进行强制性的风险评估与审查。各个部门要对出台的政策和改革方案进行风险评估，这样可以避免政府对市场、社会带来新的风险，避免引发新的不确定性。在公共风险管理中，首先要加强对政府自身的风险管理，避免政府无意的动作引爆风险或者遮盖风险，导致风险聚集或扩散。

第五，数字赋能，打造数字化防风险政策工具、监管手段。数字化为政府的风险评估、风险防范提供了相应的技术手段，比如通过数字政府的建设，改变政府"亲力亲为"的做法，通过市场来管市场，通过社会来管社会。利用现有的数字平台，使其作为政府监管的延伸，可以更充分地提升政府监管效率。要超越传统的"界域"惯性思维，改变所谓"市场的归市场，政府的归政府"的思想。政府要善于利用市场，敢于借用市场的力量，如购买服务。这不仅要利用市场配置资源，也要利用市场实现政府的监管目标和政策目标，这比政府直接去做，效率更高、风险更小、效果更好。

中国经济 50 人论坛丛书
Chinese Economists 50 Forum

第六章　全球金融体系——危机、变革、出路①

黄海洲②

---

① 本文根据 2022 年 5 月 11 日长安讲坛第 391 期内容整理而成。
② 黄海洲，论坛特邀专家，中国国际金融股份有限公司资本市场业务委员会主席。

我在 2019 年出版过一本书——《全球金融体系：危机与变革》。最近国际上发生了一系列相关变化，使我对这个问题有了一些新的思考。本文主要从五个方面展开论述：第一，当前全球货币体系面临挑战；第二，全球储备货币的早期变迁；第三，全球货币体系在 20 世纪的两次寻锚；第四，全球货币体系再寻锚的必要性和紧迫性；第五，全球货币体系的新锚需要在更根本、更长远的视角上思考。

一、当前全球货币体系面临挑战

当前的全球货币体系一般被称为"布雷顿森林体系 2.0"。布雷顿森林体系是二战快结束时，由美国主导的 44 个国家参与谈判

（中国也是主要谈判国），在 1944—1945 年建立的一套全球货币系统。布雷顿森林体系的主要内容包括：第一，美元与黄金挂钩，其他国家货币与美元挂钩；第二，限制资本流动；第三，汇率不能轻易调整。到了 1971 年，这个体系开始崩塌，1973 年国际货币基金组织宣布这个体系不再运转，开始寻找第二个体系，之后便进入了浮动汇率、鼓励资本流动、没有任何货币和黄金挂钩的时期。经过痛苦的寻锚之旅，包括一些重大的汇率调整和签订《广场协议》（1985）、《卢浮宫协议》（1987），到 1987 年才真正建立布雷顿森林体系 2.0。该体系在过去 30 多年里，为推进全球化和促进全球经济发展发挥了巨大作用。

1944—1945 年之前，全世界不同国家使用的是金本位或者贵金属体系（中国用的是银圆或者铜钱），这套体系运行了上千年。1944—1945 年建立的体系是过渡体系——美元与黄金挂钩，1987 年之后建立的这套体系才是全新的与黄金无关的货币体系。

但是布雷顿森林体系 2.0 自建立以来就面临了一系列挑战，尤其是 2008 年全球金融危机触发了新的寻锚之旅。从 2008 年到现在已经过去了十几年，我们还在寻锚之旅中。2020 年新冠肺炎疫情暴发之后，美国实施了天量的货币宽松和财政赤字政策，2020 年 4 月—2021 年 4 月，美国广义货币供应量（M2）增速年化同比超过 20%，财政赤字达到 6 万亿美元，是美国年 GDP 的 30%。这些天量的货币和财政刺激引发了美国的高通胀，2022 年 4 月美国 CPI 增长率达 8.5% 以上，对全球货币体系带来一些冲击和影响。俄乌冲突爆发以后，又出现一些新的变化和冲击。俄罗斯中央银行的美元储备被部分冻结，俄罗斯的一些金融机构也被踢出了国际资金清算系统（SWIFT）。

面对这些新挑战，有人提出依赖于黄金和资源这些更底层的信用，建立布雷顿森林体系 3.0。代表人物就是佐尔坦·鲍兹（Zoltan Pozsar），他认为俄乌冲突催生了大宗商品价格巨幅波动，导致非俄罗斯大宗商品价格飙升，俄罗斯大宗商品价格暴跌。暴跌在一定意义上是因为以卢布结算，卢布在俄乌冲突爆发之后短时间内贬值 40 个百分点，后来有所恢复。这就相当于全世界有两个大宗商品价格——非俄罗斯大宗商品价格和俄罗斯大宗商品价格。从套利角度出发，他认为中国大有作为，通过加大套利，有助于实现人民币国际化。他也认为，美国和欧盟国家可能会受到非常大的冲击，美元会更加脆弱，但近期市场数据并不支持这个观点。近期美元对欧元大幅度升值，日元汇率也在大幅度下跌，一些新兴市场国家货币、包括人民币最近也面临一些下跌压力。鲍兹的分析框架有问题，结论也值得商榷。

我们认为大宗商品不应该，也不能成为新的全球货币体系锚。首先，大宗商品的价格波动较大（见图 6-1），短期的高波动取决于供求关系和库存情况。而锚的作用是提供稳定性，把锚系在波动性非常大的大宗商品上，不仅没有起到价格锚定的作用，反而加大了市场对通胀预期波动性的担忧。其次，大宗商品资源分布不均，例如原油主要集中在中东地区和俄罗斯，贵金属和有色金属集中在南美、俄罗斯和澳大利亚等地，资源产出容易被部分国家控制，从而加剧价格波动。

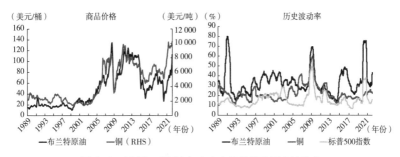

图6-1 1989—2021年大宗商品价格及历史波动率

数据来源：Bloomberg、CICC。

对于"大宗商品成为新的全球货币体系锚"更重要的批评，是基于主权货币的观点。国家发行的货币是国家资本结构中的股权，一个国家要维持经济发展，就要在国家层面提供充裕的股权融资，通过本国发行的货币是重要部分，以本国货币计价的国债也是一部分。在纸币发明以后，在国家股权层面可以通过货币发行提供更多的股权融资，而且有必要提供股权融资。一个国家如果把这么重要的股权融资权力让渡于大宗原材料或者黄金，没有必要，也说不通。

实际上1971年之前的全球货币体系都是金本位或者金本位的变种。从1987年开始，全球货币体系才出现真正的法定纸币（fiat money）。这套新体系给人类带来的冲击和影响是空前的，也可以说是千年未有之大变局，我们才刚刚开始感觉到这个变局，如果重回千年之前的老体系，无论如何是说不过去的。

在国家主权货币应用之前，国家的资本结构里基本没有股权，都是债权，因为发行多少货币取决于有多少黄金，货币持有者有兑换黄金的权利。如果把货币锚定在大宗商品上，就变相回到了金本位时代。由于央行无法直接控制相关商品的产出，国家层面的股权融资和货币政策实施将重新回到金本位时代。

在宏观层面，不管货币是基于20世纪30年代"大萧条"之前的金本位，还是设想的一揽子大宗商品，货币投放如果回到由国家层面增加债权来实现，将导致成本高、风险大，不利于促进经济发展和科技进步，也是人类历史的倒退。

在微观层面，将货币体系锚定在大宗商品上，等同于将人类社会的未来发展锚定在传统的资源行业上，鼓励资本继续流向这些行业。这也是工业革命的倒退，不符合人类科技进步，尤其是数字化和低碳化的发展方向。

二、全球储备货币的早期变迁

成为国际储备货币要满足一系列条件，国际储备货币带来了收益，当然也有一定风险。

成为国际储备货币的必要条件包括：第一，有竞争力，市场对其有信心。第二，该货币具备兑换便利性和本金确定的性质，即具备高度的交易流动性使其能够对资产价值进行合理的预期。实现这一点，需要有高度发达的金融市场体系，并且对国际市场充分开放，能够完全自由兑换。第三，该货币能够支撑起一个广泛的交易网络。这意味着货币发行国的经济体量足够大，并且与世界经济体系高度融合。

满足这些必要条件之后，是否能够成为国际储备货币，还要从收益和风险两方面进行考量。国际储备货币的收益包括降低交易成本，征收国际铸币税，增加宏观经济弹性，提高政治影响力和国家声誉等。风险则包括货币升值导致外贸部门竞争力下降，外部约束限制货币和财政政策的灵活性，以及作为货币发行国的政策责任等。国际储备货币的风险会形成一定的制约，因为相关货币政策制定有必要考虑全球一盘棋，不能只考虑国内。美国与世界上主要大国之间有一些货币磋商机制，包括与英国、法国、德国等国的中央银行，现在主要是英格兰银行和欧洲央银，也包括中国人民银行。在 2008—2009 年由美国触发的全球金融危机期间，中美之间财经交流相当充分。从这个意义来说，国际储备货币发行国是负有全球政策责任的。全球政策责任的另外一面是国际储备货币发行国可以把本国货币作为武器。事实上，在俄乌冲突中，美国就动用了"美元武器化"，包括迫使 SWIFT 系统对一些俄罗斯金融机构实施制裁，以及对俄罗斯中央银行在海外的美元资产部分冻结等。

综合衡量，如果一国货币成为国际储备货币，收益可能大于风险。

根据"国家资本结构"的理论框架，一国发行的主权货币和以本币发行的主权债是国家资本结构中的股票，而以外币发行的主权债是资本结构中的债务。发行本国货币或者以本币计价的主权债是非常重要的，因为增加一国股权非常有利于该国应对金融危机和其他挑战。如果一个国家发行了过多的债权，就容易受到外部风险冲击。国际金融领域有很多例子，比如拉丁美洲 20 世纪 90 年代的债务危机。

2012 年欧债危机爆发。欧洲五国（意大利、西班牙、葡萄牙、爱尔兰、希腊）都是发达国家，发达国家发生主权债务危机的概率很低，发生这么大危机的重要原因是1999年这些国家开始采用欧元，以本币发行的国家主权债转成欧元债，实际上是股转债，一旦遇到市场波动，债务风险非常大。如果能够以国际储备货币体系发行股票，对一个国家而言，会大幅度降低其融资成本。目前享受这个特权的主要国家是美国。

再考察一下金本位，如图6-2所示，浅灰色代表全球实际GDP，深灰色代表全球黄金产量。1900年之前，两条线水平相当，说明当时金本位制度既带来了价格稳定性，又没有限制全球经济增长。1940年之后，两条线的差距拉得越来越大，表明基于黄金发行货币无法支撑高速的经济增长。因此，货币制度的创新是非常重要的创新，包括战后布雷顿森林体系建立和布雷顿森林体系2.0建立。

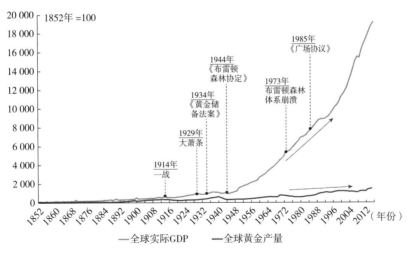

图6-2　1852—2016年全球实际GDP和全球黄金产量

数据来源：Clio Infra、USGS、CICC。

全世界主要储备货币发生过三次变迁。

第一次是荷兰盾。荷兰在 16 世纪成为欧洲的霸主，荷兰盾成为人类历史上第一个国际储备货币，储备货币的地位也反过来助推阿姆斯特丹成为欧洲的金融中心。然而，与法国等欧洲国家的战争耗费了荷兰的国力，过度扩张也让荷兰政府背负了巨额的债务。随着荷兰综合国力的衰退，荷兰盾逐渐失去了储备地位。

第二次是英镑。得益于工业革命，英国的国力迅速增强，"日不落帝国"在 1850 年左右国力达到了巅峰。在最辉煌的时候，英国控制了全球 20% 的土地、25% 的人口、40% 的贸易与 20% 的收入。与其国力相匹配的是，英镑是全球储备货币的首选。伦敦的全球金融中心地位和英格兰银行作为历史上第一个具备最后贷款人（LOLR）功能的中央银行，也进一步加强了英镑的霸主地位。

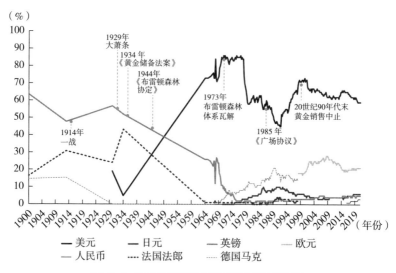

图 6-3　官方外汇储备占世界货币总量的比重

数据来源：IMF、CICC。

萨缪尔森在其编著的《经济学》教材中提出一个问题：自从有人类以来，最伟大的三项发现、发明或创造是什么？他给出的答案是：一是火；二是轮子；三是中央银行制度，包括中央银行制度下的货币发行和 LOLR。这些都是在英国工业革命之后才发明的，对当今世界仍然有重要影响。

英镑替代荷兰盾还涉及英国与西班牙的战争，英国海军打败了西班牙无敌舰队。但即使在西班牙处于鼎盛时期，西班牙也没有创造出现代中央银行制度或者金融中心。

第三次是美元。第一次世界大战严重破坏了欧洲的经济和市场，美国却从中得益，是唯一在战争期间维持黄金可兑换的大国。另外，盟国战时的债务也主要是向美国举借，这使得美元更多地被用于全球债务的计价。因此，一战大幅提升了美国的经济和金融地位，帮助美元成为全球主要储备货币之一。然而，真正奠定美元全球头号经济和金融地位的是第二次世界大战。二战结束之后，1945 年美国 GDP 占全球 50%，黄金储备占全球接近 70%，美元完成了替代英镑成为全世界最重要储备货币的转型。

三、全球货币体系在 20 世纪的两次寻锚

进入 20 世纪以来，美国为美元成为全球最重要储备货币做了一系列制度上的准备，比如建立布雷顿森林体系，设立国际货币基金组织，建立世界银行。1971 年布雷顿森林体系开始崩塌，1987 年建立布雷顿森林体系 2.0 版，但 2.0 版运行到现在又遇到了一系列

巨大挑战。

二战将近结束时，美国替代英国成为全球货币和金融体系的领导者，在1944年开始建立布雷顿森林体系——美元与黄金挂钩、各国货币与美元挂钩，美元成为全球的支付清算货币。这实际上是固定汇率，美国用的是准金本位，其他国家货币跟美元挂钩，美国支持这些国家增加出口，以此来增加美元储备。全球美元储备增加越来越多，而全球黄金储备增长速度很慢，这些储备美元的国家把黄金逐渐搬回本国，所以美国的黄金储备逐渐下降，到20世纪60年代快速下降，使得美国担心将来可能有黄金支付风险。

1944—1945年美国完成了美元作为全世界储备货币的转型，英镑成为辅助的小角色。第一次寻锚是建立布雷顿森林体系，解决了战后经济重建的货币体系问题，也是1929—1933年大萧条后第一次全球货币和金融体系的大调整。1929—1933年的大萧条是对金本位的最后一击。金本位或者贵金属体系持续千年，其崩溃是千年变革。从1929年大萧条开始算起，此次大调整期持续了近16年，中间更是经历了惨烈的第二次世界大战，寻锚之旅非常痛苦。二战之后，布雷顿森林体系为全球经济复苏和繁荣做出了重要贡献，全球经济复苏和繁荣持续了近26年（1945—1971年）。

十五六年的寻锚周期，寻锚之后二十五六年的繁荣周期，加起来大约是40年。全球货币寻锚每40年一个小周期。在这个单边周期之后，是不是有另外一个单边周期？从全球货币寻锚的角度来说，每80年一个大周期。

1971年，由于美国国内经济增长疲软、对外战争等因素，尼克松政府不得不宣布黄金与美元脱钩。1973 年，布雷顿森林体系正式瓦解。直到 1985 年《广场协议》和 1987 年《卢浮宫协议》的签订，新的全球货币秩序才建立起来。

从 1971 年开始算起，此次大调整期持续了 16 年。在此期间，没有发生世界大战，发达国家之间总体来说协调得不错，但是经济出现了严重的滞胀，资产价格也剧烈波动。通过稳定汇率和治理通胀双管齐下，在汇率方面，1985 年五国集团（美、英、法、德、日）经过谈判达成《广场协议》，以日元、马克升值为代价，逐渐使美元与其他主要国家货币的汇率稳定下来；在通胀方面，美联储时任主席保罗·沃尔克（Paul Volcker）自 1979 年开始通过大幅度提高利率，控制了通货膨胀。

此后，全球经济增长步入了黄金增长的 21 年（1987—2008 年）。中国的改革开放也得益于这 20 余年相对稳定的外部经济和金融环境。从 1987 年以后，全球货币体系找到第二个锚，为全球经济稳定和繁荣做出重要贡献。尤其在第二个锚的体系里有"三自由"：第一，资本自由流动；第二，汇率自由波动；第三，货币自由发行，不需要盯住美元或者黄金。这个体系带来了巨大的活力，在资本自由流动的前提下，产业链重新布局、外包。

图 6-4 是 10 年期美国国债收益率，呈"倒 V 字"形。1944—1945 年布雷顿森林体系建立以后，美国国债收益率的上行趋势非常明确。一开始速度比较慢，1945—1955 年，10 年期美国国债收益率没有超过 4%；1957 年，美国国债收益率达到 4%；1965 年，美国国债收益率不到 6%；1971 年，美元跟黄金脱钩，美元开始贬值，

黄金价格开始大幅度飙升，滞胀风险越来越大；1972—1981年，10年期美国国债收益率上升速度非常快；1981年是美国通胀水平的高点，保罗·沃尔克在1979年就开始把联邦基金利率上升到20%。就治理滞胀而言，美国用了三招：第一，货币政策，标志性事件是保罗·沃尔克的强加息；第二，汇率政策，标志性的事件是《广场协议》和《卢浮宫协议》；第三，美国国内进行了一系列改革，即供给侧改革。

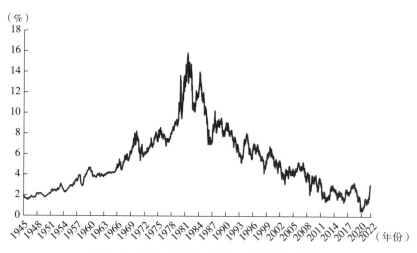

图6-4　1945—2022年美国10年期国债收益率

数据来源：Bloomberg、Robert Shiuer、CICC。

从二战结束以来国际货币体系变化和美元走势来看，黄金价格从1945年到1971年基本上是固定的，1971年大幅度飙升，从35美元/盎司飙升到最高接近800美元/盎司。等到1987年这个锚找到以后，黄金价格基本上稳定在300—400美元/盎司的水平。2005年以后黄金价格一直在上升，2008年美国发生了次贷危机，金价大幅度升到 2 000 美元/盎司，之后又下降到 1 300—1 400 美元/盎司（见图 6-5）。

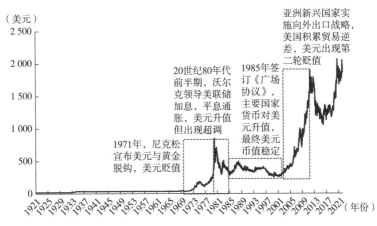

图 6-5　1921—2021 年黄金兑美元价格

数据来源：Wind、Bloomberg、Haver、CICC。

简单总结一下布雷顿森林体系和金本位。在金本位下，货币是固定的，有多少黄金发多少货币；汇率是固定的；资本是自由流动的。我称之为"两固定，一自由"。布雷顿森林体系建立之后，美元跟黄金挂钩，其他国家货币跟美元挂钩，所以货币是固定的，汇率是固定的。同时，为了防止汇率波动对其他国家（比如战后的德国和日本）的冲击，资本也不轻易流动了。这就从"两固定，一自由"体系转向"三固定"的体系。1987 年建立至今的体系，货币可以自由发行，汇率可以自由浮动，资本可以自由流动，从"两固定，一自由"到"三固定"，又转到"三自由"。"三自由"体系对资本市场和金融市场的创新而言，带来的活力是巨大的。

布雷顿森林体系的运行效果有几个方面。第一，全球金融体系稳定后，全球经济运行趋于平稳。布雷顿森林体系的建立，稳定了全球金融体系。金融体系稳定后，经济运行也趋于平稳，不再像之前那样大幅波动（见图6-6）。

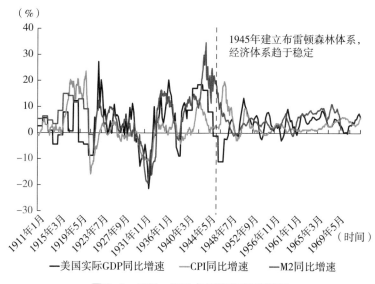

图6-6　1911—1971年经济体系运行情况

数据来源：Wind、Bloomberg、Haver、CICC。

第二，全球贸易平稳增长。1948年，全球出口金额为514亿美元，而至布雷顿森林体系解体前，1973年金额为5 210亿美元，25年间增长了9倍，复合增长率约为9.3%，且增速波动不大（见图6-7）。

第三，股票市场也处于相对稳健的上行周期。在此期间，美国、日本等主要工业国股市也处于稳定上涨的上行周期中（见图6-8）。

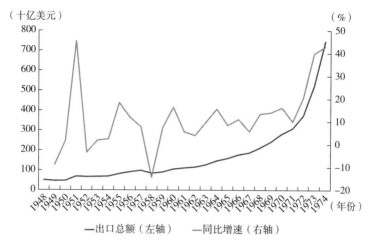

图 6-7　1948—1974 年全球出口总额及增速

数据来源：Haver、CICC。

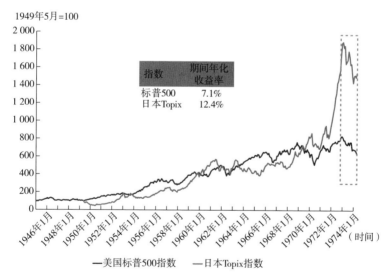

图 6-8　1945—1974 年美国、日本股市稳健上行

数据来源：Wind、Bloomberg、Haver、CICC。

但是布雷顿森林体系隐含了一个巨大问题，即"特里芬难题"。美元跟黄金挂钩，其他国家货币跟美元挂钩。由于全世界经济增长比较快，美元发行速度也需要支持美国经济增长，同时美国还有越南战争问题，最后导致美元超发。其他国家对美国出口换取美元，用美元可以固定汇率换黄金，而黄金增长较慢，所以美国的黄金储备越来越少，导致美国没有足够的黄金来支付美元。到1967年，美国的黄金储备只相当于其他4个国家对应的储备总和（见图6-9）。这时候，伴随着美元的风险，全球经济经历一系列的痛苦调整。

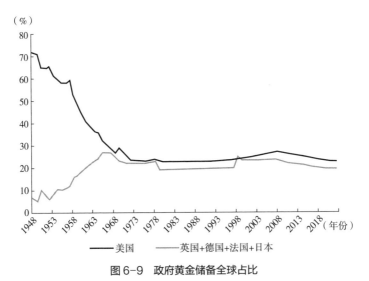

图6-9　政府黄金储备全球占比

数据来源：Wind、Bloomberg、Haver、CICC。

最早出问题的国家是英国，1967年英镑贬值，进入"双层金价"时期。1971年布雷顿森林体系开始系统性崩塌，美国签订《史密斯协定》，美元贬值8%。同年8月13日，美国宣布关闭黄金窗口，金价自由浮动，从35美元/盎司很快飙升到100—200美元/盎司，最高时达到800美元/盎司。1973年IMF宣布取消固定汇率，布雷顿森林体系正式终结。

布雷顿森林体系解体之后，产生了几个方面的影响。第一，汇率的锚开始动摇，大幅震荡。从美元指数来看，1971年布雷顿森林体系开始崩塌之后，美元开始贬值；1980年美国通胀高企，沃尔克推行紧缩政策，此后美元指数一直上升，从80拉升到160；1985年，签订《广场协议》，美元兑日元、兑马克明显贬值；1987年，《卢浮宫协议》签订，美元贬值过程完成，美元指数从160下跌到80，之后美元才开始企稳（见图6-10）。

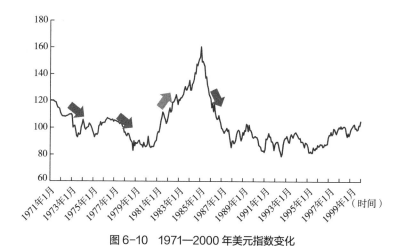

图6-10　1971—2000年美元指数变化

数据来源：Wind、Bloomberg、Haver、CICC。

第二，主要国家经济增长下台阶。从日本和英国的情况来看，二战之后，1971年之前，日本GDP增长速度是8%左右，英国GDP增长速度是3%左右。1973年之后，日本和英国的经济增长速度没有什么差别（见图6-11）。可见，货币体系是全世界经济和金融的生态问题。生态问题一旦恶化，没有一个国家可以独善其身。

第二，全球通胀大幅攀升，全球通胀预期的锚也开始动摇。从

5个国家的CPI增长来看，1971年之前这5国的CPI增幅相对较小，布雷顿森林体系崩塌以后，英国CPI增长接近25%，日本是23%（见图6-12）。

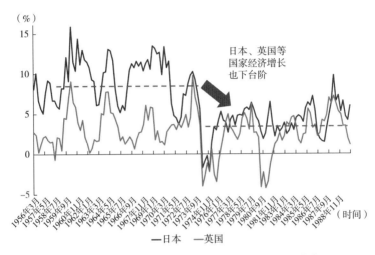

图6-11　1956—1988年日本和英国的GDP同比增速

数据来源：Wind、Bloomberg、Haver、CICC。

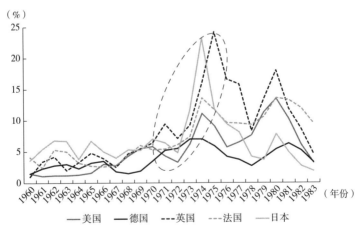

图6-12　1960—1983年主要工业国家CPI年度变化

数据来源：Wind、Bloomberg、Haver、CICC。

第四，全球股市陷入长时间的低迷状态（见图6-13）。

在此之后，就是汇率的再平衡。《广场协议》要求促进金融自由化和汇率弹性化，金融自由化就是资本要流动，汇率弹性化就是浮动汇率，从原来的"三固定"走向"三自由"，推动市场开放、贸易开放，遏制贸易保护主义。这对20世纪90年代开启的经济繁荣是非常重要的。《广场协议》并没有从根本上解决问题，于是又开始了《卢浮宫协议》的谈判。随着《卢浮宫协议》的签订，1987年之后，全世界汇率基本走向稳定，全球货币体系逐渐实现再平衡。

1987年之后，日本经济泡沫破灭以后，经济从此一蹶不振，这是不是日本签署《广场协议》造成的？我们认为《广场协议》的签署不是主要原因，不应该把分析的着眼点只放在这上面。我们可以对比德国马克对美元汇率，以及日元对美元汇率。德国也签了《广场协议》，德国马克的升值幅度跟日元几乎一样，如果说《广场协议》是致命毒药，那么德国经济也必将一蹶不振。1990年之后，日本经济越来越差，但德国经济越来越好。为什么德国经济没有受到重创？当然，为了应对《广场协议》，德国做对了一些事情，而日本做错了一些事情，这些问题值得深思。

从通胀预期的再平衡来看，美国通胀水平在1980年3月一度攀升至14.8%的高位。为了对抗严重的高通胀，沃尔克从1980年下半年开始，在短短5个月内紧缩货币供给，连续加息使得联邦基金利率从9.5%大幅飙升至20%，进而有效抑制高通胀；到1983年7月时，美国通胀水平已经大幅回落至2.5%的低点（见图6-14）。

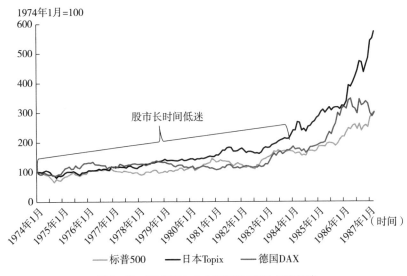

图6-13 20世纪七八十年代股市陷入长期低迷

数据来源：Wind、Bloomberg、Haver、CICC。

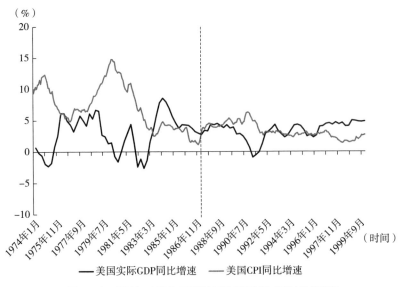

图6-14 1974—1999年美国实际GDP及CPI同比增速

数据来源：Wind、Bloomberg、Haver、CICC。

抑制高通胀的代价是牺牲了美国经济增长，之后美国经济增长的恢复有赖于里根政府推行的一系列改革。

汇率和通胀预期的锚定与再平衡，使得美国经济进入所谓的高增长、低通胀环境，有学者称之为"大缓和"时期（The Great Moderation）。法国人奥利弗·布兰查德（Oliver Blanchard）曾任IMF首席经济学家，他认为由于一系列的有效政策，包括货币政策，使得通胀稳定且处于低水平，增长相对较好且处于稳健水平，全世界发达国家的经济都处在大缓和时期。他甚至认为宏观经济学的主要理论问题都解决了，剩下的只是工程学问题。这种观点是相当短视的。2008年全球金融危机爆发，大家开始反思为什么宏观经济学家对此没有预见性。宏观经济学对金融问题关注不够，我们需要深刻理解金融的本质。

1987年以后，美国10年期国债利率震荡下行，德国的国债利率也是这样（见图6-15），一直震荡下行到2020年4月。2020年4月，美国10年期国债最低收益率达到0.7%，但进入2021年尤其是2022年以来，美国10年期国债收益率大幅度抬升。我们认为2020年4月的0.7%应该是历史低点，在可以预见的未来，不太会重现这个水平。

从资本市场来看，1987年以后，全球股市重新迎来繁荣（见图6-16），这个超级繁荣持续了很长时间。

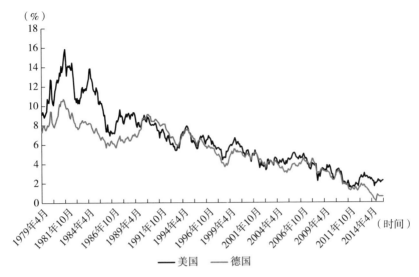

图 6-15 1979—2015 年美国和德国 10 年期国债收益率

数据来源：Wind、Bloomberg、Haver、CICC。

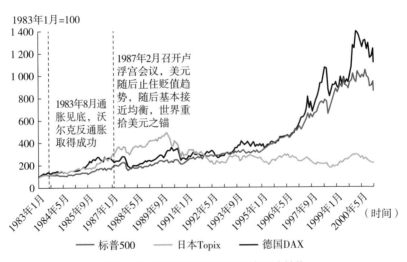

图 6-16 1987 年后全球股市重新迎来繁荣

数据来源：Wind、Bloomberg、Haver、CICC。

四、全球货币体系再寻锚的必要性和紧迫性

全球货币体系需要再寻锚。为什么要再寻锚？必要性和迫切性是什么？2008年爆发全球金融危机的时候，我们就开始思考这个问题。当前全球货币体系存在增长乏力、政策效应递减、难以提供稳定的通胀预期等问题。2020年新冠肺炎疫情暴发，一些国家把自己的政策用到极致，没有充分考虑全球外部性。俄乌冲突以来，有些国家把自己的货币政策变成武器，促使学术界、政策界和市场界人士进一步思考全球货币的体系问题。

第一，全球增长乏力。IMF在2022年4月召开的春季年会上，把全球GDP增长速度系统性下调。2008年金融危机以后，全世界经济进入一蹶不振的势态；2012年欧元区爆发欧债危机；2015年、2018年和2019年，部分新兴市场国家出现危机；2020年新冠肺炎疫情对全球的冲击是深刻而全面的，所有国家都遭受冲击。2020年，在全球的大国中，唯一实现GDP正增长的是中国，其他国家经济增长受到的冲击非常大。

第二，政策效用递减。2008年以来实施的量化宽松、财政赤字等政策，对稳定资本市场、稳定经济起到积极作用，但反复使用已达到边际递减状态。在2019—2020年之前，全世界相当一些国家是负利率，这表明货币政策基本不起作用。由表6-1可看出2017年10月的负利率资产规模，有很多国家从1年期到10年期都是负利率。因此，原来的货币政策难以为继，必须找到新的锚或者新的政策组合。

表6-1 2017年10月部分国家的利率情况

国家	1年期	2年期	3年期	4年期	5年期	6年期	7年期	8年期	9年期	10年期	15年期	20年期	30年期
瑞士	−0.80	−0.81	−0.71	−0.62	−0.50	−0.43	−0.31	−0.20	−0.12	−0.04	0.24	0.34	0.45
日本	−0.16	−0.14	−0.12	−0.10	−0.09	−0.07	−0.03	0.00	0.03	0.06	0.29	0.60	0.89
德国	−0.72	−0.70	−0.60	−0.45	−0.26	−0.15	−0.02	0.12	0.29	0.45	0.67	0.96	1.29
荷兰	−0.69	−0.69	−0.59	−0.43	−0.31	−0.07	0.10	0.27	0.42	0.57	—	—	1.30
芬兰	−0.67	−0.64	−0.47	−0.39	−0.15	0.05	0.12	0.33	0.34	0.62	0.91	—	1.40
奥地利	−0.58	−0.59	−0.49	−0.36	−0.16	0.01	0.20	0.35	0.55	0.63	1.12	1.20	1.58
法国	−0.59	−0.49	−0.34	−0.16	0.00	−0.01	0.16	0.37	0.56	0.73	1.12	1.44	1.83
比利时	−0.58	−0.55	−0.49	−0.37	−0.19	0.05	0.28	0.38	0.54	0.73	1.12	1.22	1.78
瑞典	−0.65	−0.67	−0.29	−0.34	0.02	0.29	0.49	0.44	—	0.92	1.32	1.64	—
丹麦	—	−0.61	—	—	−0.32	—	−0.02	0.04	0.26	0.57	—	1.04	1.20
爱尔兰	−0.47	−0.46	−0.39	−0.15	0.01	0.06	0.24	0.47	0.68	0.70	1.15	1.62	1.84
西班牙	−0.34	−0.28	−0.09	0.09	0.32	0.71	0.99	1.26	1.44	1.65	2.28	—	2.88
意大利	−0.34	−0.23	0.12	0.35	0.70	1.01	1.43	1.71	1.91	2.11	2.69	2.84	3.28
美国	1.33	1.50	1.64	—	1.96	—	2.19	—	—	2.36	—	—	2.89
中国	3.49	2.75	3.58	2.96	3.65	3.12	3.73	3.65	3.67	3.65	—	3.79	4.25

注：阴影部分显示的是2017年10月的负利率资产规模。

第三，难以提供稳定的通胀预期。这包括两个方面：第一，2019年之前负利率程度非常高，而负利率危害较大，因为通胀要在相对合理的水平，比如有些国家把通胀目标定到2.5%。负利率、零利率对应的CPI增长也是零或负，这对经济增长不利，因为货币政策工具不起作用，银行受到很大冲击。第二，通胀上升太快、太低或太高都不好，从2021年5月开始我们面临的问题是通胀水平快速上升，美国现在的CPI增长已经超过8%，问题较大。

五、全球货币体系的新锚需要在更根本、更长远的视角上思考

到目前为止，对于寻找全球货币体系新锚的探讨，基本没有脱离货币汇率的范畴，包括美元与欧元等其他货币的竞争，提升人民币等新兴国家货币的话语权，以及改革IMF的特别提款权（SDR）机制等。这些基于货币汇率范畴的建议和探索都是有益的，但如果要把问题的本质看清楚，还有更深刻的问题值得研究。我们认为，寻找新锚需要更高的高度和更长远的视角，需要跳出货币汇率的狭窄范畴。

寻找全球货币体系的新锚必须基于两个重要原则。第一个原则是，只有深刻理解全球货币锚的本质作用，才能找到问题的根本理论解。我们认为有两方面的本质作用：第一，稳定长期通胀预期；第二，支持和引导人类社会朝着长期可持续发展的方向迈进。

第二个原则是，只有善于利用全球货币锚的积极作用，才能找

到问题的实际应用解。全球货币锚如果设计正确，就能够形成全球货币系统的自循环稳定机制，因此必须具有长期对冲通货膨胀的效果。所以，选择大宗原材料和黄金作为锚都是错误的，因为它们是顺周期的，不但不能对冲通胀，而且会抬高通胀。

我们认为，新锚必须是基于数字化和低碳化为主的科技创新和工业革命，这样的科技创新和工业革命本身就会带来通缩，带来通缩的根本性原因在于摩尔定律。摩尔定律的核心内容是：集成电路上可以容纳的晶体管数目大约每经过18个月便会增加一倍，但价格会下降一半。摩尔定律在计算机方面的应用效果非常明显，科技创新本身带来了巨大的通缩作用，为什么在锚的设计过程中不善用科技创新呢？有了科技创新才能长期对冲通胀，才能把通胀数据拉到稳定状态。我们知道，人类现在和未来用的东西中，电子产品所占比例越来越高，食物所占比例越来越低。如果把消费质量算进去，随着社会进步，会有大量通缩现象存在，而且大量的通缩现象恰恰是人类社会进步的表征。我们应该善用这些通缩现象，以此来对冲通胀，达到自我负反馈机制。

未来社会的长期可持续发展有赖于科技创新，尤其在数字化和低碳化方向。当前及未来相当长时间内，数字化是科技创新最重要的领域，而数字化已经并将持续给现代社会的方方面面带来巨大的变革。同时，能源在人类社会发展中仍扮演极其重要的角色。气候变化确实是我们这个时代最大的全球挑战之一。因此，在我们设想的货币体系中，低碳的绿色能源技术也将占据一席之地。这和将体系构建在传统能源（原油是大宗商品）上的提议根本不同，甚至是相反的。此外，生物医药技术、核能技术、航空航天技术、新材料技术、农业技术等也都与人类的发展方向密切相关，也都可以在新的体系中占据一席之地。

以大宗商品为锚将是历史的倒退。如果以大宗商品为锚，将鼓励人类社会回到老路上，抑制科技创新，支持旧发展模式，使人类社会落入马尔萨斯陷阱（Malthus Trap），回到使用战争、饥荒、瘟疫、计划生育等老套路去解决通货膨胀问题。在马尔萨斯看来，人口是按照几何级数增长的，而生存资源仅仅是按照算术级数增长的，多增加的人口总是要以某种方式被消灭，人口不能超出相应的发展水平。通过战争、饥荒和瘟疫等方法虽然可以对抗通胀，但无疑是极其悲惨的。

1970年全世界出现滞胀的时候，世界智库罗马俱乐部发布了一个关于增长极限的重要报告，就是马尔萨斯理论的1970年版本。报告中提出的建议，今天回过头看，很多是荒唐的，对经济增长和能源价格的判定都是错误的，因为没有充分考虑科技创新。人类社会进步的过程就是打破马尔萨斯陷阱的过程。

关于全球货币寻锚的演进过程，我们有以下想法。

第一锚：一极主导、一币挂金、体系创设、资本控制、汇率固定、货币固定，即美国主导，美元跟黄金挂钩，创设布雷顿森林体系。在布雷顿森林体系下，资本是控制的，汇率是固定的，货币也是固定的。

第二锚：一极主持、多币无金、体系弱化、资本流动、汇率浮动、货币变动。这是布雷顿森林体系2.0版。

如何展望第三锚？我们理解是科技创新、产业进步、通胀对冲、资本流动、汇率浮动、货币股权。货币从固定货币到变动货币再到股权货币，股权货币是国家资本结构里提出的理论，也得到孙冶方基金会的表彰。真正的货币发行多少，应该按照国家股权来设计，按照国家资本结构来设计，应该为国家发展提供足够融资。如果有足够好的投资项目，货币可以根据融资需要相应多发，但多发不是超发。如果没有好的投资项目，没有融资需要，增发货币就有问题了。当然，股权货币包括货币和以本币计价的国债。

2020年前后，市场上有人推崇现代货币理论（MMT）。现代货币理论有很多错误，其中最主要的错误是认为一个国家发行的国债就是居民或者企业资产，资产越多越好。这个理论的根本错误在哪里呢？从国家股权角度看，如果新融资本的投资项目不够好的话，产生对原始股权的稀释，股价会跌，对应的就是通胀。美元正在面临巨大的稀释成本，这是今天全球面临的巨大挑战。

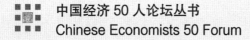

中国经济 50 人论坛丛书
Chinese Economists 50 Forum

第七章 应对经济风险挑战需要遵循经济规律[①]

刘伟[②]

---

① 本文根据 2022 年 9 月 22 日长安讲坛第 392 期内容整理而成。
② 刘伟，论坛成员，十三届全国政协常委，中国人民大学原校长、教授。

一、客观认识发展所处的阶段

尊重客观经济规律应对风险挑战,首先要客观地认识我们发展所处的阶段,包括这个阶段的特点,发展达到的水平,面临的机会、挑战以及变化。

经过长期、持续、稳定、高速的发展,2010年底我国经济增长达到新水平,在改革开放以来的40多年里,我国经济年均增长率达到9%以上,创造了战后经济持续高速增长的一个奇迹。特别是进入新时代,党的十八大以来,中国经济发展进入新常态。国际经济复苏迟缓,尤其是受新冠肺炎疫情的冲击,各种前所未有的因素相互叠加,经济增长和发展面临一系列挑战和严重的不确定性。在这种条件下,中国经济仍然体现出较强的增长韧性和抗击打能力。

2013—2017年，我国经济保持了年均7.1%的中高速增长；2012—2021年，保持了6.7%的中高速增长；2020年，在全球负增长的情况下，我国成为唯一保持正增长的主要经济体，增长2.3%左右；2021年，增速进一步提高到8.1%，在全世界名列前茅，当年美国的增长速度是5.7%，名义增长率达到11%以上，也非常高。2020年和2021年，我国经济平均增长速度达到5.1%，到2021年底，GDP增量达到114万亿元以上，折算成美元，达到17.7万亿美元左右。

2021年，我国GDP占全球的比重达到18%，这个变化还是非常大的，因为在改革开放初期，这个比重只有1.8%，2012年大概是10%多一点。而且我国进一步缩小了和美国的差距，改革开放初期我国GDP大概相当于美国的6.3%，2012年不到55%，2021年相当于77%左右。从总量看，我国已稳居世界第二大经济体。

我国人均GDP达到80 000多元人民币，折算成美元大概是12 000美元，超过当代世界各国的平均水平，接近世界银行划分的高收入阶段的起点水平（12 535美元）。为实现"十四五"发展的阶段性目标，即跨越中等收入阶段，进入高收入阶段，2035年基本实现现代化，人均国民收入水平达到中等发达国家水平，GDP总量再翻一番，我国做出了扎实的推进工作。同时，我国城乡居民人均可支配收入实际增长8.1%，与经济增长大体上保持同步。

总之，经过长期的持续增长，中国经济现在达到了一个新的水平。就经济发展阶段性而言，我国从贫困进入当代上中等收入阶段，并且已经接近高收入阶段的门槛。预计正常情况下，经过"十四五"期间的发展，我国将跨越中等收入阶段，进入当代高收入阶段，这也是"十四五"发展规划确定的目标。

在这个基础上，2022 年我们确立了宏观经济的主要指标，虽然面临很多挑战，但是从政策目标尤其是宏观经济的主要指标上看，还是体现了积极主动的态势。2022 年初的"两会"政府工作报告分析了各方面的形势，明确地提出 2022 年国内生产总值增长目标是 5.5% 左右，新增城镇就业 11 000 万人以上，城镇调查失业率全年控制在 5.5% 以内，居民消费价格涨幅控制在 3% 左右，居民收入增长与经济增长基本同步，进出口保稳提质，国际收支实现基本平衡，粮食产量保持在 1.3 万亿斤以上，生态环境持续改善，主要污染物排放量继续下降。农耗强度目标有点变化，放在整个"十四五"期间来考核，所以 2022 年度没有提出具体指标。但是我们留有适当的弹性，兼顾发展和减排、当前和长远，新增可再生能源的原料用能不纳入能源消耗增量的控制，主要是总结一些经验教训，使它更有弹性。

具体来看，现在确定的经济增长目标有以下几个特点。

第一个特点，政府工作报告提出 5.5% 这个目标，高于国际社会和主要国际经济机构对我国 2022 年经济的预测。我国确立的增长目标比国际社会更积极一些，也明显高于世界经济的平均速度。与世界主要经济体相比较，中国的政策目标是比较高的增长速度。当然，如果和我国的经济发展历史相比，则是历史上特别是进入 21 世纪以来最低的。

2012—2021年，中国经济平均增长速度是6.7%，其实从2015年以后，增长速度就降到了7%以下，然后呈现持续下降的态势。2019年，增长速度降到6.1%。所以2020年讨论政府工作报告时，大家关心的一个重要问题就是，中国的增长速度会不会跌破6%？要不要提出保6%的目标？如果跌破6%，其他宏观经济指标就要相应地做出系统性的调整。这个问题在当时还是有争论和分歧的。

在这个争论还没有达成共识的时候，2020年春天暴发了新冠肺炎疫情。面对来势汹汹的疫情，大家很清楚，6%的增长目标恐怕是不太可能实现了。疫情的发展态势以及防疫政策对经济影响到底有多大？国内国际相互交织叠加的程度到底有多深？我们当时并没有把握，因此2020年政府工作报告里没有提到经济增长率指标。

2022年政府提出5.5%的指标，从历史上看，除了极特殊的情况之外，这是一个比较低的目标。当然，从国际社会的预期来看，我国还是比较积极的。

第二个特点，虽然经济增长率是5.5%，但还是一个中高速度的增长，为什么呢？一是宏观经济主要指标均衡的要求，特别是就业指标的要求。根据奥肯定律，结合我国现阶段的经验值，GDP增长1个百分点，大约带来200多万个就业岗位。2022年我国要安排1 100多万个就业岗位，从而使城镇调查失业率控制在5.5%左右。如果这样的话，经济增长率就要达到5.5%左右。同时，5.5%的GDP增长速度与3%左右的CPI控制目标也大体适应。如果没有特别因素的影响，一般条件下，根据中国这些年的经验，5.5%的经济增长率不会推动CPI涨幅超过3%。

二是这个目标和近两年我国的平均增长速度比较接近,这个目标的确定有一定的现实依据。2021年经济增长8.1%,2020年经济增长2.3%,两年平均增长率是5.1%。我们原来预测,2022年的疫情防控和国际国内经济增长的一些变化比2020年、2021年总体上趋缓,所以确定的5.5%的增长目标略高于我国这两年的平均速度,还是有一定基础和依据的。

三是与我国"十四五"规划的要求相联系。2035年我国人均国民收入水平要达到当代中等发达国家水平,即人均GDP达到22 000—27 000美元,中位数(特别是以韩国为代表)大体上是25 000美元。如果按照普遍价格,我们目前大概是12 000美元,要赶上世界中等发达国家的水平,在未来15年内要翻一番多一点。中国人口已达峰值,到2035年人口会比现在减少。如果经济总量翻一番,人口规模有所下降,那么人均国民收入水平将会翻一番略多一点。

这就提出一个要求,从经济增长角度,如果到2035年GDP总量要翻一番的话,在"十四五""十五五""十六五"这三个五年规划期间,年均增长率大体上要达到4.8%的水平。"十四五"期间略高一点,因为基数相对较小,随着基数增大,速度客观上会放慢,所以"十四五"期间大体上平均要达到5.5%。"十五五"期间速度在5%左右。"十六五"期间,平均速度应当在4.5%左右。这样算下来,在三个五年规划期间,大体上能保持在4.8%以上的速度。所以5.5%的目标增长速度与"十四五"期间所要求的平均速度,以及到2035年中长期目标衔接的经济增长速度是相互联系的。

第三个特点，这个目标是中高速增长，体现了主动作为的态度。我们从一开始就能感觉到，面临的压力和不确定性非常大，困难非常大。困难主要体现在以下几个方面。

一是疫情发展和防控在全球范围内仍有极大的不确定性，所以国内疫情防控态势也极其复杂，给 2022 年的经济增长带来严重的风险挑战。

二是世界经济政治局势的演变，经济复苏动力不足，全球经济仍在深度衰退中。同时又有新的矛盾变化，不同经济体之间经济修复的差异日益拉大，疫情冲击下经济复苏的不均衡性更加凸显。前期为应对金融危机冲击和疫情冲击的叠加，采取超强的刺激措施，其对经济的负面影响开始显现，特别是超宽松的货币政策形成的通货膨胀压力开始释放，初级产品和大宗产品价格大幅上扬，美国等西方主要经济体强力定量宽松货币政策实施后，已形成对物价的强劲推动。高增长低通胀，甚至低负增长高通胀的格局有可能形成，进而对我国经济产生影响。

根据前些年的数据，21 世纪初，美元输出导致通货膨胀压力的时间周期是 6—18 个月。我国的情况稍微特殊一点，时间周期是 7—24 个月，因为政策特别是货币政策的传导机制有些不同。但不管时间长短，它是一个规律性的东西，强力刺激的货币政策一旦出去了，迟早会在一个时点逐渐释放成通胀的压力。从现在的情况看，前一段应对金融危机和疫情冲击的强力定量宽松的货币政策，在美国和西方已经开始形成通胀压力。这对我国也会产生一定的影响。从 PPI 上涨逐渐传导到 CPI 上涨，从年初较低的通胀率逐渐攀升,形成 2022 年先低后高的通胀轨迹。

三是俄罗斯与乌克兰的军事冲突,对整个国际政治经济关系必然产生深刻的影响,影响程度有多大现在还很难准确预料。从目前对能源价格的影响来看还是很深刻的,对我国经济也会间接甚至直接地产生影响。特别是我国石油、天然气进口依存度较高,由此产生的风险更需高度重视。

四是我国经济增长进入现阶段的基数效应以及经济新常态下的新特点,都会对经济增长和发展产生新挑战。2021 年我国 GDP 总量超过 114 万亿元,在这个新的规模基础上如果实现再增长,速度自然就面临减缓趋势。2021 年在面临一系列挑战的情况下,我国实现了 8.1% 的经济增长,如果在 8.1% 的基数上和 2021 年同期相比,再实现比较高的增长,那就需要有更强劲的新动能,而动能转换本身也具有极大的不确定性,因此 2022 年的经济增长目标需要付出艰苦努力才可能实现。

所以 2022 年确定 5.5% 的增长目标,虽然有各种现实的可能性,但同时面临的压力和挑战也是非常大的。

分析我国经济发展所处阶段的特点,要回答的一个核心问题就是习近平总书记所说的,立足新阶段,把握新阶段。经济发展进入新阶段,有两个方面的突出特点,我们在指导思想上要有一个明确的认识。

一方面,虽然经济发展达到了相当高的水平,保持了 40 多年的高度增长,但我国仍然是一个发展中国家,仍然处在社会主义的初级阶段,突出矛盾是发展水平质量不够高,发展得不全、不均衡、不充分。解决所有问题的关键还是要牢固树立"发展是第一要务"的理念。所有工作的出发点和落脚点要牢牢把握的一个基本点,就是我国仍处于社会主义的初级阶段,是一个发展中国家,要坚持党在社会主义初级阶段的基本路线,体现基本路线的根本要求。在经济社会发展中,突出一点就是强调一个中心,即以经济建设为中心,以发展为第一要务。

习近平总书记在2021年底的经济工作会议上指出,经过长期的实践,特别是最近10年,从党的十八大以来,面对各种风险挑战,我们总结经验,得出了一些经济发展方面的规律性认识。习近平总书记概括了四条,其中第二条特别强调,一定要聚精会神地贯彻党在社会主义初级阶段的基本路线,对于以经济建设为中心和发展是第一要务的基本要求的精神,一定要贯彻。

另一方面,在新阶段我国仍然处在重要的战略机遇期。改革开放开始的时候,从20世纪70年代末到20世纪末的20年,小平同志没有明确提出"战略机遇期"这个概念,但是他特别敏锐地感觉到当时国际国内各方面的变化,认为我国面临着一次重大的历史性机遇,要牢牢抓住。当时小平同志提出了一个重要的发展战略——"三步走"的战略。第一步,1981—1990年,实现国民生产总值比1980年翻一番,解决人民的温饱问题;第二步,1991年—20世纪末,国民生产总值再增长一倍,人民生活达到小康水平;第三步,到21世纪中叶,基本实现现代化,人均国民生产总值达到中等发达国家水平,人民过上比较富裕的生活。应当说,20年实现连续倍增,这样的速度是非常大胆的设想,10年翻一番要求增长率要年均达到 7.2%，这在当时世界上是非常高的。当时我国抓住了机遇，看清了符合当时我国国情和国际格局的变化，提前 3 年就实现了目标。

进入 21 世纪之后，以江泽民同志为核心的党中央在分析了国际国内形势之后，在 2002 年做出一个决断，认为 21 世纪前 20 年中国仍处在重要的战略机遇期，要紧紧抓住战略机遇期，利用好战略机遇期。当时提出的经济增长目标是 20 年翻两番，从初步小康迈向全面小康，彻底告别贫困。

2000—2020 年，中国 GDP 实现翻两番，人均 GDP 也达到全面小康水平，彻底告别贫困。接下来的问题是，在今后和未来一段时期，中国是不是还处在重要的战略机遇期？经过分析和研判，党中央认为，在今后和未来一个相当长的时期里，我们仍然处于重要的战略机遇期，但是这个战略机遇期所面临的机遇和挑战，其内涵和条件都发生了深刻变化。

改革开放的第一个 20 年，我们实现的战略目标是解决温饱，初步小康。进入 21 世纪的 20 年，这个战略机遇期要解决的目标是实现全面小康，彻底告别贫困。现在和未来一段时期，在新的战略机遇期要把握的战略目标是实现现代化。目标不同，要处理的主要矛盾和问题也不同。社会主要矛盾发生了变化，从过去人们对物质文化生活的需要和落后的生产力之间的矛盾，转变为人们对美好生活的向往和发展的不平衡、不充分之间的矛盾。社会主要矛盾发生了变化，与此相适应的，要解决的主要问题和任务也发生了历史性变化。

我们在前40年抓住历史机遇,克服的主要问题是什么呢?如何跨越贫困陷阱。两次世界大战之后,很多发展中国家政治上独立了,接下来面临着经济发展,首要问题就是摆脱贫困。后来发现贫困很难摆脱,因为贫困有累积性效应,很难打破这个循环,即所谓的"贫困陷阱"。经过这些年的发展,中国的改革开放成功打破了贫困的恶性循环,从贫困走向温饱,又从温饱走向全面小康,彻底告别了绝对贫困。中国为世界反贫困做出了突出贡献,这些年全世界减少的贫困人口当中,70%以上是我国的贡献。可以说中国成功走出了一条摆脱贫困陷阱的道路。

现在面临的主要问题是什么呢?习近平总书记在党的十八大之后特别强调,是跨越中等收入陷阱。为什么呢?很多发展中国家达到中等收入尤其上中等之后,长时期跨越不过去。现在全世界高收入国家大概有70个,其中有13个是发展中国家走过来的。这70个高收入国家从上中等收入到高收入,用的时间大概是12年零3个月,但是大部分发展中国家到了这个阶段用十二三年的时间都跨越不过去。

20世纪70年代的拉美国家,达到上中等收入水平之后一直跨越不过去,到现在将近50年了,被称为"拉美旋涡"。20世纪80年代东亚地区一些国家,如泰国、马来西亚、印度尼西亚等,达到上中等收入的水平将近40年了,仍然跨越不过去,被称为"东亚泡沫"。还有20世纪90年代西亚、北非地区的一些国家,如突尼斯、也门、叙利亚、利比亚等,也达到上中等收入的水平,到现在将近30年跨越不过去,被称为"西亚北非危机"。

这就表明一个事实，进入上中等收入阶段之后，如果还延续传统的增长方式，就跨越不过去，然后长期停滞。在经济危机的情况下，它会形成政治、社会、文化、军事各方面的主体纠缠在一起，错失现代化发展机遇。所以习近平总书记在党的十八大之后特别强调，进入新的发展阶段之后，在经济发展上要特别注意防止陷入中等收入陷阱。

与摆脱贫困时期相比，我国现在面临的任务、要处理的发展题目不同，怎么跨越过去？"十四五"期间是非常重要的。除了国内问题，国际上要处理的问题也和过去不一样，要避免掉入修昔底德陷阱。在20世纪和21世纪前20年，这个矛盾还不是特别尖锐，但现在矛盾越来越尖锐。作为世界第二大经济体，我国和美国GDP总量的差距在明显缩小，美国在战略上对我国进行全面的围捕、限制、遏制是逻辑必然，这个问题我国过去没有遇到过。

在今后一段时期里，我国仍然处在重要的战略机遇期，但是内涵和条件、机遇和挑战发生了深刻变化，一定要认真研究这种变化，客观分析这种变化。要想运用客观经济规律来应对各种风险，首先要客观认识经济增长达到的水平，然后基于这个水平确定经济增长的合理速度，根据这个水平判断经济发展的方位、达到的阶段，把握这个新阶段最突出的特点。归纳起来，我国目前所处的新阶段最突出的特点：一个是处于社会主义初级阶段，另一个是仍然处在重要的战略机遇期。

二、科学判断经济发展的变化和新问题

要科学、准确、及时地判断经济发展的变化、出现的新问题，特别是宏观经济方面出现的新失衡。

首先，2022年上半年由于各种因素叠加，经济面临新失衡，特别是宏观经济层面新的失衡特点比较突出。2022年上半年，国内国际的超预期事件频发，中国宏观经济在1月、2月开局回暖，但是3月新一轮疫情高企和俄乌冲突两大超预期事件冲击，使得经济形势急转直下，到第三季度才开始企稳复苏。3月—5月底，以上海、北京等中心城市为代表的长三角地区、京津冀地区，先后经历了一轮超大规模的疫情冲击，给短期经济发展和生产生活秩序带来了巨大影响。叠加俄乌冲突、大宗商品价格上涨和美洲货币政策转向等外部不利因素，中国经济从2021年第三季度开始抬头的需求收缩、供给冲击、预期转弱这三重压力进一步强化。面对极其复杂的局面，在党中央的坚强领导下，我国经济总体运行平稳，第二季度实现正增长，整个发展态势稳定、持续，体现出比较大的制度优势。

但是受国内外不利因素的叠加影响，特别是疫情的冲击，2022年上半年短期宏观经济运行严重偏离长期增长的趋势线。经济复苏势头明显放缓，负向产出缺口有所扩大。第一季度中国实际GDP同比增长4.8%，环比增长1.4%，低于年初的预期。而相比第一季度，第二季度受疫情的直接冲击更大，实际GDP的增速显著回落，同比增长0.4%，环比下降2.6%。第一、第二季度合并在一起，上半

年实际 GDP 增长 2.5%，比第一季度回落 2.3 个百分点。就各方面的具体情况来看，由于新一轮疫情冲击迅猛，使得中国经济下行力量过大，下行节奏过快，总需求和总供给都出现明显的收缩态势。

从需求来看，投资需求、消费需求、出口消费这三驾马车都受到影响，但消费需求受到的冲击最为严重。3—5 月，连续 3 个月消费需求出现绝对萎缩，6 月开始转正，上半年累计消费需求同比下降 0.7%。投资需求相对平稳，主要是基建投资大幅提速对冲了房地产投资的下滑，另外制造业投资较为强劲，对冲了服务业投资的低迷。固定资产投资需求上半年累计同比增长 6.1%，相对比较平稳。出口增速的波动加剧，4 月急剧下滑，5 月、6 月又有一个强劲反弹，但是进口持续低迷。

从供给来看，与农业、工业制造业相比较，服务业受到的冲击最严重。3—5 月，服务业的生产指数连续 3 个月出现绝对萎缩，6 月开始转正，上半年累计同比下降 0.4%。工业相对平稳，增加值 4 月出现绝对萎缩，5 月开始恢复正增长，6 月提速。

此外，物价整体平稳，但是核心 CPI 和服务价格低位运行，总体走弱，反映了需求不足相对更加严重，服务业受到的冲击更为剧烈。PPI 涨幅持续回落，但依然在高位。

进口、出口的价差扩大反映了国际能源价格上涨和供应链受阻放大了本轮冲击的经济社会效应，贸易条件恶化。此外，从微观基础看，在宏观经济深度下滑的冲击下，上半年企业绩效恶化，居民失业率飙升，财政及基金收入下滑，市场信心出现较大幅度回落。

具体来看，和前一个时期的预测分析相比较，2022 年中国宏观经济出现的一些新现象、新特征和新问题，有以下几个特点。

第一个特点，1—2月宏观经济向好，说明2021年底中央经济工作会议为应对三重压力所布局实施的政策具有很好的效果。如果没有疫情和俄乌冲突这两大超预期的外渗冲击，政策布局应具有很好的针对性。3月以来这两大超预期的冲击极其迅猛，各类稳增长的政策力度不足以及时有效地对冲下行的趋势。再加上疫情防控使得宏观政策传导和刺激效率出现下降，各项政策靠前发力，但难以快速落地并产生引领性作用，使得悲观预期全面形成，经济循环流量急剧收缩，导致上半年中国宏观经济难以抵御多因素的叠加冲击。1—2月开局回暖，与3—5月形势急转直下形成鲜明对比，说明新冠肺炎疫情防控进程依然在很大程度上决定了中国经济社会发展的常态化进程。中国经济迎来2020年第二季度以来最为困难的一段时期。

第二个特点，俄乌冲突持续加剧，全球通货膨胀高企，美洲货币政策快速转向，全球金融市场动荡，以及全球供应链持续调整，给中国宏观经济外部环境带来正反不同的不确定性冲击。一方面，全球消费品价格上扬带来中国贸易品竞争力的提升，但是大宗商品价格持续上扬又使得成本冲击力度加强，输入性通货膨胀压力加大。另一方面，美国物价的上涨和赤字财政加大了对中国商品的需求，导致美国对华贸易政策缓和，但是美国退出量化宽松货币政策带来的经济市场振荡，导致我国金融市场调整、资本外流和人民币贬值的压力进一步上升。此外，海外疫情防控全面放开促进了全球供应链和产业链修复，但是新的世界局势动荡，特别是对俄罗斯的制裁，可能催生出更加严重的、新的供应链瓶颈约束问题。

第三个特点，2022年上半年各类先行参数的持续变异，市场主体预期的加速回落，消费者信心指数的下滑，充分说明中国经济的微观基础已经发生系统性变化。企业投资、居民消费、地方政府支出的保守化倾向严重，特别是本轮经济下行过程中，消费者信心指数、满意指数和预期指数的下滑幅度达到2020年疫情暴发时的5倍。这不仅反映了市场主体对短期政策调整不到位、宏观调节力度不足的不乐观态度，更重要的是反映了在未来疫情变化、政策调整、战略定位等高度不确定条件下，市场主体保持着非常审慎的态度。

第四个特点，2022年上半年在供给端和需求端都出现明显下滑的现象，但是核心CPI回落、失业率大幅上升、产出缺口不断扩大都表明需求端收缩的力量更明显。同时，在持续疫情冲击和结构性政策作用下，短期供给能力损失已经潜在，增长能力下降也值得高度关注。也就是说，从短期角度来看，这次冲击对需求方面的伤害更大，对需求的修复更迫切。但是在中长期，供给的潜在能力下降，供给能力受到的损失不能忽视。所以宏观政策在时间的次序、顺序安排上要做出调整，短期政策要更加重视对需求的修复，特别是内需体系的培育，而供给端的修复更多要考虑安排到中长期政策范围之内。

第五个特点，随着疫情因素消退和宏观政策刺激力度加大，中国经济的拐点可能已经到来，底部正在显现。高频数据显示，在疫情防控政策调整和稳经济一揽子政策措施的作用下，中国经济的核心参数在 2022 年 4 月底已经触底，并开始全面反弹。多数核心指标的拐点均在 5—6 月先后到来，已经可以观察到经济复苏的迹象。当然这是基于目前情况的分析，如果国际形势出现新变化，或者国内疫情出现反复，当出现一些超预期因素时，预测和观察都要重新调整。

展望 2022 年下半年，随着全国疫情形势逐渐缓和，各地复工、复产、复市、复商全面推进，稳定经济大盘主基调确认，一揽子政策措施实施效果充分显现，"十四五"规划重大项目全面落地，以及地方政府换届完成，中国宏观经济有望迎来企稳回升的态势，为 2023 年全面复苏打下一个良好基础。

2022 年下半年从速度上来讲有一个特别的情况。2021 年中国经济增长是前高后低，全年平均 8.1%，但是第一季度增长 18% 以上。因为 2020 年第一季度太低，所以和 2020 年上半年同期相比，2021 年的增长速度非常高。按照这个特点，作为 2020 年对比的基数和同时期比，我们当时估计 2022 年经济增长的态势和 2021 年相比会呈现前低后高的态势。所以和 2021 年下半年同期相比，2022 年下半年的增长速度预计会有一些高企的基础。原因主要有以下几点。

第一点，疫情因素消退，各地区复工、复产带来内生增长动力，以上海、北京宣传启动恢复正常生产、生活秩序为标志，中国经济总体性进入疫后复苏阶段。引入疫情冲击时期的数据模拟分析结果表明，如果不考虑政策对冲，中国经济也能自发调整，疫情冲击对核心变量的影响将随着时间而递减，到 2022 年底基本恢复稳态运行。但是如果不考虑政策对经济衰退的缓冲，在目前政策条件不变的情况下，任由经济自我调整、自我复苏，2022年累计下来经济产出偏离正常预期的趋势，损失2—2.3个百分点。如果不加强政策对冲，在5.5%的目标下减去2—2.3个百分点，2022年的经济增长也就是3%多一点。这可能会带来多方面的问题，影响其他宏观经济指标的均衡实现，比如失业率等。所以不能放任经济自我修复，要更进一步加强政策的对冲。

第二点，宏观政策刺激效果显著推动中国经济基本面改善。以国务院召开全国稳住经济大盘电视电话会议和《国务院关于印发扎实稳住经济一揽子政策措施的通知》为标志，宏观经济政策已经旗帜鲜明地确立了总体宽松的定位。存量政策的全面牵制，增量政策的全面出台，中央政府的强力督导，各级地方政府和部门的层层落实，短期资金和财政的保障，以及疫情防控的阶段性胜利，不仅使2022年6月经济参数出现快速反弹，而且能够有力保障第三季度出现加速反弹，从8月、9月的数据来看，态势已经显现。

第三点，欧美通胀全面显化，客观上有利于中国外需的回升。全球供应链、产业链面临的各种瓶颈约束，也使得中国外需窗口期得到一定延续。因此，在解除国内疫情防控带来的生产和物流约束后，中国出口仍具有短期反弹的基础。

第四点，先前的各种不利因素将得到极大缓和。本轮经济下行始于2021年下半年，当时很多结构性调整政策的同步实施造成了一定的短期经济下行压力，给整个宏观经济增长也带来很大影响。在当前稳增长的基调下，这些不利因素将得到极大的缓和，习近平总书记在经济工作会议上指出，出台任何可能产生经济收缩性影响的政策，都要认真评估、审慎对待，不能盲目出台。作为中央高层的决策性意见，总体宽松政策已达成共识。本轮经济下行带来的这些问题，特别是政策性的不利因素可以得到一定缓和，这使得中国进入休养生息的模式。

第五点，"十四五"规划项目的实施和落地将提供新的基础性力量。在"十四五"规划的节奏中，第一年多为项目布局，第二年以具体实施为主，预计2022年下半年"十四五"项目的实施速度会进一步加快，这也是值得考虑的新生力量。

第六点，第一基数效应将助推2022年下半年实现较高的同比增长速度。由于2021年宏观经济走势前高后低，特别是下半年经济下行幅度较大，客观上使2022年经济同比增速形成了上半年高基数、下半年低基数的效果。具体地看，2021年上半年实际GDP增长12.7%，而2021年下半年只有4.4%，考虑到2021年下半年低基数的因素，2022年下半年如果和2021年同比相比，增速有望得到提升。

综合以上六个积极因素，特别是随着疫情因素极大缓和，在宏观政策全面发力和市场主体修复调整的共同作用下，2022年下半年的消费和投资需求将可能得到有效的释放，产业链、供应链将进一步得到恢复，中国经济将实现比较强劲的反弹。

我们做过一个分析，在基准情况下，也就是标准条件没有大的变化的情况下，预计2022年下半年GDP增速有望达到6.4%，全年实际GDP增速有望达到4.6%，比2021年和2020年两年的平均增速回落 0.5 个百分点，预计高出全球经济增速将近 2 个百分点。要实现全年 5.5% 的目标，目前的政策力度还不够，要进一步加大。我们曾经做过研究，提出 10 个方面需要加大政策力度，至少 2022 年全年追加 0.9 个百分点或者下半年追加 1.7 个百分点。只有实现这样的刺激力度，全年 GDP 增速才能够达到或接近 5.5%。有两个问题：这个力度可不可能实现？强力刺激的成本或者代价有多大？

我们要分析 2022 年受到的冲击和 2020 年相比有什么特点，使政策更有针对性，提高实效性。虽然 2022 年下半年经济企稳回升的态势开始出现，但是我们必须清醒认识到，和 2020 年相比，我国经济的微观基础、市场预期、运行模式、外部环境、政策空间都发生了相对不利的变化。本轮经济复苏面临着比 2020 年更为严峻的困难和挑战，未来经济复苏的路径很可能会呈现非对称的"W 形"特征，即起伏波浪形。为什么呢？具体有以下几个方面的理由。

第一，微观基础不同。企业和家庭部门比 2020 年更加脆弱，在疫情持续冲击下，各类市场主体消耗了大量储备，经济的弹性、韧性已经发挥到了一定限度，最后一根稻草效应很可能快速爆发。在主观上，疫情反复带来高度不确定性，国内外疫情防控政策有差别，以及其他重大的理论纷扰，导致市场主体预期进一步低迷，难以形成大上、快上的新局面和新的心理预期。

第二，市场预期不同。各类市场主体的信心普遍下降，从消费者信心指数回落幅度、企业新增资产期限结构、新增贷款期限结构以及居民新增贷款等数据来看，相比 2020 年，在本轮经济复苏阶段，企业对中长期投资、重资产投资、低流动性投资，居民对耐用品消费、负债消费以及住房类消费都变得更加谨慎。如果悲观预期不能得到根本扭转，政府性支出不能起到引领性作用，不能及时有效恢复市场主体信心，中国经济的复苏进程将会变得更加缓慢。

第三，运行模式不同。中国经济循环周转速度比2020年放缓，疫情暴发以来，中国经济循环速度明显下降，人员流动和货物流动已发生系统性变化。这不仅表现为企业产成品存货变慢，即存货增加、应收账款回收期限拉长、三角债增长，更集中表现为全国客运量和货运量，特别是客运量的绝对水平呈现显著的趋势性下降。中国经济大循环变得更慢，这意味着一切以时间为基础定价的名义成本，包括贷款利率、商业租金等都需要相应下降，因为其实际成本已经变得相对更高，竞争力下降。

第四，外部环境不同。外部需求下降，而供给成本上升。一是2020年中国率先取得疫情防控的阶段性胜利，复工、复产恰逢海外疫情暴发和蔓延的高峰，所以中国经济与世界经济重启不同步，使得当时中国供应链、产业链的优势得到比较充分的发挥；2022年情况则与此有所不同。二是2020年全球能源价格和大宗商品价格降至历史低点，对中国经济复苏阶段生产成本的降低起到显著的作用；2022年情况则与此相反。三是2020年欧美国家启动了史无前例的宽松货币政策和财政政策，对我国经济外需起到了提振作用；2022年情况则与此相反。四是2020年中美关系得到阶段性缓和，使中国贸易成本显著下降；2022年情况则与此相反。

第五，政策空间不同。传统财政、货币及就业政策的空间收窄。不同于2020年，2022年传统宏观政策的空间已经在过去两年多消耗大半，各类政策刺激效率也出现大幅度递减。一是降息、降准大幅度缩小了货币政策空间，并且随着美联储加息节奏的提速，减缓资本外流和人民币贬值的压力，货币政策趋于保守。二是持续高赤字和地方政府高债务率大幅缩减了财政政策的空间，在市场需求不足和企业营收下降的背景下，实质性减税降费的空间缩小。三是随着房地产市场下行，政府性基金收入大幅下降，地方政府支出扩张的空间受到了限制。四是狭义的就业稳定政策在过去3年中已经尽出，就业质量下降和灵活就业泡沫问题比较突出。

按照奥肯定律，GDP增长1个百分点能带来200多万个就业岗位，我们现在要创造1 100万个就业岗位，城镇调查失业率控制在5.5%，那么经济增长速度至少要在5%以上。大家可能会提出一个问题，2020年我国GDP增速是2.3%，但是失业率控制得还不错，为什么？因为发挥了制度优势，打破了通常的经济约束，采取了一些超经济、超常规的措施，动员各方面挖掘潜力。通过超常规手段来增加就业岗位，一方面就业岗位的质量可能并不高，灵活就业的泡沫水分相对多一些，能缓一时，但解决不了长远的问题。另一方面，这种透支性的强力增加就业岗位很难持续，短期可能有效果，连续几年下来，承受能力会受到限制。这些问题已经比较突出。

不仅如此，我们要坚持底线思维，2022年、2023年还需要充分考虑小概率事件可能带来的系统性影响，防范和化解一些"灰犀牛"冲击在叠加中导致经济系统性下滑的风险。

一是疫情存在再次暴发的可能，从而导致2022年下半年经济复苏进程再次中断。中国人民大学宏观经济分析团队进行了模拟分析，如果8月、11月再发生一次中等强度的疫情，就会使2022年全年累计产出损失由目前的2—2.3个百分点提高到4个百分点。并且其不利影响还将进一步延续到2023年上半年，从而累计产生更大的损失。

二是美联储、欧洲央行加息超预期，引发全球金融市场动荡，世界经济陷入衰退的风险。目前美国通胀率已经达到9.1%，欧元区的通胀水平也接近美国。未来欧美联合大紧缩，在高企的通胀率之下，它们一定会开始加息，而且力度越来越大，这会给我国带来很大的影响和不确定性。

三是俄乌冲突不仅长期化，而且出现了全面激化的复杂局面，产生了比较强烈的外溢效应，对我国产生的直接或间接影响也不确定。

四是房地产政策调整难以从根本上扭转持续下滑的趋势，短期内存在恶化的可能。

五是2022年下半年出口高同比的增速不仅难以持续，而且存在断崖式下滑的概率。这很大程度上要看全球市场的修复情况，如果整个国际市场的需求修复情况很糟糕，而且它的供应链和产业链修复又比较快，那我国出口就面临着断崖式下滑的可能。

六是中期视角下产业链、供应链面临着外移内缩的风险。

七是在非金融企业信用风险演变下，地产、城投、高碳行业脆弱，中小金融机构等重点板块可能会出现变异的风险。

八是在全球金融市场异动下,我国资本市场存在全面下挫、引发系统性风险的可能。

这八个方面可能都是小概率事件,但是如果处理不好的话,它们也可能会形成"灰犀牛"的冲击。再小的概率,一旦成为现实,就是 100% 的风险,这些风险有潜在的可能性。

综合考虑现有一揽子政策的中期性质和财政政策、货币政策的现有空间约束,第四季度经济增长速度可能难以持续,特别是在一系列不确定性因素冲击下,现有政策的工具包可能难以满足第四季度和 2023 年第一季度持续复苏的要求。所以中国稳经济一揽子措施需要在短期内加大力度,中期内进行扩容和工具创新。

三、明确经济发展的根本出路

经济发展的根本出路在于贯彻新发展理念,构建新发展格局,提升宏观经济治理的现代化水平。

(一)构建新发展格局首先要坚持稳中求进总基调,坚持统筹协调

习近平总书记在 2021 年经济工作会议上讲,经过一段时间的摸索、实践,我们得出了一些规律性的认识。总书记当时概括了四个方面,除了"我国仍处于社会主义初级阶段,要聚精会神地贯彻以经济建设为中心、以发展为第一要务的要求"这个规律性的认识之外,他还讲了三个方面。其中有很重要的两点:一是强调要坚持稳中求进,稳中求进不仅是工作总基调,而且是治国理政的重要原

则。对经济工作来说，稳中求进更是各种宏观政策制定和实施的一个重要的工作基调和原则。二是强调要坚持统筹协调，要坚持系统性观念。

从稳中求进这个工作总基调来说，所谓"稳"，首先是经济增长要稳。经济增长要稳，宏观经济指标确定要有根据，既要积极作为，又要可行合理。所谓积极作为，就是要与中长期发展目标，与其他宏观经济指标的均衡要求相一致。所谓可行合理，就是和现在的客观条件，包括国际国内市场条件的变化、各个方面需求供给端的约束相适应。要避免大起大落，避免大的震荡。在经济增长率、就业率、通货膨胀率、国际收支这四个方面的基本宏观经济指标的确定上，要积极作为，扎实可行，避免大起大落。

围绕一系列宏观指标，我们提出"六稳""六保"，第一条就是稳就业，因为它不仅是经济问题，更是一个社会问题。大学生的就业问题关系千家万户，是各级政府、学校和学生都高度关注的问题，因为大学生的就业问题对社会影响非常大。统计数据显示，2021年在高点的时候，调查失业率超过6%，全年是5.5%。我们现在把失业率目标控制在5.5%左右，还是比较正常的。但从年龄结构分布来看是有问题的。20—24岁年龄段的城镇调查失业率在19%以上，有的月份还要高。20—24岁正好是大专、大学本科和硕士研究生的毕业生的年龄段，根据一般经验，如果这个年龄段的失业率高于全社会城镇调查失业率的3倍，我们基本能承受。如果调查失业率在5.5%左右，这个年龄区间的失业率高出3倍就是15%—16%，这个水平大体还能承受，可以慢慢消化。但是从现在的情况看,这个区间的失业率实际上已经达到调查失业率的4倍以上,接近20%,这个压力就比较大了,可能会发生很多问题。现在"六稳""六保"的头号任务都是就业问题,尤其是大学生就业问题比较突出。

所谓"进",从宏观经济角度来说,主要是深化改革,推动发展方式的根本转变。现在的问题就是要处理好稳和进的关系、稳和改的关系。稳和改,一静一动,稳要有定力,改要有秩序,强调稳中求进、先立后破。关键是要把握好二者的度,妥善处理。

各项政策、各方面的工作要体现稳中求进的精神,还需要坚持系统性观念,坚持统筹协调。统筹是各方面工作的统筹,包括两个大局的统筹,即国内实现现代化的战略全局和国际上当今世界的百年未有之大变局。具体到当前构建新发展格局的工作,两个大局的统筹在经济上很重要的一点,就是国内大循环和国际经济循环相互促进的统筹,这是第一个统筹。

第二个统筹是发展和防疫的统筹。经济社会的发展和防疫工作的统筹,实际上对宏观经济运行具有决定性、关键性的意义。

第三个统筹是经济社会发展和安全的统筹。安全统筹关键是要应对好各种不确定因素可能带来的风险,要有预见性、敏感性。2018年总书记在讲话中就指出,要树立风险底线思维、极限思维、风险意识。这里涉及8个方面的16个具体的风险。2019年总书记讲话又概括了9个方面的风险。我们一定要牢固地树立风险意识、底线思维意识,把经济社会发展和安全切实统筹好,并将其与各种风险防范切实统筹在一起。

第四个统筹是发展与环保的统筹。这方面我们也有经验教训，绿色发展是新发展理念当中的重要思想，现在世界上 200 多个国家中有 130 多个国家都给出了"双碳"承诺书和时间表，我国也做出"碳达峰、碳中和"的承诺，即"30/60 目标"。中国作为世界上最大的发展中国家，作为一个负责任的大国，对世界绿色发展要有承诺。这个目标如何实现？它和经济社会发展怎样有机结合起来？和新老动能转换怎样有效地结合起来？和发展方式的转换节奏怎样有效地结合起来？要把生态环境保护、绿色发展的要求和经济社会的发展、现代化目标的实现统一起来，这是一个大文章，需要认真统筹。

工作上要统筹，政策上要协调，特别是宏观政策的协调。宏观经济政策与其他主要社会经济发展政策必须相互协调，形成推动发展的合力。2022 年政府工作报告提出要完成的发展目标任务包括：宏观政策要稳健有效；微观政策要持续激发市场主体活力；结构政策要着力畅通国民经济循环；科技政策要扎实落地；改革开放政策要激活发展动力；区域政策要增强发展的平衡性、协调性；社会政策要兜牢民生底线。这七大政策要有各自的重点，同时在具体政策措施上要相互协调、相互衔接，避免形成政策合成谬误，要有利于形成稳定的社会对政策的预期。尤其是在稳增长、保市场主体的政策取向上，必须同向发力，避免出现反方向的政策叠加效应。

一是在政策目标上必须协调，不能孤立强调单一政策目标。在政策目标的实现进度上必须相互联系，而且要有弹性，因地制宜、因时制宜，年度目标与中长期目标相互衔接。2022 年把 GDP 单位能耗目标由年度目标调整为"十四五"期间统筹，就是政策弹性的一个具体体现。

二是需要科学、清晰地把握这七大政策之间的内在逻辑。就宏观经济治理和宏观调控而言，最基本和最紧要的是稳定宏观经济大盘，保持国民经济运行处于合理区间，实现政策增长目标。经济增长目标是就业目标、物价目标实现的基础和前提，在稳定经济增长基础上实现"六稳"目标，落实"六保"任务。

三是要实现稳市场主体。在采取有效宏观经济政策的基础上，关键在于稳市场主体，为企业减负纾困，提高市场主体活力。宏观经济政策，无论是经济增长目标、就业目标还是通胀目标，都是通过市场主体的市场竞争活动以及竞争行为调整实现。市场主体如果缺乏活力，宏观经济政策目标不可能通过市场机制有效地实现。财政货币政策要围绕降低企业成本、减轻企业负担、提高企业竞争力展开。只有稳住市场主体才能稳住就业，才能使经济增长具备微观基础。特别是中小微企业，既是稳市场主体的重点，又是难点所在，应当加大支持力度和政策有效性。在我国现阶段1.5亿市场主体中，绝大部分是中小微企业，承担了4亿多人的就业；还有1亿多家是个体工商户，承担了3亿多人的就业，合计承担7亿多人的就业。

（二）构建新发展格局要以扩大内需为战略基点，以深化供给侧结构性改革为战略方向，推进供求均衡，形成需求和供给两方面调控的有机统一

习近平总书记特别提到，要形成需求牵引供给、供给创造需求相互促进的高水平动态均衡。我国经济现阶段面临的三重压力，就是需求收缩、供给冲击以及在此基础上形成的预期转弱，因而宏观经济治理需要同时应对需求和供给两方面的影响。应对需求收缩，在稳外贸的同时以扩大内需为战略基点。就扩大内需而言，在疫情冲击下，消费需求受到严重影响，在消费需求的恢复远未达到正常水平的条件下，边际消费需求增长放缓。

2021 年和 2022 年两年社会消费品零售总额平均增速只有 3.9%。一方面，我国具有超大规模的消费市场，要充分利用我国消费市场空间。在经济增长条件下，14 亿人口和持续的居民实际收入与 GDP 基本同步增长，形成大规模的市场有效消费需求基础。2021 年我国社会消费品零售总额超过 44 万亿元人民币，网上零售额达到 13 万亿元以上，名列世界前茅。另一方面，要多措并举提升消费能力和信心，完善收入分配制度，缩小收入差距。完善初次分配、再分配调节和三次分配，在做大蛋糕的基础上切实分好蛋糕，提高全社会消费倾向并稳定预期，更好地发挥分配在国民经济和再生产中的功能和作用。坚持按劳分配为主体，完善按要素分配，加大税收、社保、转移支付的调节力度，支持有意愿、有能力的企业和群体参与公益慈善事业，通过完善分配推进共同富裕的历史进程。同时促进经济增长动能提升，尤其是增强消费需求对经济的拉动作用。

习近平总书记也特别强调培育内需体系里的一个重要原则，在扩大生产、收入提高的同时，在分配上要以人民为中心，实现共同富裕，扩大中等收入群体，缩小分配差距。分配问题解决好了，有效需求能力提高了，不仅能够更好地体现以人民为中心、提高人民生活品质的发展理念，而且能够更大地扩容，即扩大有效需求市场，扩大内需体系，使生产、再生产的循环能够更加畅通。因此收入分配的合理性不仅影响公平，同时影响效率。

在扩大投资需求上，一是积极扩大有效投资，围绕国家重大战略部署和"十四五"规划纲要。102项重大工程项目实施，通过政策发力，适度超前开展基础设施投资。2022年中央预算内投资比2021年进一步增加，达到6 400亿元。全社会固定资产投资规模在2021年超过54万亿元的基础上，同比增长4.9%（不含农户）。

二是深化投资审批制度改革，破解投资体制性难题，切实推进中央与地方、国企与民企、东部与中西部等方面在投资体制上的改善和完善。有力扩大投资需求的同时，切实提升投资的有效性，处理好投资效率和均衡增长的关系，切实把投资拉动的作用有效地发挥出来。

三是深化要素市场化进程，为扩大有效投资创造良好的要素条件。尤其是在满足投资需求、用地用能指标以及地方配套等方面，进一步完善相关支持政策，对国家重大项目实施能耗单列，使有效投资需求能够切实地实现以有效需求牵引供给的扩张。

就应对供给冲击而言，一方面以深化供给侧结构性改革为主线，增强企业活力，增强市场竞争力和创造力，提升产业链水平，改善产业组织，优化产业结构，畅通国民经济循环，特别是推进城乡经济之间的良性循环，缓解生产与分配的失衡，打通国民经济生产和再生产的堵点。另一方面通过深化供给侧结构性改革，提高供给质量，完善供给结构，提升供给与需求的适配性。同时引领并创造新的需求，在消费领域培育新的消费热点，发展服务消费，拓展消费新场景、新业态，提升消费产品和服务质量，促进老字号创新发展，适应老龄化趋势，开发新的适老化技术和消费品。深化农业供给侧结构性改革，加大消费品质量安全监管力度，改善消费环境，适应绿色低碳和智慧数字化时代，推进新型消费和服务的升级，等等。

在投资领域精准、有效推进，超前推进交通、水利、物流、能源、新型基础设施、民生等领域重大基础设施建设项目。扩大战略性新兴产业的投资，进一步支持企业扩大设备更新和技术改造。加快补齐农业农村水利、市政工程、防灾减灾、应急保障等领域的短板，提高城市基础设施改造和建设水平，提升新型城镇化的质量，等等。

一句话概括，不能脱离需求来扩大供给，否则就是无效供给。所以一定是生产扩张、结构调整，供给能力的上升一定要和市场需求的牵引统一起来。另外，需求得到扩张，重要的途径是通过高质量的供给加以刺激，供给创造需求。人们有购买力，也有消费需要和欲望，但他不去实际消费，很重要的一个原因是供给质量差。所以我们现在还没有超越供给创造需求这个时代，社会的主要矛盾是人们对美好生活的向往与发展不平衡、不充分的矛盾，主要是供给侧的结构不合理，品质不充分，水平不够高，人们不信任，它刺激不了、带动不了、激活不了人们的消费欲望。所以习近平总书记指出，一定要提高需求和供给的适配性，两个相互促进，形成一个高水平的动态均衡。

（三）宏观经济政策跨周期与逆周期要相互配合，淡化经济周期波动性

这是我国宏观经济治理实践总结出来的一条重要经验。所谓"逆周期"，就是根据宏观经济失衡的方向和程度，相应采取与失衡方向相反的、克服失衡的宏观经济政策。

改革开放以来，1978—1998年的20多年时间里，我国宏观经济失衡总方向是需求膨胀，因此宏观政策长期紧缩需求。1998—2008年，为了应对亚洲金融危机和国际金融危机的冲击，我国先后采取了积极的财政政策和稳健的货币政策。2008年之后，我国进一步采取了更加积极的财政政策和适度宽松的货币政策。1998年之前是紧缩，1998年之后是扩张，都集中在需求端。现阶段我国经济面临三重冲击，要从需求和供给两方面应对冲击，这就要求宏观政策保持相应的扩张强度来稳定经济增长。我国之所以能够保持长期高速增长，并且波动性不大，重要原因就在于逆周期的宏观政策发挥了作用。

所谓跨周期调节，就是充分考虑现阶段调节的政策效应对未来经济发展产生的影响，在有效调控即期宏观经济失衡的同时，为今后预留必要的政策空间，至少尽可能降低未来宏观经济运行和宏观调控需要消化的现期政策成本。理想的情况是，当期宏观政策不仅能在本期发挥逆周期调节作用，而且能形成跨周期的政策效应。

2008年为了应对国际金融危机的冲击，我国在短期内实施了4万亿元投资支出强烈刺激和漫灌式强力扩张信贷。这次应对疫情冲击下的经济衰退，我们并没有采取超大规模、超强力的刺激政

策。2021年经济实际增长8.1%，但宏观经济政策目标是按照6%安排的，争取能够更高一点。根据这一增长目标的要求，财政赤字率没有进一步增加，虽然仍在警戒线水平之上（按照欧盟的标准，财政赤字率3%达到警戒线，我国2020年是3.6%，2021年是3.2%，2022年降到2.8%）。M2余额增长控制在9%，全社会融资规模存量增速也保持在10%左右。我国基本遵循一个原则，就是货币供应量增速与名义GDP增速基本同步，在反危机的时候略高一点。

企业贷款的平均利润没有大幅下降，3.6万亿元的地方政府专项债，由于种种原因，有相当大的部分是在2021年第三季度之后投出的，这样客观上会形成对2022年及以后更长时期的拉动作用。因此与世界其他主要经济体相比，2022年中国没有出现过高的通胀压力。2021年我国CPI增长仅为0.9%，2022年虽然受各种因素影响，特别是国际经济因素影响，通胀率可能会表现出前低后高的态势，但全年控制在3%左右的政策目标还是可能实现的。

与以往的逆周期政策相比，这次我国没有采取大规模的强刺激，而是强调稳增长、调结构、促改革，强调政策的精准有效，因而没有形成大规模的重复投资以及新一轮的低水平的产能过剩。这些举措为今后经济增长预留了政策空间，使得我们具备更为丰富的政策工具，加大了稳增长、保就业的力度，为实现2022年宏观经济政策目标创造了有利条件。

实际上2022年初设置5.5%为经济增长目标，除了有其必要性和可能性之外，也考虑到为2023年乃至更长远的经济发展预留政策空间，切实在宏观经济治理上贯彻稳中求进的工作总基调，把握好宏观经济政策的时度效,防止经济出现大起大落。从目前情况看,如果要努力实现5.5%的增长目标,第四季度的力度要进一步加大,特别是要考虑逆周期和跨周期之间的关系。如果在短期内加大力度的话,下一个时期的成本会怎么样?要在权衡中审慎决策。

总之,应对复杂的失衡和突如其来的种种变化,根本举措在于贯彻新发展理念,构建新发展格局。而构建新发展格局,从宏观调控、宏观治理层面,坚持上述三个原则是非常重要的,即稳中求进、统筹协调的原则,以扩大内需为战略基点、以供给侧改革为战略主线相互结合的原则,在政策上贯彻逆周期调节和跨周期调节有机统一的原则。

中国经济 50 人论坛丛书
Chinese Economists 50 Forum

第八章 资产负债表视角下的中国发展：潜力与挑战[①]

张晓晶[②]

---

① 本文根据 2022 年 9 月 29 日长安讲坛第 393 期内容整理而成。
② 张晓晶，论坛成员，中国社会科学院金融研究所所长、研究员。

近年来发生很多事情，包括疫情冲击、俄乌冲突等，这些都需要耗费大量财力来应对。因此，看一看国家资产负债表这个"大账本"就显得非常有必要了。

一、财富何以如此重要

习近平总书记在总结党的百年重大成就时指出，新时代的一个伟大成就，就是"为实现中华民族伟大复兴提供了更为完善的制度保证、更为坚实的物质基础、更为主动的精神力量"[①]。这里"坚实的物质基础"，用财富积累来衡量最为贴切。

---

① 参见《中共中央关于党的百年奋斗重大成就和历史经验的决议》。

财富估算作为国家治理之必要构成早已有之。这一方面是出于税收的需要，另一方面则是国力比较与国际竞争（甚至战争）的需要。约350年前，英国古典经济学家威廉·配第（William Petty）以"政治算术"敬献国王，其初衷乃基于英国、法国、荷兰的财富比较，为英国争夺海外市场和殖民地树立信心。正如卡尔·海因里希·马克思（Karl Heinrich Marx）在《政治经济学批判》中指出的："当荷兰作为一个贸易国家还占着优势地位，而法国似乎要变成一个称霸于世的贸易强国的时候，他在《政治算术》的一章中就证明英国负有征服世界市场的使命。"①

国际关系理论专家约翰·J. 米尔斯海默（John J. Mearsheimer）在《大国政治的悲剧》中强调了财富与权力的关系：财富很重要，因为如果一国没有金钱和技术来准备训练并不断使其战斗部队现代化，它就不可能建立强大的军事力量，而且，发动大国战争的代价非常大……美国在1941—1945年抗击轴心国时就耗费了约3 060亿美元，这一数字是其1940年国民生产总值的3倍。因此，国际体系中的大国总是处在世界最富裕的国家之列。② 滑铁卢战争后的100年间，法国和德国的相对财富变化在很大程度上解释了它们之间军事权力的转移。③

长期以来，综合国力比较都是以经济总量（一般由国内生产总

---

① ［德］卡尔·马克思. 政治经济学批判［M］. 北京：人民出版社，1976：37.
② ［美］约翰·米尔斯海默. 大国政治的悲剧［M］. 上海：上海人民出版社，2021：66-67.
③ 同上，第72页.

值来衡量）作为主要依据。但财富相比于GDP，在衡量一国综合实力方面无疑更具有代表性。越来越多的研究也将国际竞争置于财富比较之上。发表于2020年《华盛顿季刊》的美国智库报告直言不讳地指出："中国一直在寻求财富，以增强党和国家的力量。随着中国变得越发自信，中国现在正试图利用自身力量来重塑经济关系，使中国的财富相对于美国进一步扩大，从而继续积累其国家实力。"①

托马斯·皮凯蒂（Thomas Piketty）在《21世纪资本论》中，把财富与资本等同起来。他特别指出，那种认为只有直接用于生产过程的财富才能称为"资本"的说法并不准确。他反对将"非生产性"的居民住宅排除在资本之外。有人认为居民住宅不像"生产性资本"（工业厂房、写字楼群、机器、基础设施等）那样，可以被公司和政府所使用。事实上，所有形式的财富都是有用的、生产性的，同时也反映了资本的两种主要经济功能（既有存储价值，也能作为一种生产要素）。居民住宅提供了"住宅服务"，而服务的价值可以用等价的租赁费用来衡量，因此居民住宅可以被视为资本。其他的资本可以作为公司和政府的生产资料来生产产品与服务（需要投入厂房、办公室、机器、基础设施等）。在发达国家，这两种形式的资产大约各占了资本存量的一半。

因此，财富的重要性也可以通过资本存量对增长的重要性来体现。就我国而言，资本存量的重要性尤为突出。改革开放前，中国

---

① Friedberg A L, Boustany C W. Partial Disengagement: A New US Strategy for Economic Competition with China[J]. The Washington Quarterly, 2020, 43(1):23-40.

经济增长主要归因于资本投入，TFP对经济增长的贡献微乎其微，甚至为负。1991年张军扩发现1953—1977年资本对GDP增长的贡献率为86.96%，TFP贡献率仅为0.16%。2012年Zhu对中国人均GDP增长率的构成因素分解，发现1952—1978年资本产出比的贡献为116.15%，TFP的贡献为-72.03%。改革开放后，多数研究认为中国经济增长的资本贡献率在50%以上，而TFP贡献率在30%以下，资本积累是经济增长的主要动力。2013年蔡昉将1979—2010年中国经济增长的贡献因素分解为资本（61%）、人力资本（6%）、劳动力（9%）、TFP（24%）。2013年李平等人利用纯要素生产率法测算发现，1978—2010年资本投入和TFP对经济增长的年平均贡献率分别为57.86%和33.14%。2020年许宪春等人估算出1985—2015年资本投入对中国经济增长的贡献为67%，TFP对GDP增长贡献了24%。2020年王小鲁发现1979—1999年资本贡献率为61.45%，TFP贡献率为17.59%，而2003年张军和施少华估算的同时期TFP贡献率为28.9%。2015年赵昌文等人指出1978—2000年资本贡献率在50%—66%，TFP贡献率在26%—38%。

表8-1显示，资本存量对潜在增长率的贡献由20世纪80年代初的30%多一点扩大到2016—2020年的接近60%。

表8-1 1981—2020年潜在增长率的动力分解

年份	劳动力数量的贡献（%）	人力资本的贡献（%）	资本存量的贡献（%）	TFP的贡献（%）
1981—1985	19.22	7.30	31.61	41.87
1986—1990	17.63	7.98	32.67	41.71

续表

年份	劳动力数量的贡献（%）	人力资本的贡献（%）	资本存量的贡献（%）	TFP 的贡献（%）
1991—1995	7.57	9.29	34.48	48.66
1996—2000	6.34	10.08	46.40	37.18
2001—2005	4.57	4.63	44.15	46.65
2006—2010	2.62	2.99	45.02	49.37
2011—2015	2.78	8.43	56.82	31.96
2016—2020	0.86	7.94	58.54	32.66

数据来源：作者估算。

未来30年，资本在推动中国经济增长方面的贡献率仍将稳定在40%—60%的高水平区间。特别值得注意的是，随着人口老龄化加速、人口峰值提前到来，劳动力的贡献持续为负，即使加上人力资本的贡献，人口对潜在增长的净贡献也在不断下降，且在2040年以后趋于负值，这就意味着资本存量的贡献仍需保持在一个相当高的水平。与此同时，需要技术进步和TFP贡献来弥补，而技术进步很大程度上也与资本存量有关系（见表8-2）。

表8-2　2021—2050年潜在增长率的动力分解

年份	劳动力数量的贡献（%）	人力资本的贡献（%）	资本存量的贡献（%）	TFP 的贡献（%）
2021	−2.45	6.84	58.28	37.33
2022	−2.49	6.92	57.80	37.77
2023	−2.52	7.00	57.33	38.19
2024	−2.56	7.07	56.88	38.60
2025	−2.59	7.15	56.44	39.00
2021—2025	−2.52	6.99	57.35	38.18

续表

年份	劳动力数量的贡献（%）	人力资本的贡献（%）	资本存量的贡献（%）	TFP的贡献（%）
2026—2030	−4.22	7.51	55.72	40.99
2031—2035	−6.00	8.23	52.86	44.92
2036—2040	−9.24	9.52	47.76	51.97
2041—2045	−12.26	10.89	41.93	59.44
2046—2050	−14.28	11.50	40.02	62.76

数据来源：作者估算。

进一步而言，在促进科技自立自强过程中，资本（特别是民营资本）能够发挥十分重要的作用。市场经济中的资本要素具有风险承担功能，是创新发展的重要驱动力量。众所周知，创新是一项不确定性强、失败概率大的高风险活动。因此，一个经济体要想走上创新驱动发展道路，就必须在清晰界定产权的前提下用好资本的风险承担功能，从而有效地分担风险，应对前沿创新的高度不确定性，推动技术进步和效率改善。

根据中央精神，国有企业要成为创新的策源地，国有资本显然要在创新中发挥重要作用。但国有资本跟民营资本在创新方面的激励机制是完全不一样的。就国有资本而言，创新的成本与收益往往不对等。一般来说，创新成功了，做出正确决策的企业家（或领导）并不能获得与投资收益较为对等的回报，而投资失败了，他们却需要为此承担责任。这种收益跟成本不对等就会导致国有资本其实在创新方面动力是非常不足的。相比而言，民营资本的成本与收益是较为对等的。因为如果成功了，民营资本就会获得超额利润，这就会提供足够的创新激励。最近有人提出是否要对超额利润征重税，这可能是不妥的，因为这会大大削弱民营资本的创新激励。毕竟，民营资本一旦失败了，也可能会血本无归，这些都需要民营资本自己来承担。

这里讨论财富的重要性谈到了资本，是因为当前在资本认识上还存在一些误区或者说模糊地带。如果将其放在财富积累、科技创新、国家强盛这个高度上，则能更好地把握资本的地位和作用。没有资本的健康发展和大量的资本形成，哪来长期增长？哪来财富积累？

二、从未有一国财富如此"接近"美国

经过21世纪20年的发展，我国GDP从2000年的10万亿元，攀升到2021年的114万亿元，复合年均增长率为12.3%。财富存量则由2000年的不到39万亿元攀升到2021年的785万亿元（见图8-1），复合年均增长率为15.4%。财富增速快于名义GDP增速，更快于实际GDP增速。由于GDP是流量指标，财富是存量指标，从这个意义上来看，中国经济的"流量赶超"已经让位于"存量赶超"。

通过中美财富比较，可以加深我们对中国经济存量赶超的理解：在21世纪的第一个10年（2000—2009年），中国GDP占美国GDP比重一直高于中国财富占美国财富比重；但2009年之后，这一情况发生了逆转，中国财富占美国财富比重一直高于中国GDP占美国GDP比重（见图8-2）。

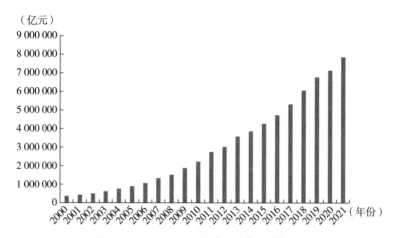

图8-1 2000—2021年中国社会净财富增长

数据来源：中国社会科学院国家资产负债表研究中心（CNBS）。

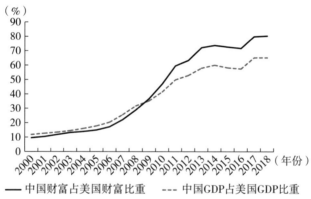

—— 中国财富占美国财富比重　---- 中国GDP占美国GDP比重

图8-2 2000—2018年中美GDP与财富的比较

数据来源：中国社会科学院国家资产负债表研究中心（CNBS）；美国官方公布的国家资产负债表数据。

2000年，中国财富占美国财富比重仅为9.6%，2018年占比达到80%。二战以来，还没有任何一个国家的财富存量如此接近于美国。而根据麦肯锡的最新估算，2020年世界整体的净资产达到510万亿美元，约增至2000年（160万亿美元）的3倍（见图8-3）。

按国家来看，中国净资产达到120万亿美元，增至2000年的17倍。而从份额来看，中国排在首位，占比23%，美国排名第二，占比17%（89万亿美元），日本占比7%（35万亿美元）。中国的国家财富2020年达到美国的1.3倍。[1]

中国的财富存量以快于GDP的速度增长，似乎有违直觉。因为一直以来，对中国经济增长质量的质疑，都会得出中国的财富增长要比GDP增长更慢。但事实并非如此。中国财富积累速度如此之快，主要有两大原因：一是资本形成效应，二是估值效应。

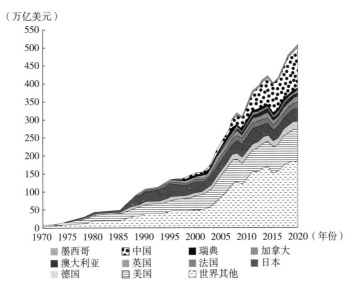

图 8-3　1970—2020年主要国家财富增长

数据来源：麦肯锡全球研究院。

---

[1] McKinsey Global Institute. The rise and rise of the global balance sheet: How productively are we using our wealth? [R/OL]. (2021-11-15). https://www.mckinsey.com/industries/financial-services/our-insights/the-rise-and-rise-of-the-global-balance-sheet-how-productively-are-we-using-our-wealth.

首先，中国具有相对更高的储蓄率。中国的总储蓄率（gross saving）长期保持在40%—50%，2018年达44.6%；而美国的总储蓄率不及中国的一半，2018年仅为18.6%（见图8-4）。其余各主要经济体储蓄率大体处于30%以下水平。储蓄率决定了中国与其他主要经济体之间资本积累速度的差异。近20年来，中国的资本形成率年均为40%左右，也就是说，总产出中有将近四成通过投资形成了财富积累，而发达经济体的产出则大多用于消费，新增资本积累的比例较小。因此可以说，中国是以少消费多积累的代价获得了较快的财富增长。

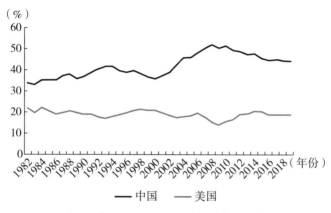

图8-4　1982—2019年中美储蓄率比较

资料来源：世界银行WDI数据库。

其次，是估值效应。估值效应除了一般的资产价格波动、折旧等，还包括币值的波动。近20年来，股市波动以及房价变动，在很大程度上影响到估算效应，但这显然不是解释中美财富增长差异的主因，因为它们同样会影响美国的财富变化。综合来看，币值因素在中美财富比较中更显重要。2005年7月汇改以来，直到2015年7月，10年间人民币相对美元的较大幅度升值（美元兑人民币的汇率从2005年6月的8.27，升值到2015年7月的6.12），是造成中国财富占美国财富比重较快上升的重要因素。币值变化并非完全外生的扰动因素，长期而言，币值变化也是一国实力的反映。因此，人民币相对美元升值本身也体现出中国国力的上升。

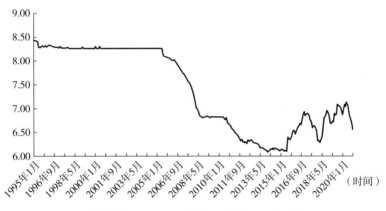

图8-5　1995—2020年美元兑人民币汇率变动

注：图中汇率为期末汇率。
数据来源：Wind。

2018年中国社会净财富占美国的80%（按麦肯锡的说法，已经超过美国）。这是中国国力强盛的重要指针，但也要防止其成为"中国威胁论""修昔底德陷阱"的新证据。因此，要审慎看待中美财富比较。

首先，统计口径视角。考虑到美国财富数据中未计入政府土地价值，从可比性角度，我们将国有建设用地价值扣除（2018年为31.5万亿元人民币，约合4.6亿美元），那么，2018年中国的财富规模将缩减为 84 万亿美元，占美国财富的比重由原来的 80% 下降为 76%。再考虑到中国人口差不多是美国的 4.3 倍，从人均角度看，中国财富占美国财富比重则还不到 20%。

其次，财富效率视角。财富存量是产生收入流量的基础。财富收入比越高，单位财富所产生的收入越低，产出效率相对越低。我国财富收入比自 2000 年的 350% 一路上升到 2018 年的 613%，折射出财富效率的较快下降。而美国财富收入比，由 2000 年的 462.7% 上升到 2007 年的 575.3%，然后回落到 2018 年的 514.2%。比较而言，美国财富效率下降幅度显著小于中国。财富效率下降反映出存量资本的误配置，这也提示了未来中国存量改革的方向。

再次，财富流动性视角。财富突出的是市场可交易，因此流动性是非常重要的。有人建议在财富中不要把所有土地都放进去，因为交易性很差。就中国而言，一个比较突出的问题是我们持有大量美国国债，这是我们国外净财富的一个重要构成。一般情况下，美国国债的流动性是非常好的，但是遇到极端情况（比如战争），它是有可能被冻结的，因此这个流动性就要打折扣。其财富价值就可能要乘一个小于 1 的系数才更合理。

最后，多维度财富考察。《21 世纪资本论》的作者皮凯蒂领衔的团队估算结果表明，中国财富占美国比重在 2015 年就已经达到 76%。世界银行基于自然资本、生成资本与城市用地、无形资本以及国际投资净头寸作为财富构成所做的研究结果显示，2005 年中国财富占美国比重为 11.5%，这与国家资产负债表研究中心的估算结果（15.0%）较为接近，而与皮凯蒂的结果（33.4%）有很大差距。联合国环境规划署(UNEP)等倡导的包容性财富显示,自1990年以来,中国财富占美国比重一直处在60%以上,且上升态势并不十分明显。多维度的财富考察反映出,就全球而言,对财富的估算还没有统一的标准(相对而言,国家资产负债表方法的规范性与接受度都更高),估算结果相差较大,因而对于某一项结果的解读要慎重。

三、财富分配与财富结构

(一)居民部门与政府部门的财富分布情况

2019年,我国675.5万亿元的社会净财富中,居民部门财富为512.6万亿元,占比76%;政府部门财富为162.8万亿元,占比24%。从时间序列来看,居民财富占比呈现波动,2000—2005年呈上升态势,2005—2011年呈下降态势,2011—2019又呈上升态势。2000—2009年居民财富平均占比为78.4%,而2010—2019年平均占比下降为75.2%。因此,从21世纪的前10年与之后10年比较来看,居民财富占比下降了2.8个百分点(见图8-6)。

根据国家资产负债表的编制方法,社会净财富按一定比例分配到居民和政府手中;企业部门的净资产根据居民和政府的股权持有比例进行分割,最终也归于居民或政府所持有,企业部门净值为零。以这样的视角对财富分配进行国际比较(见图8-7),有如下发现。

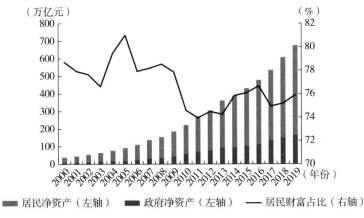

图 8-6　2000—2019 年中国的财富分配

数据来源：中国社会科学院国家资产负债表研究中心（CNBS）。

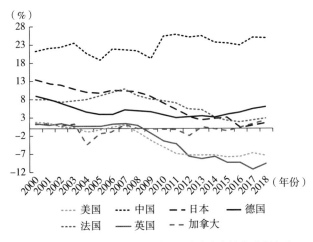

图 8-7　2000—2018 年政府部门净资产占社会财富比重

注：对各国非金融企业、金融机构部门和国外部门的资产净值作了划分，按照居民和政府部门所占比例划分到这两个部门，即将未被物化的剩余索取权按照股权比例进行划分，从而只剩居民和政府持有资产净值。

数据来源：各国资产负债表，中国社会科学院国家资产负债表研究中心（CNBS）。

第一,2008年国际金融危机爆发以来,发达经济体政府的资产净值呈下降趋势,英国、美国进入了负值区间;而中国相反,危机以后,政府财富占比还略有上升。

第二,中国政府净资产占比远远高于几个主要发达经济体。英国、美国政府净资产是负值,日本、法国和加拿大政府持有净资产占比在0—5%;德国政府持有资产的比例略高,2018年为6%。而中国政府的净财富占比大体上超过20%。

(二)居民部门内部的财富分配情况

瑞士信贷《全球财富报告2021》显示,中国财富基尼系数从2000年的0.599持续上升至2015年的0.711,随后有所缓和,降至2019年的0.697,但2020年再度上升至0.704。[①] 最近的一项研究,基于住户调查数据(CHIP2013和CEPS2012、CFPS2016),计算出居民财产基尼系数分别高达0.619和0.736。他们进一步通过富豪榜数据补充部分缺失的高收入人群,所得的财产基尼系数进一步提高,甚至达到0.8左右[②]。另有研究通过四轮中国家庭金融调查(CHFS)发现:在中国财富差距扩大的驱动因素中,房产差距是最大的解释因子,能够解释财富不平等的70%;并且随着时间推移,房产差距对财富不平等的解释力还在增大。[③] 此外,基于"世界不

---

① Credit Suisse Research Institute. Global Wealth Report 2021 [R/OL]. (2021-06). https://www.credit-suisse.com/about-us/en/reports-research/global-wealth-report.html.
② 罗楚亮,陈国强. 富豪榜与居民财产不平等估算修正 [J]. 经济学季刊, 2021 (1).
③ WAN G N, CHEN W, WU Y. What Drove Housing Wealth Inequality in China? [J]. China and World Economy, 2021, 29 (1): 32-60.

平等数据库"（World Inequality Database）提供的关于中国等五大经济体顶端 10% 人群财富分布数据，2000 年，中国这一富裕人群的财富尚不足各类人群合计的 50%，低于同期美国、法国、英国、俄罗斯等国。但在此之后，中国的财富分配从一个相对较为平等的水平快速上升，并已经明显超过英国、法国等较为侧重社会公平与福利的欧洲国家，接近俄罗斯、美国的水平。中国顶端 10% 人群财富拥有量占居民财富总量的比重，由 2000 年的不到 0.478 上升到 2011 年的 0.667，2011 年之后趋于基本稳定。[①]

再来看我国的财富结构。长时段的国际比较能够揭示财富结构变化的一些规律，也有助于我们认清当前（房地产）财富所处的一个阶段。

有一种说法是，2018 年中国的房地产价值就已经达到 65 万亿美元，超过美国、日本、欧盟的总和。这个庞大的数字是如何得到的并不是很清楚，但显然是高估了。我们估算的房地产价值大约是 200 多万亿元、不到 300 万亿元，占国民财富的比重是 40% 多一点。这个占比到底高不高，进行一下国际比较是有意义的。我们考察发达国家从 18 世纪以来的国家资产负债表，发现了一个有意思的规律：除了一战、大萧条、二战期间房地产财富有很大损失之外，其他大部分时间农地财富加上房产财富占国民财富的比重大体维持在 50% 左右（除美国之外，英国、法国、德国、加拿大的占比都超过了 50%，法国甚至超过了 60%）。

---

① 作为参照，中国人民银行调查统计司城镇居民家庭资产负债调查课题组的数据显示：最高 10% 家庭的总资产占比为 47.5%。

而且在早期，是农地财富占比高，房产财富占比低；二战以后，农地财富占比不断下降（占国民财富比重下降到1%或略高），房产财富快速上升且占到国民财富比重达到50%左右。麦肯锡的研究进一步支持了这一判断：2020年，包括土地在内的住宅房地产价值几乎占到全球净财富的50%；而包括企业和政府大楼以及与之相关土地在内的价值又占到额外的20%。

中国目前房产财富占国民财富比重为40%，并不是说太低了，房价还要不断上涨，而是说，从中长期来看，随着经济发展和富裕程度提高，房产财富占国民财富的比重还会有所上升。这就提供了一个较为稳定的预期，即短期内房价的向下调整以及波动是不可避免的，但房价不会一路下跌，房产价值不会大幅缩水；如果目光放得更长远一些，那么房地产价值占整个国民财富的比重还处在上升阶段。

接下来我们看一看未来的财富构成变化。房地产价值占比上升是一种可能的变化，还会有其他的变化。比如说，新技术革命带来的变化，以及生态制约带来的变化。新技术革命方面，创新使得专利商标等轻资产价值会提升，数字化使得相关的数据资产、虚拟资产（virtual assets）价值占比会提高，而传统的机器设备等硬件资产价值占比可能会下降。地球面临的生态制约以及国内的双碳目标，使得自然资本价值会有所提升，绿水青山更容易成为金山银山。

世界银行在《变动中的国民财富》报告中指出，就财富结构而言，在低收入国家，自然资本占了全部财富的近一半（47%），而在高收入的OECD国家，人力资本占了七成，自然资本仅占3%。

229

不过，这并不意味着 OECD 国家自然资本量就少。事实上，就人均而言，OECD 国家的自然资本是低收入国家的 3 倍。世界银行的研究表明，一般而言，随着收入水平的提高，自然资本占比会下降，而人力资本占比会上升。不过，人类发展的生态制约可能会改变这一趋势，导致对生态资源或自然资本的价值重估，从而重塑全球的财富构成。

四、债务积累与资产积累的同步与分离

和发达国家相比，中国的经济发展呈现资产积累与债务积累同步的鲜明特色。

在工业化主导时期，资本积累体现在厂房、机器设备等固定资本的增长上，这个时候，企业部门债务攀升较为明显。在城镇化主导时期，资本积累主要体现在城市基础设施与房地产发展上，而这个时期，居民部门债务（主要是抵押贷款）与政府部门债务（主要是地方政府隐性债务）有了较快增长。尽管将工业化与城镇化区截然分开并分出一个先后阶段可能与事实不符（二者的重叠时间或许会更长），但这么处理只是想表明：不同阶段资本积累与债务积累的方式或有所不同，但都体现出二者的同步，即一方面我们看到了债务的增长，另一方面我们也看到了资本的增长。

中国社会科学院国家资产负债表研究中心的数据显示，我国社会总负债由 2000 年的 54.7 万亿元上升到 2019 年的 980.1 万亿元，后者是前者的 17.9 倍。与此同时，我国社会总资产也有了快速的

积累,由 2000 年的 93.6 万亿元上升到 2019 年的 1 655.6 万亿元,后者是前者的 17.7 倍。由此可见,中国债务攀升与资产积累可以说是"同步的",连步幅都差不多。也因为如此,中国净财富(即社会总资产减去社会总负债)的复合年均增速达到 16.2%,超过了同期名义 GDP 复合年均增速 12.8%。

值得指出的是,中国的债务与资产同步积累的过程,与主要发达经济体是有较大区别的。这里的关键差异在于:发达经济体的政府负债更多地是用于社保、转移支付、补贴低收入群体,因此未能形成相应的资产;而中国地方政府负债(包括大量融资平台)主要是用于投资、基础设施建设,从而债务增长与资产形成是同步的。这一点与中国快速增长时期的高储蓄、高投资完全契合。正是有了高储蓄——收入中用于消费的部分较少,用于积累的部分较多,才有了高投资——通过资本形成,完成财富积累。

而在发达国家,债务积累与资产积累却不是同步的。它们遇到的是资本形成不足问题,这一点自 20 世纪 70 年代以来就受到西方经济学界的关注。OECD 的数据显示,随着 20 世纪 70 年代到 80 年代实际利率的上升,发达国家总投资率出现下滑,就 10 国平均而言,总投资率由 1960—1969 年的 24.5% 下降到 1993 年的 19%。资本形成不足的原因很多,一个重要的因素就是金融自由化带来金融业大发展以及金融与实体经济的脱离[1]。此外,人口老龄化导致政府债务负担加重,但却不会因此而形成大量资产,这也导致了债务

---

[1] 这于中国而言也有警示作用。毕竟,中国近年来金融业增加值不断上升(这和信贷扩张与债务积累有着密切关联),而制造业份额趋于下降,恰恰也能看到这种隐忧。

与资产积累的不同步。

通过对比，我们能看到债务积累与资产积累在工业化阶段、城镇化阶段保持同步的"中国特色"，但也出现了这样的担心：到人口老龄化阶段，二者可能要出现分离了。概括起来，未来我国债务积累与资产积累不同步的原因主要有四个方面。

第一，信贷密集度上升。也就是说，单位信贷产生的收入在下降，即信贷增长与收入增长出现了"喇叭口"。这里的原因有很多，一个重要的原因是为现存资产融资导致的信贷扩张对产出增长作用甚微。以现存资产为抵押的信贷业务绝大多数为房地产抵押贷款。这部分信贷虽然也有一些用于新房的购买（从而支持新增房地产投资），但更多的却是对存量房产的购买（这部分支出不计入 GDP，且不形成新的投资）。数据显示，即便发达经济体完全不进行新建房地产投资，银行信贷同样会集中于房地产融资。截止到 2010 年，17 个发达经济体房地产信贷接近全部银行信贷的 60%。[①] 由此，当为现存资产（特别是房地产）融资导致信贷扩张时，往往并不伴随着新的投资，因而仅仅是信贷增长，却没有相应的产出增长。

第二，大量债务用于还本付息而非扩大投资。由于债务规模庞大，利率相对较高，利息负担很重（见图 8-8），导致新增债务主要用于还本付息，不能形成新增投资。

---

① J Òscar, Moritz S, Taylor A M. The great mortgaging: housing finance, crises and business cycles [J]. Economic Policy, 2016,31(85):107-152.

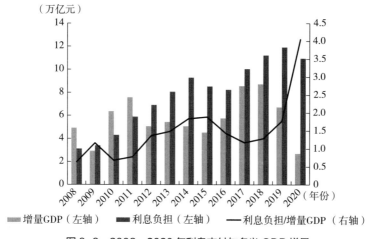

图 8-8 2008—2020 年利息支付与名义 GDP 增量

数据来源：中国社会科学院国家资产负债表研究中心（CNBS），作者计算。

第三，随着中国经济增长由投资驱动模式转向消费驱动模式[①]，大量债务攀升用于支持消费而不是投资，这和发达经济体曾经走过的路径较为一致，必然导致债务积累与财富积累的分离。

第四，人口老龄化以及共同富裕考量带来的影响。随着人口峰值的提前到来，加上人口老龄化加速，养老保障缺口不断扩大，形成政府的或有债务；共同富裕考量，使得在政府收入增速下降情况下，更多的发债主要用于支持转移支付、居民消费等方面。这个时候，由债务攀升到资本形成，就出现了缺口。

以上几个因素共同作用，使得债务攀升与资产积累产生分离。这意味着，尽管债务积累与资产积累同步是中国经济快速增长时期的鲜明特点，但这个特点也将会随着中国进入新的发展阶段而发生

---

① 也有概括成"投资—出口"驱动模式转向"消费—技术"驱动模式。

变化。我们需要用动态的眼光来审视中国的发展。

五、杠杆率周期与资产负债表"奋斗"

（一）中国的杠杆率周期

自 20 世纪 90 年代以来，中国经历了债务的不断积累与宏观杠杆率的较快攀升，既有相对平稳阶段，也有去杠杆阶段，但总体上是一个上行态势。这在一定程度上反映了中国经济发展的阶段性特征，也反映了较为鲜明的体制性特征。

1993—2020 年，宏观经济杠杆率[①]由 107.8% 上升至 270.1%，27 年间上涨了 162.3 个百分点，年均增幅为 6 个百分点。根据宏观杠杆率演进的特点以及未来走势，大体上可以将中国杠杆率周期分为以下 6 个阶段（见图 8-9）。

1. 平稳加杠杆阶段

1993—2003 年，这 10 年里杠杆率共增长 41.6 个百分点，平均每年增长 4 个百分点。这段时间债务和广义货币的增速较高，而名义 GDP 增速自 1997 年以来徘徊在 10% 附近，由此导致杠杆率的激增。此外，20 个世纪末的亚洲金融危机以及 21 世纪初的互联网泡沫破灭加上 2003 年的非典，对于杠杆率的上升都有一定的刺激作用。

---

① 宏观经济杠杆率指包括居民、非金融企业与政府三大部门（不含金融部门）的实体经济杠杆率。杠杆率的算法是债务 /GDP。

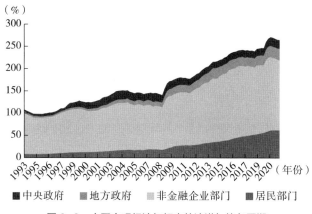

图 8-9 中国宏观经济杠杆率的演进与债务周期

数据来源：中国社会科学院国家资产负债表研究中心（CNBS）。

2. 自发去杠杆阶段

2003—2008年，这5年间杠杆率下降了8.2个百分点。这段时间名义GDP高速增长，增速最低的年份也达到了16%，最高达到23%；名义GDP增速超过了债务和货币增速，实体经济杠杆率下降。这5年去杠杆过程的最大特点是债务温和上升伴随经济快速增长，这是全球经济大繁荣与中国经济上升周期相重合的阶段。相比于后来的"强制"去杠杆，2008年之前的5年去杠杆是一个自发的过程，甚至也可以称为"好的"去杠杆，即去杠杆时并未伴随经济的痛苦收缩。

3. 快速加杠杆阶段

2008—2015年，这7年时间里杠杆率增长了86.1个百分点，平均每年增长超过12个百分点（是27年间年均增幅6个百分点的2倍）。2009年由于"四万亿计划"的启动，债务出现了跃升，当年债务增速高达34%，名义GDP增速则回落至9%，随后债务增速持续下滑但名义GDP增速下滑速度更快，2015年名义GDP增速跌到了最低点的7.0%。这段时期的主要特点是债务增速在开始两年出现跳升后持续下降，但名义GDP增速以更快的速度下降。分部门来看，非金融企业杠杆率的增速最高，由2008年的95.2%增加到2015年的151.2%，7年急升56个百分点。

4."强制"去杠杆阶段

2015年10月，中央提出降杠杆任务，但2016年实体经济杠杆率仍上升了12.4个百分点，金融部门杠杆率也还在上升，去杠杆未见实效。原因大略有三：一是当时提出去杠杆，虽然在认识层面达成了共识，但在实践层面，却还没有找到抓手和着力点，从而2016年就呈现出去杠杆较难推进的局面。二是2016年第一季度GDP增长6.7%，创28个季度新低，也让相关政府部门在执行去杠杆任务时产生顾忌，有"放水"之嫌。三是居民杠杆率出现加速上涨，2016年居民杠杆率上升5.7个百分点，而之前每年上升不过2—3个百分点，增幅几近翻番。去杠杆真正略有成效的是2017年，总杠杆率仅比上年微升2.4个百分点，并出现了局部去杠杆。2018年杠杆率下降了1.9个百分点，是真正的去杠杆。

5. 结构性去杠杆（或稳杠杆）阶段

2017年、2018年遏制住了过去10年杠杆率快速攀升的态势，去杠杆初见成效。但正是在这个时候，中美经贸摩擦加剧导致经济下行压力加大，再加上2018年去杠杆较猛而产生了一定的负面效应，中央提出结构性去杠杆和稳杠杆。事实上，结合后来的疫情暴发，稳杠杆的提法是相当务实与明智的。2019年杠杆率上升了6.1个百分点，回到了27年平均的轨迹；2020年在疫情冲击下，杠杆率大幅攀升了23.6个百分点，已经不再能用稳杠杆来概括了。

6. 杠杆率将步入上行周期

2021年的宏观杠杆率从2020年末的270.1%降至263.8%，全年下降了6.3个百分点，实现较大幅度去杠杆；名义GDP增长了12.8%，债务仅增长10%，接近于1991年以来的最低债务增速（2018年最低，为9.6%）。考虑到2020年杠杆率大幅攀升了23.6个百分点，2021年相比2019年仍有17.3个百分点的上升，想恢复到疫情前水平还需要时间。事实上，考虑到未来经济下行压力较大，宏观杠杆率将步入上行周期。主要有三方面因素导致经济下行：第一，疫情仍为最大的不确定性因素，影响经济复苏；第二，受全球格局加速演化、中美竞争加剧、产业链供应链安全考量等影响，外部制约因素凸显；第三，国内面临结构转型、人口老龄化、共同富裕和双碳目标，导致潜在增长中枢下行。基于以上，一方面，政策聚焦稳增长，作为分子的债务增速会上升；另一方面，从"十四五"甚至更长一个时期来看，增速换挡仍会持续。分子分母一增一减，宏观杠杆率将会步入上行周期。

（二）通过资产负债表"奋斗"稳住经济大盘

如果说 2015 年中央提出降杠杆以来，防范系统性风险特别是高杠杆率风险一直是经济工作的重中之重，那么，在各部门（主要是私人部门）债务增速大幅趋缓之际，防止资产负债表"躺平"甚至衰退、稳住经济大盘则成了当务之急。

一是总债务增速并不高，没有搞"大水漫灌"。当前实体经济总债务（即宏观杠杆率的分子）增速大概在 10%（见图 8-10），相比过去平均水平并不高，甚至还要低很多。一般来说，比较高的增速水平大概要到 15%—20%，甚至更高，自 2009 年国际金融危机以来，一直到 2015 年底去杠杆政策的实施，基本就是这种情况。因此可以说，当前总债务增速温和，我们的政策并没有形成所谓的"大水漫灌"。

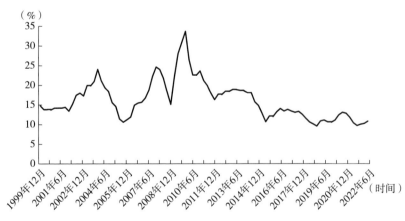

图 8-10　1999—2022 年实体经济总债务同比增速

数据来源：中国社会科学院国家资产负债表研究中心（CNBS）。

二是居民部门杠杆率相对稳定，部分居民资产负债表出现收缩。相对其他部门，居民部门的债务增速较低，第二季度只有8%左右，而增速最高时可以接近40%—60%（见图8-11）。之前提到的一些月份出现抵押贷款负增长，就是一个典型的例子。另外，"停贷""断供"等现象，也都表明部分居民的资产负债表出现了收缩。从流量角度看，受经济下行的影响，部分居民可支配收入严重下滑，但名义债务支出是刚性的，导致偿债比例上升。2022年上半年居民人均可支配收入为18 463元，同比增速降至4.7%。与此同时，债务还本付息的支出并不会下降，导致居民的偿债率（还本付息规模/居民可支配收入）不断上升。在债务平均18年久期的假设下，2022年第二季度末我国居民部门偿债比率为11.4%，剔除经营贷调整后的偿债比率为8.7%。2015年以来，在发达国家居民部门偿债比率普遍下行的环境下，我国居民部门偿债比率有较大幅度上升。偿债比例加大，居民在还本付息后的真实可支配收入也会相应下降。从存量角度看，部分地区房价下跌，使得居民资产端恶化。受经济下行及房地产市场调控的影响，2021年下半年后住房价格不再上涨，其中三线城市的平均价格相较于2021年6月的高点还略有回落，三线以下城市回落的幅度更大。房产作为居民资产的重要构成，其价格的回落会导致居民资产缩水，带来居民资产负债表的恶化。部分地区出现"断供"和"停贷"现象，尽管其背后的原因是复杂的，但部分居民资产负债表恶化必定是一个不可忽略的重要因素。

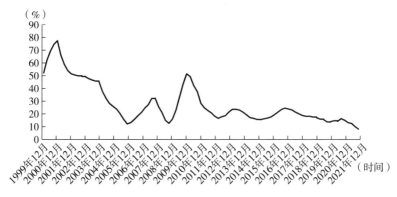

图 8-11　居民部门债务同比增速

数据来源：中国社会科学院国家资产负债表研究中心（CNBS）。

过去 30 年，居民杠杆率一直处在逐步上升的态势。在去（稳）杠杆的背景下，居民杠杆率也几乎没有下降，成为艰难时期的"奋斗者"。居民杠杆率更多与居民抵押贷款有关，这一杠杆率的"坚韧"更多展示的是房价的"坚韧"，但未来房地产预期可能会改变这一态势。尽管如此，在房地产市场保持相对平稳（并未出现明斯基时刻）的情况下，住房抵押贷款不会负增长；政府积极推动普惠小微贷款的增长，居民的个人经营性贷款仍将较快上升；并且，疫情终会过去，消费也会逐步恢复，短期消费贷的增长也是可期的。基于这些考量，居民杠杆率会保持平稳甚至略有上升，居民部门资产负债表不会陷入衰退。就居民部门资产负债表而言，要稳杠杆，尤其需要通过房地产的基本稳定，以及政府在住房保障方面承担更多责任来促进居民部门稳杠杆。

三是企业部门的债务增速不到 10%，已经处在资产负债表衰退的边缘（见图 8-12）。当前我国企业部门杠杆率居世界之最，达到

160%左右。一是因为大量融资平台债务之前归政府部门,而现在划归企业部门;二是因为国企跟民企完全不同,国企债务占企业部门债务差不多七成左右,甚至更高,这是一个非常重要的现象。如果担心企业资产负债表衰退,那么主要还是民企的资产负债表衰退。近期民营投资下滑非常严重。就企业部门资产负债表而言,关键在于调动民间投资的积极性,激发市场内生动力。首先,目前房地产和平台经济还处在一个政策预期不太稳定的阶段,政府提出要促进房地产和平台经济健康发展,但在现实层面上还存在很多问题亟待解决。其次,可根据"十四五"规划102项重大工程、国家重大战略等明确的重点建设任务,选择具备一定收益水平、条件相对成熟的项目,采取政府和社会资本合作(PPP)等多种方式吸引民间资本参与。最后,仍需通过存量改革,打破垄断以及产业准入限制,给民营经济更大的发展空间。

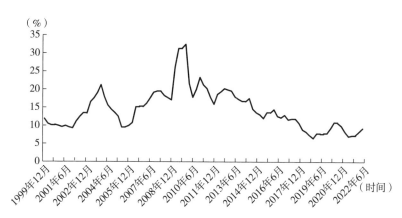

图 8-12　1999—2022 年企业部门债务同比增速

数据来源:中国社会科学院国家资产负债表研究中心(CNBS)。

四是政府部门仍有加杠杆的空间。相较于私人部门资产负债表，表现最为积极的是政府部门。从数据来看，政府部门债务增长速度是企业部门和居民部门平均增长速度的2倍左右，那两个部门债务增速只有8%—10%，而政府部门为20%（见图8-13）。这是个好现象，并且它可以更加积极。现在政府部门的杠杆率不到50%，即便加上隐性杠杆（即地方隐性债务），仍有比较大的空间。因此就政府部门资产负债表而言，可以更加积极有为。从债务角度看，政府部门还有充足的主动加杠杆空间，特别是中央政府应继续加杠杆，部分接替地方政府的隐性债务扩张以及支持居民保障性住房建设。从资产角度看，公共部门应继续盘活存量资产，扩大有效投资。2022年5月国务院办公厅印发了《国务院办公厅关于进一步盘活存量资产扩大有效投资的意见》（19号文），强调有效盘活存量资产，形成存量资产和新增投资的良性循环，对于提升基础设施运营管理水平、拓宽社会投资渠道、合理扩大有效投资以及降低政府债务风险、降低企业负债水平等具有重要意义。可盘活的公共部门存量资产包括：（1）存量规模较大、当前收益较好或增长潜力较大的基础设施项目资产，如交通、水利、市政设施、产业园区、仓储物流等；（2）存量和改扩建有机结合的项目资产，包括综合交通枢纽改造、工业企业退城进园等；（3）长期闲置但具有较大开发利用价值的项目资产，包括老旧厂房、文化体育场馆和闲置土地等，以及国有企业开办的酒店、餐饮、疗养院等非主业资产。针对负债率高的地方政府和国有企业，可以通过不动产投资信托基金（REITs）、PPP、产权交易、国有资本投资运营、兼并重组等方式来积极盘活。政府部门资产负债表的积极有为，是当前实施逆周期调节、扩大有效投资、稳住经济大盘的关键。

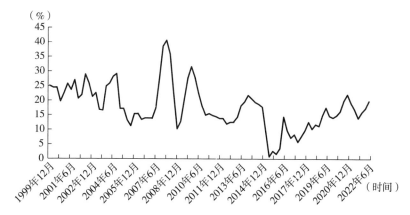

图 8-13　1999—2022 年政府部门债务同比增速

数据来源：中国社会科学院国家资产负债表研究中心（CNBS）。

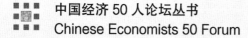

第九章 以创新促进减碳增长双赢与绿色转型①

刘世锦②

---

① 本文根据 2022 年 10 月 13 日长安讲坛第 394 期内容整理而成。
② 刘世锦,论坛成员,十三届全国政协经济委员会副主任,中国发展研究基金会副理事长,研究员。

一、双碳目标的提出和实施既是挑战更是机遇

双碳目标的提出有一个大背景,即绿色发展已经成为全球共识和潮流。当然,关于应对气候变化是有争议的,科学家发现碳排放增加是导致全球气温上升的因素,但也有人持不同观点,甚至国际上有类似阴谋论的说法,认为这是西方国家企图延缓发展中国家的发展,等等。

截至 2020 年 12 月,国际上准备或已经提出碳中和目标的国家有 126 个,覆盖全球 GDP 的 75%、总人口的 53%、碳排放的 63%。有 25 个国家以纳入国家法律(或拟议立法)、政策宣示等形式,明确提出了各自的碳中和目标,包括世界前十大排放国中的中国、日本、德国、加拿大、英国和韩国。还有 99 个国家以口头承诺的方

式提出了碳中和目标，除乌拉圭拟在2030年实现碳中和外，其余各国均计划于2050年达到碳中和。可以看出，不管是否存在分歧，各国都已经行动起来了。

2020年9月22日，习近平主席在第七十五届联合国大会一般性辩论中宣布：中国将采取更加有力的政策和措施，二氧化碳排放力争于2030年前达到峰值，努力争取2060年前实现碳中和。这就是中国的"30/60"目标。

目前中国、美国、欧盟和印度是碳排放的主要经济体，碳排放占比超过一半。中国碳排放总量占世界总量的27%（近两年略有提高），总量高于美国；但中国的人均碳排放水平低于美国，与欧盟的水平相当。

中国提出这个目标有什么重要意义？

第一，中国作为一个负责任的大国，不可能置身于潮流之外，而应积极加入。

第二，中国是目前碳排放量最大的国家，没有中国的积极参与，全球减排目标不可能实现。

第三，中国倡导全球命运共同体，国际上要求中国在应对气候变化中发挥重要或"领导"作用的呼声较高。

第四，在当前动荡复杂的国际形势下，应对气候变化是中国与发达国家能够对话和合作的少有且处在优先位置的领域。中美关系现在处在一个困难的局面。2022年10月12日，美国白宫发布《2022年国家安全战略》（以下简称《战略》），与以往美国国家安全战略相比，此次《战略》重点已将中国明确列为其"首要竞争对手"及"最大地缘政治挑战"。但是美国也提出,应对气候变化是与中国有可能进行合作的一个重要领域。2021年4月15—16日,中国气候变化事务特使解振华与美国总统气候变化事务特使约翰·福布斯·克里(John Forbes Kerry)在上海举行会谈,讨论气候危机所涉问题。会谈结束后,双方发表联合声明。在当前复杂的国际大变局之下,应对气候变化至少是共识度较高的领域,也是中美合作的一个渠道。因此,中国必须站出来,而且要走到一个适合的位置上。

中国未来要走的道路,难度相当大,有两个基本约束条件。第一,中国人均碳排放已达7吨以上,超过欧盟,尽管还有10年的达峰前时间,但这个空间并不大。因为这是碳中和目标约束下的碳达峰,达峰水平越高,下一步碳中和的难度越大。第二,目前中国人均GDP为1万美元,2035年要达到3万—4万美元(中等发达国家水平),此后还要达到6万—7万美元(前沿发达国家的水平)。既要马儿跑得快,又要马儿少吃草、少排放乃至零排放,对中国来讲确实是一个非常大的挑战。摆在我国面前有以下几条路。

第一条路:高碳高增长。很多发达国家都走过这条路,当工业化比重达到峰值以后,逐步转到以服务业为主的发展阶段,碳排放就会达峰。因此,发达国家基本上是在没有或少有减碳压力的情况下,通过结构升级和技术进步实现"自然达峰"。而对中国来讲,这条路已经走不通了。

第二条路:低碳低增长。人均碳排放不再增加,同时人均收入停留在1万美元,也不再增加。这样可以吗?当然不可以,中国还要继续发展,要进入发达国家行列。所以,第二条路也不能走。

中国只有走第三条路:低碳或零碳较高增长。在双重约束下,选择采取低碳或零碳的绿色技术和产业体系,同时实现高生产率,力争减碳和增长双赢。一个超大型经济体,在人均 GDP 为 1 万美元,有碳中和目标、巨大减排压力的情况下,仍要保持较高增速,不放弃进入发达国家行列的目标,未有先例。从这个角度来讲,中国在做一件前无古人的事情。中国的可选空间很窄,而且面临着很大的不确定性,可以说是"刀锋之路"。

大家可能感到有点悲观或者信心不足。其实思维方式转换很重要,挑战蕴含机遇,思路决定出路。如果转换思路就会发现,山重水复疑无路,柳暗花明又一村。在挑战面前,中国也有自己的优势。

第一,提早转型有利于降低转型重置成本、沉没成本。中国在人均收入 1 万美元水平转型,相比发达国家在 3 万—4 万美元或更高水平转型,从转型的历史进程看,将会支付较低的传统非绿色产品的生产和运营投资成本。中国很多产品仍未达到需求峰值,可直接由绿色产品替代,如美国、欧盟和日本交通部门排放达峰时千人乘用车保有量分别约为 845 辆、423 辆和 575 辆,而中国目前仅有 221 辆。在汽车普及期,可直接购买新能源汽车。发达国家要为传统汽车的生产、使用、运维等做出更大投入,而这些投入存在资产搁置和减值的风险。图 9-1 反映了主要经济体人均 GDP 与人均排放的关系,可以看出,人均 GDP 达到 1 万—2 万美元以后,碳排放逐步下降。

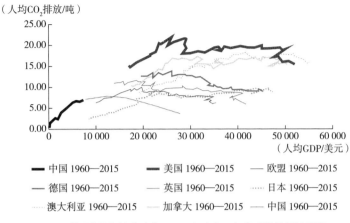

图9-1 世界主要经济体人均GDP与人均二氧化碳排放量的关联

注：二氧化碳排放量仅包括能源行业；各国人均GDP按2010年平均汇率兑换为美元单位。
数据来源：1960—2015年的历史碳排放数据来自美国能源部二氧化碳信息分析中心（CDIAC）。

第二，中国经济增速较高，可为绿色产品创新和推广提供更多市场需求，有利于形成商业模式。过去30年，中国年均经济增长速度将近10%；从高速增长转向高质量发展之后，近几年增长速度是6%—7%；现在的潜在增长率是5%—5.5%，仍相当于美国的2—3倍。绿色产品创新之后需要推广，这在很大程度上取决于市场需求，如果市场需求空间大，成功的概率就比较高。中国有巨大的绿色需求增长空间，有利于形成新的商业模式。

第三，中国在绿色技术、产业领域已有一定积累，并不像以前那样落后，有的产品已处在并跑、领跑位置，利用换道之际，可赢得技术和市场竞争优势。回顾历次技术革命，过去我国是难以望其项背，而这一次差距已经缩小，特别是新能源汽车、光伏发电、风电、储能以及绿氢等领域，中国的有些技术水平已在全球领先，这方面的成功案例越来越多。

第四，利用数字技术优势，助力绿色发展。这二者是增长新动能的两翼。我一直认为，所谓中国经济结构性潜能，很重要的一点就是数字技术加绿色发展，它们是"天生一对"。有研究指出，数字技术在能源、制造业、农业和土地利用、建筑、服务、交通等领域的解决方案，可以帮助减少15%—37%的全球碳排放。中国在数字技术的诸多领域，与国际前沿水平相比处在并跑或领跑位置，与绿色技术相融合，将会大量赋能于绿色发展。

第五，制度和政策优势。中国环境与发展国际合作委员会的外方专家讲到，生态保护的概念在西方国家特别是欧洲提出比较早，而且整个社会认同度比较高，也是一种社会潮流。而中国提出的生态文明建设，西方国家从来没有提过，它们也很感兴趣，认为是更高层次的理解。同时，中国还提出五大新发展理念，其中之一就是绿色发展。这些概念和理念提出之后，通过广泛传播，逐步形成社会共识，碳中和目标形成预期引导。还有比较重要的一点，中国是一个强政府，对绿色发展和双碳目标的实现能够发挥积极作用。

把上面五个方面结合起来看，中国的机会可能比发达国家更多。所以习总书记特别强调，提出双碳目标不是别人让我们做，而是我们自己要做。这是国家发展到特定阶段的必然选择，虽然挑战很严峻，但是如果能够利用好这些优势，对我国来说也是一个重大机会，将会提升我国的技术和产业竞争优势。当然，用好优势需要条件，即推动技术创新和制度创新。

二、起步阶段要立足长远，打好基础，有序推进

两三年前，关于碳中和的概念没有几个人能说清楚，但是随着碳中和目标的提出，影响是全面的，社会各个方面都行动起来了，开始重视双碳问题。碳中和目标将会带来一次产业结构的重大调整，一个重大的技术创新和投资机遇，一场配套的制度变革和创新，一次生活方式、生产方式、发展理念、发展方式的系统性重大变革。我们还可以把视野拉得更长一点，自工业革命以来，开始是农业文明，后来是工业文明，现在是第三次文明——生态文明，所以这是由生活方式到生产方式，从发展理念到发展方式的全方位、系统性变革；是农业文明到工业文明转型后，由工业文明到生态文明的另一次全面转型。

回到现实，情况相当复杂，并不是想象得那么顺利。举个例子，2021年7月有些地方拉闸限电，甚至停工、停产，理由是要完成双碳目标。从这些情况来看，我们还需要认真探索、理解和尊重绿色转型规律，围绕双碳目标，积极、有序、合理地推动绿色转型。

总的来说，需要关注和讨论"三个不能""三个政策目标""两个创新"，以下展开阐述"三个不能"和"三个政策目标"。

（一）"三个不能"

第一，减碳不能"单打一"。减碳不宜单兵突进，而要推动降碳、减污、增绿、增长协调推进。中国作为发展中国家，与发达国

家的不同之处在于：人均 GDP 刚过 1 万美元，工业的比重相对较大，传统的环境污染治理虽然取得了很大进展，但仍未到拐点；生态破坏、生物多样性保护问题依然突出；有必要、有可能争取较快经济增长，中速增长可以保持较长时间。而发达国家的情况是：一般是服务业为主的经济，环境总体比较好，重大污染问题已经解决；整体植被也不错，生态环境比较好；经济增长已经进入成熟期，比如欧洲经济增长 1%，日本经济经常负增长，美国经济增长 2%，很难出现中速甚至高速增长。所以，发达国家面临的主要是碳减排的问题。而我国不一样，这几个方面都要抓，都要硬，不可偏废，要形成协同机制。

有人会问，降碳、减污、增绿、增长协同推进，会不会忽视了减碳？不会，反而更有利于减碳。空气污染和碳排放在很多场景下具有同源性。以深圳为例，道路交通、非道路交通、电力热力、非能源工业这几项加起来，碳排放占比和 PM2.5 占比非常接近，70%—80% 以上同源（见图 9-2）。什么意思呢？就是排 PM2.5 的时候也在排二氧化碳。碳排放和空气污染都有外部性，但这两个外部性差异很大。碳排放是全球最大的外部性，多排碳能够增加生产，进而增加收入；但是二氧化碳排出以后会引起气候变化，这是全球性的外部性。而空气污染不同，周边居民受到的影响较大，距离远的人一般不会有直接影响。

比如某个企业排污超标，周边居民肯定反映强烈，政府治理的时候要花钱采取措施，大家是拥护的。这个企业同时也在排二氧化碳，如果花钱治理二氧化碳排放，减产甚至关停并转，导致很多人收入下降甚至失业，地方财政收入也下降，大家可能不愿意干。但其实这两件事情是合在一起的，比如治理交通污染，既减少二氧化碳排放，也减少碳排放。所以，要坚持降碳、减污、增绿、增长四位一体、协同推进。

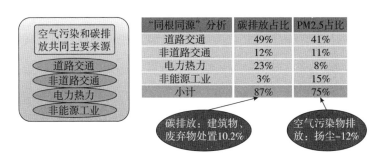

图 9-2　空气污染和碳排放的同源性分析

第二，减碳不能"运动式"。实现碳达峰、碳中和目标，关键是用绿色技术替代传统技术，是减少碳排放，而不是减少生产能力，更不是在不具备绿色技术的情况下人为打乱正常供求秩序。在这个过程中，一定要遵循绿色转型规律和市场规律，否则就会适得其反。

通常我们讲破旧立新，"旧的不去，新的不来"。而在绿色转型中，应当是"新的不来，旧的不去"。比如，教室里灯火通明，用的可能是绿电，也可能是燃煤发电，如果认为燃煤发电增加碳排放，要是不用燃煤发电，学校就没办法上课了。所以能源供应一刻不能停，对连续性要求很高，着眼点首先要放到形成新的绿色供给能力上，有了新的，再去替换旧的。

第三，减碳不能指标错位。在推动双碳目标实现的过程中，我们采用了"能耗双控"这个指标进行考核和监管，即能耗总量（总能源消耗）和能耗强度（每单位 GDP 所消耗的能源）。节能减排是对的，但是节约能源到底怎么实现？能源消耗总量能不能精确地计算出来？受到新冠肺炎疫情以及国际能源价格上升等因素的影响，第四季度增长速度有很大的不确定性，如果连 GDP 增长速度都无法准确推算，怎么知道要消耗多少能源？从经济学角度说，用实物的数量指标，如某个行业的产量、生产领域中包括能耗在内的投入品数量，作为或实际上成为宏观考核和监管指标，容易造成资源配置的扭曲，"按下葫芦浮起瓢"。

节能和减排不一样，减少碳排放要用行政性办法，而节能更多还是要用市场的办法，比如把煤价、电价放开，价格高了自然消费就少，通过价格调节供求，压低成本，所以节能会成为一种内在动力。但是，一方面，很多能源价格没有完全放开；另一方面，用行政性的方法来控制数量，这不仅是具体政策问题，更是一个重要的经济学理论问题。这也是我们要由计划经济转为市场经济的深层原因之一。

（二）"三个政策目标"

第一，尽快实现"能耗双控"向"碳排放双控"（碳减排总量和强度）转变。节能有利于减排，但二者不能画等号，能源供给既可以是高碳，也可以是低碳甚至零碳。经济增长需要相应的能源供给增长，一个地区、一个行业直至一个企业，究竟需要多少能源，事先是不可能精确计算的，能耗的直接数量控制有可能影响增长。而且一般意义上的节能，主要是一个降低成本的问题，应主要通过市场机制来实现。由"能耗双控"转到"碳减排双控"有利于促进能源结构绿色转型，同时有利于经济稳定和增长。

第二，高碳行业不搞"一刀切"，实行"放开、稳住、限制"相结合的区别化政策。近期有的地方在减污降碳过程中，对高耗能或高碳行业实行"一刀切"限制，不论是否采用绿色技术，是否达到绿色标准，全都按照一定比例限产，其结果是减少供给，助长价格上涨，同时也伤害了推动绿色转型企业的积极性。这实际上是另一种形式的懒政行为。

建议对高碳行业实行"放开、稳住、限制"相结合的区别化政策，具体来说就是，放开绿色生产、投资、技术创新和推广的空间；稳住对经济社会安全和平稳运行直接相关、短期内难以被替代的环节；有序限制其他非绿色生产、投资并加快实现绿色转型。

第三，加快制定受冲击领域的风险防控与产业就业重整规划和政策安排。据测算，在碳中和的目标下，2050年中国非石化发电量占总电量的比例将超过90%，煤炭发电比例则将降至5%以下。山西、内蒙古等以煤炭为主的传统能源地区，将面临主体性产业替换的严重冲击。以钢铁、有色、化工、水泥等高耗能产业为主导的区域也面临着同样挑战。绿色转型将会引起高碳资产价值下跌和重估，成为金融风险的另一个起因，有可能影响区域性金融稳定。有关部门和地区应抓紧制定前瞻性、针对性强的规划方案和政策措施，包括替代技术的引入、接续产业的培育、员工退出安置和再就业培训、金融风险防控、相关企业关闭重组等。

三、进取型减碳战略的三支柱体系

中国能源和经济绿色转型应该走一条什么道路？这是个很复杂的问题，改革开放和发展的历史经验可以借鉴。正确理解和处理增量和存量的关系，对转型成功至关重要。比如，民营经济开始时是拾遗补阙，由于内生的活力、韧性和竞争力，逐步成长为在国民经济中发挥"五六七八九"[①]作用的举足轻重的生力军，并且带动了国有经济的改革和发展。对外开放也是如此，开始是"三来一补"[②]，起步于沿海少数地区，之后带动中国成为全球性的贸易和投资大国。

中国的能源应该也必须走一条"增量优先、以新代旧、激励创新、市场驱动"的转型之路。按照有关研究，到2060年，中国的非化石能源将由目前的不到20%增长到80%以上，由配角成为主角。从成本角度看，一方面，作为存量的传统高碳能源，尽管仍有一定的减碳空间，但潜力具有累退性，越往后空间越小，难度相应加大，成本加快上升。另一方面，作为增量的低碳或零碳新能源，随着产量扩大、技术改进，成本下降加快，部分产品的绿色溢价由正变负。新能源替代老能源的减碳成本优势增大，进而加快新老能源比例的转换进度。

在现实中可以观察到三种不同的减碳类型。第一种是衰退型减

---

① 即贡献了50%以上的税收，60%以上的国内生产总值，70%以上的技术创新成果，80%以上的城镇劳动就业，90%以上的企业数量。
② 即来料加工、来样加工、来件装配及补偿贸易。

碳，通过减少生产来减少碳排放。像前文提到的拉闸限电、减产停产都属于这种类型，虽然一般不会出现，但在一些特定情况之下还是出现了。第二种是增效型减碳，就是通过提高碳生产率，用同样多的碳排放实现更多的产出，或者同样的产出产生较少的碳排放。我们经常讲的节能减排、节约优先等，大体上属于这种类型的减碳。第三种是创新型减碳，是指通过创新形成新的技术、工艺、方法等，在达到相同产出的情况，实现了低碳、零碳甚至负碳排放，如用风、光、水、生物质等可再生能源发电。如果用这类技术去替代原有的高碳技术，就可以在实现相同产出的前提下减少碳排放。

以上三种减碳类型，衰退型减碳暂且不议，增效型减碳体现了积极导向，特别是在技术落后、管理粗放的情况下，提升能源和碳生产率还有很大空间。但其局限性也很明显，随着技术和管理进步，碳生产率的提升会出现递减，持续提高的空间收缩。更重要的是，这些变化主要局限于已有的技术和产业框架内，即便有技术创新，也属于改进性创新，而不是颠覆性创新。比如我国的超超临界机组，每度电使用燃煤水平已达国际先进水平，进一步减少的空间很小，成本会大幅提升。更重要的是，这归根结底还是用煤发电，而煤是一种高碳能源，这个事实并没有改变。

绿色转型的核心是绿色技术创新。由传统工业化发展方式转向绿色发展方式，从根本上说要靠绿色技术驱动，大规模、系统性地"换技术"。绿色技术应该达到三个目标：第一，高技术含量和生产率；第二，少排放或零排放；第三，与传统产业相比有竞争力的低成本。只有效率提高、排放减少、成本降低，绿色技术才能登上大雅之堂，由配角变为主角。

创新型减碳跳出已有的技术和产业圈子，具备了前两种减碳类型所没有的特点和优势。

第一，创新型减碳可以实现长时间内对传统高碳技术或产业的替代。所谓的绿色转型，从根本上来说，就是要换技术，用低碳、零碳或负碳技术去替代原有的高碳技术。

第二，创新的内在冲动性和不确定性，决定了人们不可能限定它的扩展边界。不难设想，如果可控核聚变能够成功并商业化，人类将在很大程度上改写可再生能源的认识版图。

第三，大幅度降低人类社会应对气候变化的成本。比尔·盖茨（Bill Gates）在《气候变化与人类未来》一书中提出了一个重要概念——绿色溢价，即一个绿色产品和传统产品相比，它是低碳甚至零碳，但是价格更高，高出的部分称为"绿色溢价"。随着创新竞争加剧，价格下降，很多产品的绿色溢价已经为负。典型案例是光伏发电。过去的10年间，光伏发电成本下降了80%—90%，已经低于燃煤发电成本，且还有进一步下降的潜力。应对气候变化的一个重要挑战来自成本冲击，创新带来的成本下降，可以极大增强人类应对气候变化的信心和能力。

第四，产生更多的附加效用或福利，创造更多的消费者剩余。以新能源智能汽车为例，不能说消费者不关注碳减排，但大部分消费者直接感受到的是使用成本低，电子设备应用得手，舒适程度高，操控感觉与以往大不相同，自动驾驶能力也在逐步提升。这大部分优点是减碳之外的，意味着创新型减碳为社会提供了超出预期的福利。

第五，触发和加速了能源等高碳行业的数字化进程。数字经济是继农业经济、工业经济之后的另一种经济形态，整个经济社会正经历着向数字经济形态的转型。即使没有双碳压力，能源、工业、交通、建筑等高碳领域也会进入数字化转型，创新性减碳推动这些领域成为数字化转型的领先者。

由于具备以上五个方面的优点，创新型减碳启动和引领了远超减碳预期的经济社会发展绿色化、数字化转型。衰退型减碳和增效型减碳主要体现的是一种防御型战略，而创新型减碳则是一种进取型战略。应该承认，在较长一个时期内，我们对进取型战略已有认识和展望，但想法和做法基本上还是停留在防御型战略。挑战在于，如何尽快地由防御型战略转向进取型战略。

从现实来看，尽管创新型减碳有很多优势，但目前缺少足够的市场激励。不同的战略趋向，体现在目标和政策不同，但更实际的要看激励体系。下面重点分析碳排放权交易市场。

对于碳排放这样具有全球外部性的物品，不可能指望市场直接发生作用。首先要有政府的介入，由政府"制造"市场。威廉·诺德豪斯（William D. Nordhaus）、尼古拉斯·斯特恩（Nicolas Stern）等气候变化经济学的领军者都提出要给碳定价，具体办法有配额加交易和征收碳税，并期待碳排放权市场能够发挥重要作用。然而，不论是最早兴起的欧洲碳市场，还是近期开始运作的中国碳排放权市场，其实际运行状态似乎远不及预期。

这些市场均存在结构性缺陷。比如只有部分高排放行业和企业被纳入市场，与"应入者"范围差之甚远，这样不仅覆盖面不够，公平性问题也显而易见。配额初次分配基本上免费发放，实际付费只发生在"调节余缺"环节。配额分配由历史法转为基准法是一个进步，但考虑到供给安全和稳定，配额发放规模难以降幅过大。在很多情况下，监管者很难区分供给安全是实际存在还是生产者的借口。受这些因素的影响，碳排放权市场价格发现以及相关的调节供求、促进创新等作用就会大打折扣。

我国已经建立起全球规模最大的碳排放权市场，这是一个重要进步。但由于诸多因素制约，过去一年的交易额不到 2 亿吨。碳排放权市场目前对自愿核证减排（CCER）类型碳汇交易尚未启动，并设立了 5% 的交易规模比重限制，这是一个对整体市场结构难以产生大的影响的份额。更重要的是，随着时间推移，与快速增长的新能源和绿色产业规模相比，主要依托于老能源的碳排放权市场的非对称性将愈加明显。这样，我们看到最有活力的创新型减碳难以得到市场激励的眷顾。

针对这种情况，我认为应实施进取型减碳战略的三支柱体系。实施进取型减碳战略，就是要在稳住存量、保障能源供应稳定和安全的前提下，把重心转向更快地扩大增量，对能够增加产出、促进增长的低碳、零碳和负碳技术产品提供强有力的激励。这种激励并不限于少数措施，而应是相互依存的三支柱体系。

第一个支柱：建立全方位支持绿色技术创新的创新型减碳市场。所谓创新型减碳市场，是指运用低碳、零碳和负碳技术，在获取相同产出的情况下，与原有的高碳基准生产方式相比，所减少或抵消的碳排放量交易而形成的市场。比如，发同样多的电，与燃煤发电这种高碳生产方式相比，通过新技术发电（如光伏发电）的排放减少并被抵消了，相对减少被抵消掉的这部分即为创新型减碳，把这部分减碳的量进行交易而形成的市场，称为创新型减碳市场。

这个市场应有强包容性，包括绿电等绿色能源产品，也包括钢铁、有色、建材、化工等高碳行业能够产生增长型碳汇的产品，如绿氢炼钢等，还可包括森林碳汇和其他负碳技术产品，以及个人消费领域的碳排放权交易。按照个人碳排放平权的原则，在个人消费领域平均发放碳排放配额，部分消费水平较高者可以购买消费不足者转让的配额，也可直接购买创新型减碳指标，以平衡个人碳账户。这样机构和个人都可成为市场参与者。

起步阶段可以选择条件较好的地方建立区域性市场，可以先形成"碳资产池"或"绿碳银行"，由地方政府提供专项资金（相当于过去对创新型减碳产品的补贴），对进入创新型减碳市场的产品按照一定价格进行初次购买，然后转入市场流通。条件成熟后，逐步形成全国性市场。

第二个支柱：形成区域自主减排责任体系。增量优先的关键是扩大对技术创新产品的市场需求，而这一点又直接取决于减排责任体系的有效性。可借鉴国际上《巴黎协定》的原则，鼓励各个地方的主动性，提出既合乎本地实际、又有一定挑战性的减排目标，与下一步陆续出台的落实双碳目标 1+N 政策相配合，形成省、市、区县和开发区等层面的区域减排计划和可追溯的减排责任要求。区域或企业要完成减排任务有三种方法：第一，自身直接减排；第二，生产创新型减碳产品；第三，通过市场交易创新型减碳指标。这样减排责任体系就可以动员起持续的对绿色技术产品的需求，进而带动增量扩大、以新代旧的转型进程。

创新型减碳市场与减排责任体系建立后，将会形成市场导向，促进减碳、增长、降本、提效协同推进的内在机制，实现由能耗双控向碳排放双控的转变。区域和企业可以从各自实际出发，不必搞"一刀切"的减碳指标。减碳将成为基于专业化分工优势的事情，能者多减，通过交易实现区域总体减排目标。各地正在建设的低碳、零碳园区和企业可以获取更多的创新型减碳收益，并不会因为先减排而吃亏。高碳但有市场、高收益的企业在一定时期内也不必限制生产甚至停工停产，可以拿出部分收益购买创新型减碳指标，平衡自身碳账户，给能增长的企业、产业和地区开放发展空间。

这样就可以为"能耗双控"向"碳排放双控"过渡创造条件，在完成地区碳排放总量和强度指标的前提下，不再实行"能耗双控"，把节能指标调整为指导性、鼓励性指标。率先建立这套机制的地区，对低碳、零碳产业更有吸引力，将形成招商引资的新风口，尤其是西部清洁能源资源丰富的地区，可以优先发展包括绿色低碳高载能行业在内的新型绿色产业，增强产业竞争能力，为西部经济发展和全国区域协调发展提供新动能。

第三个支柱：加快以碳核算、碳账户为重点的绿色微观基础制度建设。不论是推进创新型减碳市场建设，还是完善减排责任体系，前提是要有一个合格的碳核算基础，而这恰恰是目前的一大短板。在碳核算的起步阶段，可以采取从上而下的方法，先把基本情况摸清楚。同时要普遍建立碳账户，包括企业和其他机构的碳账户，有条件的地方也可以建立个人碳账户。在企业中推广环境、社会和公司治理（ESG）评估，率先在上市公司和大型企业中形成稳定规范的 ESG 评估的披露制度。把更多的融资活动纳入绿色金融轨道，借助增长型碳汇开发多种类型的金融产品，进而为绿色技术创新提供切实有效的支持。

创新型减碳市场的运作，如技术审核和认定等工作，应由市场组织者和专业化服务机构依照国家有关法律法规进行。如同资本市场的证券公司，碳市场应由专业化服务机构提供上市服务。如出现"漂绿"等违规违法行动，应按照市场规则严惩，以市场规则和纪律保障碳汇产品质量。政府主管机构要由直接审批者转变为政策制定者和市场监管者，指方向、划底线，维护市场秩序，促进公平竞争。

上述三支柱体系有较高的技术要求，需要符合国内外相关规则，包含复杂的协同机制和合约关系，可以利用区块链、人工智能等数字技术，将三支柱体系中的相关内容"打包"进一个完整的数据运行体系，进行实际操作运转。这方面已有成功案例。数字技术与绿色发展的融合，将会大幅度拓展应用场景。进取型减碳的三支柱体系，可以在全国范围试行，但更具可行性的是在某些省、市、各类开发区范围开展试点。

促进绿色创新，既有技术创新，也有制度政策创新，绿色创新和转型面对大量未知和不确定因素，仍然需要"摸着石头过河"。40 年前，我们面临的问题是农村能不能搞联产承包责任制，深圳能不能搞特区。现在这些问题都得到了解决，那条河已经过去了，现在我们遇到的是哪条河呢？中国要实现高质量发展，建立高标准的市场经济，实现高水平的对外开放，实现减碳增长双赢的绿色转型。这些问题没有现成的答案，我们还得"摸着石头过河"。在国家顶层设计指方向、划底线的前提下，鼓励地方、基层、企业和个人的积极性、创造性，通过积极探索，找到有创意、可落地、能管用的政策和做法。还需要调动地方的积极性，可在创新意愿强的省、市层面先行先试，给出一定的试错探索空间，取得成功经验后，再完善推广。

中国经济50人论坛丛书
Chinese Economists 50 Forum

第十章 2022—2023年世界经济形势分析与展望①

张宇燕②

---

① 本文根据2022年10月27日长安讲坛第395期内容以及作者相关研究成果整理而成,有关数据已进行更新。
② 张宇燕,论坛特邀专家,中国社会科学院学部委员,世界经济与政治研究所所长、研究员。

在经历2021年深度衰退基础上的大幅反弹后,2022年世界经济增长动力明显不足,经济增速大幅下降,同时伴随着巨大的通胀压力、高企的债务水平和动荡加剧的金融市场。从国际上看,保护主义依然盛行,国际制裁升级,国际贸易投资增长面临更大制约。2022年10月IMF估计2022年世界经济增长率为3.2%,远低于预期。除了通胀趋势、货币政策转向、供应链受损、极端气候灾害、大国关系与地缘政治博弈等因素外,俄乌冲突以及疫情反复也对世界经济造成严重负面冲击。

一、2022年世界经济形势回顾

(一)经济下行压力持续加大

2022年以来,受新冠肺炎疫情形势延宕反复和地缘政治冲突升级等超预期因素影响,世界经济下行压力逐步加大,国际机构频频下调增长预期。2022年10月,IMF估计,2022年世界经济将增长3.2%,较2021年下降2.8个百分点。世界银行、经合组织等国际机构也多次下调2022年世界经济增速的预测值。根据IMF估计,2022年发达经济体的经济增速为2.4%,较2021年下降2.8个百分点。其中,美国、欧元区和英国的经济增速分别为1.6%、3.1%和3.6%,较2021年分别下降4.1、2.1和3.8个百分点;日本的经济增速为1.7%,与上年持平。值得注意的是,2022年第一、第二季度美国经济环比均为负增长,已显现经济疲软迹象。IMF预计,2022年新兴市场与发展中经济体的经济增速为3.7%,较2021年下降2.9个百分点。其中,中国、印度、巴西、俄罗斯和南非的经济增速分别为3.2%、6.8%、2.8%、-3.4%和2.1%,较2021年分别下降4.9、1.9、1.8、8.1和2.8个百分点。预计2022年世界经济增速的最终核算值可能会低于3.2%,甚至不排除进一步下调至3%以下的可能性。

(二)就业总体改善但通胀高企

2022年全球就业市场保持向好复苏态势,失业率进一步下降,但青年失业率仍处高位。2022年1月,国际劳工组织报告指出,2022年全球劳动力市场持续复苏,但仍充满不确定性,预计2022年全球失业率为5.9%,较2021年下降0.3个百分点,但仍较疫情前的2019年高0.5个百分点。高收入国家就业水平基本恢复到疫情前水平,预计2022年失业率为4.9%,较2021年下降0.7个百分点,较 2019 年高 0.1 个百分点。美国劳工部数据显示，2022 年 9 月美国经季节调整后的失业率为 3.5%，回到 50 多年来的低位水平。欧盟统计局数据显示，2022 年 7 月欧元区失业率为 6.6%，创该机构 1998 年 4 月开始发布这一指标以来的最低水平。然而，低收入国家的就业形势依然严峻，预计 2022 年失业率为 6.0%，较 2021 年升高 0.1 个百分点。少数发展中国家的失业率依然保持较高水平，例如，南非统计局劳动力调查报告显示，2022 年第二季度南非失业率为 33.9%，青年失业率问题尤为突出。

受新冠肺炎疫情与乌克兰危机等因素冲击，全球通胀水平持续攀升。根据 IMF 估计，2022 年全球全年平均通胀率为 8.8%，较 2021 年上涨 4.0 个百分点。美国劳工统计局数据显示，2022 年 9 月美国 CPI 同比上涨 8.2%，环比上涨 0.4%；剔除食品和能源价格的核心 CPI 同比上涨 6.6%，创 1982 年 8 月以来最高水平。日本总务省数据显示，2022 年 10 月剔除生鲜食品的核心 CPI 同比上涨 3.6%，创 1982 年 2 月以来最高水平。IMF 估计 2022 年新兴市场与发展中经济体的通胀率为 9.9%，较 2021 年上涨 4.0 个百分点，创 2000 年以来最高水平。根据相关国家统计局数据，2022 年 9 月，中国、巴西、印度、俄罗斯和南非的 CPI 同比分别上涨 2.8%、7.2%、7.4%、13.7% 和 7.5%。

（三）全球债务水平仍居高位

国际金融协会（IIF）数据显示，2022 年第一季度，全球债务总额升至 305 万亿美元，占全球 GDP 的比例达 348%；第二季度全球债务总额较上季度减少 5.5 万亿美元，但这主要是因为以不断升值的美元计算，实际上，第二季度全球债务总额占全球 GDP 的比例比第一季度还高，升至 350%。同时，发达经济体同新兴市场与发展中经济体的财政状况出现分化。IMF 估算数据显示，2022 年发达经济体财政赤字占 GDP 的比例进一步下降至 3.6%，而新兴市场与发展中经济体财政赤字占 GDP 的比例升至 6.1%。两者的公共债务水平变化也因此出现分化。IMF 估计，2022 年发达经济体政府总债务占 GDP 的比例为 112.4%，较 2021 年下降 5.5 个百分点，其中，美国和欧元区的政府总债务占 GDP 的比例分别为 122.1% 和 93.0%，分别较 2021 年下降 6.0 和 2.3 个百分点；日本政府总债务占 GDP 的比例为 263.9%，较 2021 年上升 1.4 个百分点。同期，新兴市场与发展中经济体政府总债务占 GDP 的比例为 64.5%，较 2021 年上升 0.8 个百分点，其中，中国上升 5.4 个百分点至 76.9%，巴西下降 4.8 个百分点至 88.2%，印度下降 0.8 个百分点至 83.4%。

（四）国际贸易与跨境投资动力不足

由于全球实际需求低迷，2022 年国际贸易在经历 2021 年的强劲反弹后增长大幅放缓。2022 年 10 月世界贸易组织预计，2022 年国际货物贸易量增长 3.5%，较 2021 年下降 6.2 个百分点。德国基尔研究所公布的基尔贸易指数（Kiel Trade Indicator）显示，2022 年 10 月经价格和季节调整后的国际贸易增长 0.3%，其中美国、欧盟、中国和俄罗斯出口增长分别为 1.0%、-0.3%、2.4% 和 0.3%。这表明国际贸易增长动力仍然严重不足。

跨境投资方面，由于多重因素导致投资者投资意愿下降，2022年全球 FDI 流量增长不仅未能延续上年度强劲势头，还逐步呈现下行趋势。2022 年 10 月联合国贸易和发展会议（UNCTAD）报告显示，2022 年第二季度 FDI 流量总额为 3 570 亿美元，较第一季度下降 31%，较 2021 年季度平均值下降 7%。根据 UNCTAD 估计，第二季度流向发达经济体的 FDI 总额为 1 370 亿美元，较 2021 年季度平均值下降 22%；流向发展中经济体的 FDI 总额为 2 200 亿美元，较 2021 年季度平均值增长 6%，其主要原因在于中国等几个大型新兴经济体的持续增长驱动。预计 2022 年全球 FDI 流入额将出现下降，最多与上年持平。另据经合组织测算，2022 年上半年全球 FDI 流量总额同比上升 20%，但第二季度同比下降 22%。目前，全球 FDI 运行情况表明，增长动能在持续减弱。

（五）大宗商品价格动荡

2022 年全球大宗商品市场动荡加剧，大宗商品价格总体延续了 2021 年增长态势。根据 IMF 的估计，2022 年全球大宗商品价格指数为 227.2，较 2021 年上涨 40.9%。其中，食品价格指数为 145.6，较 2021 年上涨 14.2%；原油价格为 98.2 美元/桶，比 2021 年增长 41.4%。UNCTAD 数据显示，2022 年 8 月全球大宗商品价格指数同比上涨 58.0%，相比 2020 年 12 月涨幅更是高达 109.0%。全球大宗商品价格主要受燃料价格暴涨推动。同期，燃料价格同比上涨 98.1%；非燃料价格同比则下降 3.8%，其中食品价格同比上涨 6.2%，农业原材料价格同比下降 4.4%，矿产品和金属价格同比下降 8.5%。相比 2021 年初，2022 年欧洲天然气期货价格最大涨幅甚至高达 10 多倍，10 月又出现了下跌，现货市场天然气价格甚至出现了负数。

二、世界经济运行面临的主要风险与掣肘因素

（一）抑制通胀与经济软着陆的艰难平衡

目前，高企的物价水平已使主要发达经济体决策者别无选择地将抑制通胀作为优先目标。在多次大幅提升利率后，美国和欧洲等主要发达经济体仍处在加息通道，中短期内大概率还将继续加息。在加息的同时，美联储还缩小了资产负债表规模，即所谓"缩表"。自 2022 年 6 月开始，美联储已连续 3 个月每月"被动"减持 475 亿美元，此后每月减持 950 亿美元，预计今后几年将减持 3 万亿美元资产。与此同时，美国和欧洲也已开始压缩财政赤字，美国联邦政府财政赤字占 GDP 的比例在 2022 年中期已降至 4%—5% 的水平，欧洲的财政政策更是回归了审慎轨道。目前来看，货币与财政紧缩政策双管齐下至少在美国已初见效果，通胀进一步升级的势头受到阻滞。然而，美国和欧洲政策转向的风险也随之大幅上升。这不仅因为脆弱的经济对政策调整的时机、力度和连续性高度敏感，也因为各种政策遵循着不同的逻辑以至相互掣肘或矛盾对立。紧缩宏观政策的直接后果是资本市场动荡和融资成本上升，进而压减投资，而投资，尤其是有助于提升劳动生产率的投资，往往是通胀问题长期解决方案中的重要组成部分。加息导致的美元升值有助于降低进

口商品与服务的成本、稀释美国的国际债务,但会威胁美国公司的海外盈利,从而降低其国际竞争力。鉴于面临的主要挑战各异,各主要经济体奉行的政策也存在明显差异。截至目前,日本仍维持超低利率不变,中国则在加大政策宽松度。历史经验表明,强力加息抑制通胀的副作用甚大。尽管当下美国和欧洲的就业市场表现甚佳,从而为进一步实施紧缩政策提供了可观空间,高通胀客观上也为美联储和欧洲央行货币政策回归常态创造了条件,但美国和欧洲实体经济与金融市场中短期内仍将面临更趋严峻的政策环境,同时实现抑制通胀和经济软着陆双重目标,对美欧决策者而言绝非易事。

(二)美欧宏观政策转向的溢出效应

美元加息可能给其他国际经济体复苏带来负面影响。一是资金从他国流向美国;二是提高其他国家的国际融资成本;三是增加美元负债国还本付息负担。值得一提的是,伴随美联储加息而来的美元升值对上述三个后果均起到了叠加放大的效果。那些高负债且国内市场脆弱的国家,必将饱尝货币错配带来的恶果,而那些严重依赖进口的国家又不得不忍受随进口成本上升而来的通胀。发达经济体经济增速放缓甚至出现经济衰退,自然会降低其海外需求并殃及对外投资。如果以上某些负面情形越过特定阈值,就有可能出现国家和企业债务违约,进而导致货币危机、银行危机、金融危机乃至国际金融市场大动荡。简言之,人类最终不得不再一次经历大衰退。正如2022年9月世界银行研究报告所指出的,如果将全球通胀率降至5%的目标水平,各国央行需再加息2个百分点,其结果可能使 2023 年世界经济增速降至 0.5%。

（三）大规模国际制裁的负面影响

自俄乌冲突爆发至 2022 年 9 月，西方国家累计对俄实施的制裁已达约 1.1 万项。美欧制裁不仅给俄罗斯及其关联国家经济带来了直接冲击，其对世界经济复苏的负面影响也十分明显。根据 IMF 预计，2022 年俄罗斯经济增长率约为 –3.4%。俄罗斯逐渐被发达国家限制甚至逐出能源需求市场，不仅会改变油气供求的地缘政治经济结构，而且会加速全球特别是欧洲国家的能源转型进程，可能还会将全球实现碳中和的目标推迟几十年。美欧对俄罗斯的金融制裁形形色色，既包括冻结海外资产乃至外汇储备，也包括将众多俄罗斯金融机构逐出 SWIFT。制裁的次级影响更是随处可见。俄罗斯在多边开发银行中的美元和欧元融资均遭到严重阻碍。同时，众多与俄罗斯有密切往来的企业因担心美国的连带制裁而不得不终止与俄罗斯的贸易投资活动。货币金融的政治化及武器化，在打乱国际正常金融秩序的同时，也减弱了人们对未来的信心。如果这种现象持续下去，世界经济增长必被殃及，全球货币金融体系的根基最终将被进一步撼动。

（四）区域经贸科技机制政治化

2022 年 5 月，美国正式启动将中国排除在外的印太经济框架（IPEF）。该框架包括 14 个成员国，覆盖 25 亿人口，GDP 约占全球的 40%，主要内容涉及贸易、供应链、清洁能源以及反腐败等领域的规则或标准设立。IPEF 是一个政府间行政规则框架，不需要经过各成员立法机构的批准；IPEF 是一个模块化的分拆机制，各成员可以选项参加。它的这两个特点规避了烦琐的立法程序，简化了漫长的谈判进程，便利了成员间的务实合作，同时在稳定性和完整性方面带有先天的缺陷。针对中国构建排他性"小圈子"的另一事例是 2021 年 9 月美国与欧盟创立的贸易和技术理事会（TTC）。2022 年 5 月，TTC 召开了第二次会议并在声明中强调美国—欧洲伙伴关系是其共同的力量、繁荣和致力于自由、民主与尊重人权的基石。2022 年 8 月，拜登签署《芯片与科学法案》，其中包含限制中美正常科技合作的条款，包括授权政府在未来 5 年拨款 1 500 亿美元促进研发培训以提升与中国的竞争能力。此后，美国加大了对中国芯片出口的限制。世界主要经济体之间的遏制与博弈，无疑会对全球贸易投资和产业链、供应链稳定产生严重负面影响。

（五）全球粮食危机

2022 年粮食安全问题成为令世人焦虑的主要议题之一，直接原因有以下三点：一是地缘政治冲突。俄罗斯和乌克兰都是小麦的出口大国，俄乌冲突对全球粮食市场形成了强大的冲击波。二是极端气候灾害导致主要产粮地区产量不稳定。三是大型跨国企业对全球粮食交易的垄断。美国阿奇尔丹尼斯米德兰（ADM）、邦吉（Bunge）、嘉吉（Cargill）以及法国路易达孚（LDC）四大粮油集团共同控制着全球 70% 的谷物市场，2021 年销售额达 3 300 亿美元。为了使利润最大化，四大粮油集团不惜将粮食作为金融投资的工具，严重影响非洲等广大缺粮国家的粮食可获得性。此外，全球粮食的浪费和配置失衡也日趋严重。据联合国粮食及农业组织（FAO）数据，全球每年浪费食物高达 16 亿吨，价值 2.5 万亿美元，其中可食用部分为 13 亿吨。半个多世纪以来，全球粮食生产增长率一直超过人口增长率，2021 年的粮食产量再次创历史纪录。然而，越来越多的粮食没有用来满足个人消费。过去 50 年，工业用掉世界粮食产量增长的 30%。2022 年 7 月，FAO、IMF、WTO、世界粮食计划署（WFP）和世界银行五大国际机构负责人发表联合声明，呼吁采取紧急行动应对全球粮食安全危机：立即向弱势群体提供支持，促进贸易和国际粮食供应，扩大生产以及投资于适应气候变化的农业。2022 年 9 月，这五大机构负责人发表第二次联合声明，呼吁支持高效的生产和贸易，提高透明度，加速创新和联合规划，以及投资于粮食系统的转型。随着粮价的逐步回落和供应企稳，除非出现环境气候变化与地缘政治的重大危机，2023 年全球粮食市场料将保持总体稳定。

三、2023 年世界经济形势展望

当前，世界经济运行中的各种短期问题和长期因素交织叠加，在带有不确定性的短期因素不断涌现的同时，一些深层次矛盾和结构性问题也日益凸显。影响 2023 年世界经济增长的直接变量主要有以下几项。

一是发达经济体货币紧缩政策的力度与节奏。好消息是美国

CPI 自 2022 年 6 月以来持续下降，从而为美联储放缓加息节奏创造了一定的条件。二是新冠肺炎疫情"后遗症"的影响。尽管疫情对世界经济的负面影响在 2023 年全面缓解是大概率事件，但疫情高峰期后的两年却被认为是许多脆弱的发展中国家出现社会经济动荡的高危期。三是债务危机。伴随美国加息和美元升值，重债国出现违约甚至连锁违约的可能性升高。四是极端气候带来的影响。过去几年的经历告诉我们，世界经济缓慢复苏可能会被极端气候造成的负面影响所拖累。五是地缘政治冲突。俄乌冲突进一步升级的阴霾挥之不去，中东甚至东南欧等地区均潜伏着影响地区乃至全球和平与发展的不稳定因素。六是发达经济体能否实现软着陆。从已有的各种预测数据来看，美国和欧洲这两大经济体在 2023 年出现衰退的可能性显著增大，其直接后果之一便是损害全球贸易与投资。

全球增长面临的短期不利因素看上去比以往明显增多，显示出世界经济 2023 年很可能仍将处于下行通道。IMF 预计，2023 年占全球 GDP 三分之一的国家将面临经济衰退。展望未来，世界经济增速还将进一步降低。2022 年 6 月，世界银行预计 2023 年世界经济增长率为 3.0%，其中发达经济体和新兴市场与发展中经济体的经济增长率分别为 2.2% 和 4.2%。9 月，经合组织预测数据显示，2023 年世界经济增长率为 2.2%，较该机构 6 月预测值低 0.6 个百分点。10 月，IMF 预测数据显示，2023 年世界经济增长率为 2.7%，较 2022 年低 0.5 个百分点，其中，发达经济体经济增长率为 1.1%，美国为 1.0%，欧元区为 0.5%，日本为 1.6%；新兴市场与发展中经济体经济增长率为 3.7%，中国为 4.4%，印度为 6.1%，巴西为

1.0%，俄罗斯为 –2.3%，南非为 1.1%。

鉴于目前世界经济发展呈现的种种迹象，以及考虑到各种因素可能带来的影响，2023 年世界经济复苏将面临更大压力，低于 IMF 和世界银行预期的可能性较大。按购买力平价计算的世界经济增长率为 2.5%，同时不排除出现世界经济增速大幅下滑的可能性，部分主要经济体甚至会出现经济收缩的情况。中长期来看，世界经济将行进在中低速增长轨道。未来 3—5 年，世界经济增长率将维持在 3% 左右，发达经济体与发展中经济体的双速增长格局仍将持续，并且不同国家和地区之间的经济增长分化态势依然显著。

中国经济50人论坛丛书
Chinese Economists 50 Forum

第十一章　对当前经济形势的几点看法①

马建堂②

---

① 本文根据2022年11月10日长安讲坛第396期内容整理而成。
② 马建堂，论坛成员，十四届全国政协常委、经济委员会副主任，国务院发展研究中心原党组书记、研究员。

一、当前国民经济运行的中长期背景

之所以要讲中长期背景，是因为想从经济发展新常态的角度，来认识、判断、分析当前的经济形势，确定有效的宏观经济政策。今天的经济是昨天的延续，分析今天的经济形势，实际上需要从研究昨天开始。同时，当前经济运行的态势，是当下因素与中长期因素综合作用的结果，在某种程度上，其走势更加受到一些中长期基本因素的影响。

从经济周期的角度看，任何经济周期都是短期周期、中期周期与长期周期叠加的结果。经济学上有三种长度的经济周期：第一种叫短波，是最短的，是40个月左右的库存周期，它的变化主要由库存变动引发；第二种叫中波或者中周期，一般是五六年到六七年,资本主义的危机大致上都是六七年循环一次;第三种,也是最长的,是以五六十年为长度的长周期。著名的康德拉季耶夫周期理论提出,经济生活中存在着50—60年的长周期。长周期变动的原因是什么?或者说国民经济为什么从扩张期转入收缩期,然后进入另一个扩张期,又进入下一个收缩期?尼古拉·D.康德拉季耶夫(Nikolai D. Kondratiev)认为主要是固定资本的周期更替所引致。我认为长周期的作用机理就是依托于工业革命、产业革命、技术革命背后的主导产业萌发、兴起、壮大,以及主导产业群的形成,这样一个过程就是经济长周期的扩张阶段,大概是二三十年。随着主导产业群的相对沉寂,或者说等待新一轮产业引发新的主导产业群兴起,经济往往就会进入一个收缩阶段或者低速成长阶段。中国经济也是短期波动、中期波动和长期波动综合作用的结果。

2008年国际金融危机以后,中国经济从持续几十年的两位数的高速成长,转为6%—7%的中高速增长,未来几年可能进入一个更为稳健的增长速度。党中央指出,经济发展进入以增速换挡、结构优化、动力转换为主要内容的新常态,这是经济工作的大逻辑,要求全党正确地认识新常态,真正地适应新常态,从而科学地引领新常态。如果没有这样一个大逻辑的理论,我们很可能无法容忍2008年以后经济速度的下行,企图努力地把经济拉回到两位数增长。真正认识这个大逻辑之后,我们在宏观政策上就不能大水漫灌,经济工作的重心要放在结构调整优化、供给侧结构性改革、新旧动能转化上。因此,2014年以后党中央提出的这一重大理论和战略,对于我们认识中国经济的中长期发展趋势和当前经济走势,都是非常重要的。

关于中国经济增长速度的变化，简单列举一些数据。1978—2008年的30年里，我国GDP年均增长接近10%。为什么是接近10%呢？因为每次经济普查之后都会对往年的GDP数字进行修正，所以这个数字不是非常确定。2008年以后，经济增速逐步回落。2008年是10.1%；2009年是8.5%；2010年第一季度经济增速比较慢，随着4万亿刺激政策的推出，经济增速有所反弹，达到10.3%；2011年是9.0%；2012年是8.6%；2013年是7.1%；2014年是8.4%；2015年是6.4%；2016年是6.8%；2017年是7.3%；2018年是6.4%；2019年是6.1%。从数据可以看出，中国经济从两位数的高速成长向6%—7%的增速回归。

中国经济增速换挡是因为深层的经济规律在起作用，其中一个很重要的原因是中国人口结构的变化，特别是劳动力总量下降，中国人口红利进入拐点区间。2010年我国劳动年龄人口（15—59周岁）是9亿4 052万，从2012年开始，不仅劳动力人口占总人口的比重在下降，劳动力人口绝对量也在下降。2011—2018年，劳动力总量每年都在减少，8年总共减少了2 468万；2011—2021年，10年减少了4 325万。劳动年龄总人口减少就意味着劳动力成本增加，大家应该能够感受到，劳动密集型产品的价格上涨较多，因为工资增长相对较快。

从另外一个角度看，改革开放以来，我国处于经济快速增长阶段。发展经济学的刘易斯模型认为，在这个阶段，大量富余劳动力从农村中转移出来，农村富余劳动力的边际生产率近乎零，劳动力从近乎零的农业领域转移到边际生产率为正的非农领域。劳动力从农村转移到非农村、从农业转移到非农业的过程,就是劳动生产率不断提高的过程,就是 GDP 总量不断增加的过程,也是整个国家经济起飞的过程。2008 年以后,随着劳动力年龄人口的减少,以及农村富余劳动力增速相对放缓,我国高速成长的人口红利进入一个拐区(有人说是拐点,但它也是一个区间,是一段时间)。总之,最近 10 年来我国经济增速换挡的一个重要的深层原因就是人口结构、劳动力总量发生了比较重大的变化。

我们既要看到下拉的力量,也要看到向上拉升的力量。一方面,由于拉动中国经济三四十年高速成长的一些深层的因素,特别是劳动力因素的变化,使得经济增速下行。另一方面,中国新一轮信息技术革命带来的新业态、新产业、新商业模式的出现,又在向上拉升中国经济。这些力量综合起来,再加上当期一些因素的作用,使得我国经济进入目前的发展形态。

最近比较突出的减弱增长动能的因素,也是一个新因素,就是疫情的影响。2020 年,在突如其来的疫情影响下,我国经济增速降至 2.2%。尽管当年中国是全球唯一实现正增长的主要经济体,但这也是我国几十年来经济增速最低的一年。随着疫情形势缓解以及 2020 年基数较低等因素,2021 年经济增速反弹到 8.1%,2022 年增速会进一步放缓,可能是 3.5% 左右。新冠肺炎疫情这一突发因素干扰了中国经济长期增长的态势。

总之,研究当前经济一定要有中长期视角,只有这样才能对经济形势把握得更加深刻。

二、2022年前三季度经济运行情况

简单地说，第一季度总体平稳，第二季度陷入谷底，第三季度企稳回升。

GDP第一季度增长4.8%，第二季度增长0.4%，第三季度回升到3.9%，前三个季度平均增长3.0%。1—9月，规模以上工业增加值增长3.9%，服务业生产指数增长0.1%。固定资产投资增长5.9%，其中民间投资增速只有2%，房地产投资是负增长，下降8%。社会消费品零售总额增长0.7%，这些数据反映了内需不足。进出口是总需求中拉动国民经济增长的重要力量，2022年前10个月进出口总值（以人民币计价）是34.6万亿元，其中出口额是19.7万亿元，增长13%，进口额是14.9万亿元，增长5.2%。但是以美元计价的进出口增速比较低。根据10月当月的最新数据，以人民币计价的出口增长7%，进口增长6.8%，但以美元计价的进出口都是负增长，出口增长是–0.3%，进口增长是–0.7%，数据出现背离的原因是人民币贬值。和其他发达经济体相比，我国国民经济运行的一个亮点就是物价比较稳定。1—10月，CPI增长2%，10月当月CPI增长2.1%。同时就业总体保持稳定，9月全国城镇调查失业率是5.5%，31个大中城市的调查失业率是5.8%。1—9月全国居民人均可支配收入增长3.2%。1—9月财政收入15.6万亿元，下降6.6%，如果扣除留抵退税因素，按照可比口径，增长4.4%。1—9月财政支出是19.2万亿元，增长6.3%。截止到2022年9月底，M2增长12.1%，达到262万亿元。社会融资规模存量是340.1万亿元，同

比增长10.6%。扣除物价上涨之后的GDP增速是3%,但是广义货币和社会融资的增速都超过10%,为什么?一般的解释是货币流通速度下降,货币乘数下降,这是一个值得研究的题目。9月底,人民币贷款是210万亿元,比2021年9月底增加11.2%。再看交通运输方面,新冠肺炎疫情使得物流和客流受到比较大的影响,1—9月,全国货运量是376.3亿吨,下降2%,客运量是40亿人次,下降31.2%。

以上是2022年前10个月的主要经济数据,我想说三句话。

第一句话,三季度国民经济企稳回升来之不易。

2022年国民经济运行面临的形势非常复杂严峻,2021年底的中央经济工作会议把它描述为三重压力的冲击,即供给冲击、需求萎缩、预期不稳。

第一重压力是供给冲击。一是国外一些重要产品断供。美国等西方国家加大了对我国重要企业的制裁,对敏感行业、涉军企业也加大了制裁。比如2021年芯片短缺,一芯难求,这也是汽车行业增速低迷的重要原因。二是疫情防控下的物流不畅。无论是客运量还是货运量都是下降的,经济活动在一定程度上被中断,导致物流不畅。2022年上半年,上海等长三角城市的严重疫情,使我国供应链、产业链一度受到很大的影响。三是能源供给受限。由于各种原因,我国的能源特别是煤炭供给受限,价格高企,很多发电企业越发越亏。在这种状况下,2021年拉闸限电现象非常严重。随着党中央采取果断有效的举措,这种现象得到极大的改善,但是能源特别是煤炭价格较高的状况仍然存在。特别在北方,煤炭供应不足、库存减少、价格偏高的问题仍然比较突出。

第二重压力是需求萎缩。首先是消费需求萎缩，1—9月社会零售总额仅增长0.7%，旅游、餐饮、公共、娱乐、交通出行等集中式、接触性消费受到的影响很大，客运量下降了31.2%。1—9月投资增速只有5.9%。当然，随着经济发展进入新常态，GDP增速从两位数的增长转变为6%—7%的增长，投资也要进入新常态。2010年之前一段时间，投资增速都是20%—30%，现在只有6%—7%，这与6%—7%的GDP增速是相称的，但是确实比较低。房地产投资增长是−8%。房地产投资在固定资产投资中所占的比重较高，一般占到25%—30%。

第三重压力是预期不稳。预期不稳的原因有很多，既有经济方面的也有非经济方面的，既有浅层的也有深层的。这其中包括一些对中央重大政策的误解、误读，比如网络上炒作的供销社问题，当年供销社的存在是和计划经济相适应的，主要任务是农副产品特别是粮食的统购统销，以及生产资料特别是农业生产资料（农药、化肥等）的供给。现在农产品收购完全放开，农业生产资料的供给也市场化了，供销社怎么能够回到过去？还有社区食堂问题，在我国人口日益老龄化的情况下，为了更好地便民，在社区里建食堂，这和公共食堂有什么关系？房地产市场严重下行也是造成预期不稳的重要因素，房地产的主要指标，如投资、销售、新开工等下跌幅度都很大，房地产市场形势比较严峻。股市有波动，尽管有时也往上波动，但总体上是相对低迷的。现在是现金为王，由于对未来形势预期不乐观，很多企业不愿也不敢投资，不愿利用杠杆进行生产经营，贷款意愿低。

在三重压力的冲击下，2022年经济运行环境还是非常严峻的。面对复杂的形势，以习近平同志为核心的党中央果断地推出一系列纾困政策。第二季度是0.4%，几乎是零增长，第三季度出现企稳回升，达到3.9%，提高了3.5个百分点，回升势头比较快，回升幅度比较大。为什么能够较快地企稳回升呢？中央推出的纾困政策起到极其重要、极为关键的作用，其中有几项非常重要的政策。

第一个方面：积极的财政政策。一是留抵退税。我国现行税制中的主要税种是增值税，企业有销售收入，销项就要缴税，同时企业购买生产资料、产品和服务，有进项就可以抵扣。所以财政部门就会用销项缴的税留在税务部门作为抵扣，几年累积下来也有几万亿元。2022年为了缓解经济运行困难给企业带来的资金压力，党中央国务院及时地推出留抵退税政策，在不少行业和企业实行免申即退。前三个季度一共留抵退税2.23万亿元，对于缓解企业资金流动困难、保证现金流起到很重要的作用。二是继续实行2021年推出的减税、缓税、减费政策，特别是缓缴社保费（养老保险、工伤保险、失业保险）。截止到9月底，减税缓税1.2万亿元，加上留抵退税就是3.4万亿元。如果没有这3.4万亿元的优惠政策，企业的资金周转将更为艰难。三是加快地方债券的发行和使用。加大投资力度，用投资需求来弥补消费需求的不足。在推动投资需求回升的过程中，地方债券特别是地方专项债起到很大的作用，2022年前三个季度已累计发行地方债券3.54万亿元，加上去年结转的部分，到9月底已经使用3.93万亿元，这对于稳定固定资产投资起到重要作用。

第二个方面：稳健的货币金融政策保持灵活适度。一是促进企业综合融资成本稳中有降。金融企业要向实体经济让利，引导1年期和5年期的贷款市场报价利率（LPR）分别下降0.15和0.35个百分点。2022年9月企业综合平均贷款利率是4%，同比下降0.59个百分点。二是保持货币信贷增量较快增长。三是金融系统加大对基础设施和重大项目的支持力度。2022年中国人民银行推出的开发性和政策性金融工具，累计达到7 400亿元，主要是通过政策性银行——国家开发银行、中国农业发展银行和中国进出口银行实施。开发性和政策性金融工具的利率比较低，由财政补贴，可以用作政府投资项目或者重大项目的资本金。前三个季度，上述三家政策性银行的基础设施贷款达到1万亿元，9月末中长期贷款余额达到11.5万亿元，增长了28.3%。正是由于央行采集了这些政策，加上财政方面的地方专项债，才使得投资在困难形势下保持了5.9%的增长率。四是对中小微企业的贷款实行延期还本付息。据不完全统计，截止到9月底，有302万户中小微企业享受了这一政策，合计延期还本付息5.4万亿元。中国企业的资产债务比在60%左右，有的企业更高，主要的负债是银行贷款，对中小微企业实施缓息，对帮助他们渡过难关起了很大作用。

第三个方面：就业政策更加有力。据不完全统计，各地累计减收、缓缴三项社会保险费1 800亿元，发放失业保险的稳岗返还资金，利用失业保险基金的结余，对那些稳岗不裁员企业补贴448亿元，对企业稳岗培训发放补助197亿元。正是由于采取了这些举措，即使经济下行压力较大，但就业总体保持了稳定。

第二句话，经济形势仍然复杂严峻，不能掉以轻心。

当前世界百年变局加速演进，俄乌冲突的外溢效应不断显现，国际经济不稳定、不确定因素增多，国内疫情时有发生，经济增长速度低于潜在水平，促进经济持续回稳、巩固向好势头仍面临不少困难和挑战。

从 GDP 数据看，第三季度当季增长 3.9%，第一到第三季度平均增长只有 3%。在目前各地疫情频发的情况下，即使第四季度当季增长 4%，全年平均也只有 3.3% 左右。就算稍高一点，达到 3.5% 左右，仍然是我国改革开放以来仅次于 2020 年（2.0%）的较低增速。

从消费需求看，社会平均零售总额 1—9 月只增长 0.7%，全国居民人均消费支出实际增长只有 1.5%，这两个指标互相印证，说明消费需求是低迷的，特别是集中式、接触性消费受到的影响更大。

从投资方面看，在中央采取了多项举措的情况下，1—9 月固定资产投资增长只有 5.9%。

从进出口看，尽管前 10 个月以人民币计价的进出口总值平均增长 9.5%，但增速总体上是下行的，如果以美元计价，下行趋势则更加明显。以美元计价的进出口总额，2022 年 1 月增长 22.6%，2 月增长 8.6%（春节的因素），3 月增长 7.7%，4 月（由于长三角疫情严重）增速只有 2%，5 月增长 10.7%，6 月增长 9.0%，7 月增长 10.8%。从 7 月以后，增速逐月下行，8 月增长 4.1%，9 月增长 3.4%，10 月下降 0.4%。进出口走势不容乐观。主要原因是，随着通货膨胀高企，美欧等国家和地区的央行都采取了连续提高利率的政策，致使经济和需求增长放缓，我国出口主要目标市场的老百姓的实际购买力在下降。

从生产看，1—9月，规模以上工业增加值增长3.9%，服务业生产指数增长只有0.1%，接近零增长。

因此，经济形势依然严峻复杂，必须增强忧患意识，不能掉以轻心，要坚决贯彻落实党中央国务院确定的"六稳六保"政策，巩固国民经济企稳向好的势头。

第三句话，严峻形势中也有亮点。

第一，物价平稳。我国前三季度CPI上涨2%，在所有大经济体中物价增幅最低。欧元区是9%左右，美国超过8%，一些新兴市场经济体更高。我国保持物价稳定，对于保障人民生活水平不受太大影响很重要，它直接决定了人民群众的购买力。除了CPI之外，PPI（工业品出厂价格指数）也从高位回落。2022年1月PPI上涨9.8%，然后逐月回落，5月回落到0.9%，1—9月PPI平均增长5.9%。当然，PPI增速从高位回落，再次证明了我国内需不足。

第二，农业丰收。俄乌冲突以来，很多国家粮价大涨。而我国粮食连续丰收，由于食品价格在CPI中的权重在30%左右，对于物价稳定、社会稳定都非常重要，正所谓"手里有粮，心中不慌"。2022年我国夏粮产量是14 740万吨（2 948亿斤），增长1%；早稻产量是2 812万吨（562.5亿斤），增产10.6万吨（2.1亿斤）。现在就看秋粮，大头在东北，目前的长势还是比较好的，2022年全年粮食产量维持65 000万吨（1.3万亿斤）还是有把握的。一稳百稳，粮食一稳，物价就稳，这一点非常重要。

第三，就业总体稳定。从统计数据上看，全国城镇调查失业率最高值出现在 2022 年 6 月，突破 6%。从 6 月以后逐月回落，8 月是 5.3%，9 月是 5.5%。但青年人的失业率确实非常高，16—24 岁的主体是大中专毕业生，1—8 月城镇调查失业率是 17.6%，比去年同期高了 3.4 个百分点。

第四，新能源汽车产销两旺。2022 年 1—9 月汽车生产 1 963 万辆，销售 1 947 万辆，分别增长 7.4% 和 4.4%，新能源车产销增速更快。2022 年 1—9 月，新能源汽车产量 427 万辆，比 2021 年同期增长 1.2 倍，销售 457 万辆，比 2021 年同期增长 1.1 倍。汽车行业的快速增长，特别是新能源汽车的快速增长，对于规模以上工业增加值增长 3.9%，进而 GDP 增长 3%，起到很重要的拉动作用。

总之，我们需要科学、全面、辩证地看待当前形势，既要有忧患意识，看到形势的复杂严峻，也要坚定信心，看到国民经济在企稳回升，看到党中央国务院推出的纾困政策切实有效，看到经济运行中不乏亮点。

三、2023 年经济走势分析和促进国民经济稳定向好的几点看法

总体来看，2023 年中国经济发展的外部环境更趋于复杂严峻，国内仍然面临三重冲击，对此我们要有忧患意识。同时，我们更应看到党的二十大精神必将为经济发展增添新动力，我国经济市场主

体海量，高达 1.6 亿户，国内市场巨大，经济发展有充分的韧性，因此我们对我国的发展前景更要充满信心。只要我们更加精准、科学地统筹疫情防控和经济社会发展，国民经济就会保持回稳向好的势头。

为什么外部环境更趋于复杂严峻？从国际上看，俄乌冲突仍然胶着，国际政治秩序分化冲突，逆全球化上扬，反华、遏华成为西方国家的"大合唱"，国际经济日益帮派化、意识形态化，对我国的封堵、围堵、遏制、打压将更加肆无忌惮。改革开放以来，外需是拉动我国经济增长的一个重要力量，国际政治的这种变化不可能不影响我国经济。

在经济上，主要经济体增速回落，物价高企，开始或已经陷入滞胀状态。根据 IMF 2022 年 10 月的预测，2022 年欧元区 GDP 增长 3.1%，2023 年只有 0.5%，其中德国 2022 年增长 1.5%，2023 年是负增长 –0.3%。同时，2022 年 10 月欧元区 CPI 增长超过两位数，达 10.7%，其中能源价格上涨 41.9%，这是典型的滞胀状态。按照 IMF 的预测，2023 年欧元区经济增长 0.5%，物价增长 9%—10%，这是典型的滞胀。

美国 2022 年前两个季度环比折年率分别是 –1.6% 和 –0.6%，出乎意料的是，第三季度环比折年率增长 2.6%。IMF 预计美国 2023 年的增速是 1.6%。美国的物价 8 月是 8.3%，9 月是 8.2%，2023 年估计也要维持在 6% 以上的水平。尽管美联储不断加息，但是通货膨胀的控制需要一个过程。

根据 IMF 的预测，日本 2022 年经济增长 1.7%，2023 年经济增长 1.6%。日本有过"失去的 10 年",现在恐怕要失去 20 年、30 年,每年都是微增长,甚至是零增长,要增长 2% 都很难。

IMF 预计 2022 年全球经济增长 3.2%,2023 年经济增长只有 2.7%,亚太地区 2022 年经济增长 4%,2023 年经济增长 4.3%,远低于过去 20 年亚太地区平均经济增长 5.5% 的速度。世界经济特别是发达经济体,预计 2023 年都不如 2022 年,不少发达经济体会陷入滞胀状态,这不可能不对中国经济产生影响,因为中国经济已经深深地融入世界经济。

从金融方面看,美联储在 2022 年 6 月、7 月、9 月、11 月连续四次加息,而且是激进加息,每次加 0.75 个基点,估计 12 月还会有第五次加息。美国的联邦利率已经升到 3.75%—4%,创下 40 多年来最快的加息纪录,引发全球金融市场动荡,除美元之外的货币汇率纷纷贬值,不少国家外汇大幅贬值,资金大幅外流。美联储加息,美元走强,人民币也在贬值。10 月 25 日在岸人民币汇率跌破 7.3,创 2008 年以来最低,2022 年已经累计贬值 14% 以上。美国第三季度的经济形势超过预期,从 9 月的数据看,不管是新增非农就业还是经济增速,都比预计的好,这就更会促使美联储激进加息。美联储激进加息、美元升值对国际市场的影响巨大,对我国的汇率稳定和资本市场稳定也是影响巨大。

从国内看,三重压力仍存在,供需矛盾交织,内需增长动力不足,外需总体减弱。一些先行指标已经体现出来,比如 10 月采购经理指数(PMI)回落到荣枯线以下的 49.2%。PMI 中的新出库订单指数在 5 月只有 47%,10 月是 47.6%,尽管略有回升,但仍然在荣枯线以下。一些预期因素也不易扭转,比如对重大问题的误解误读,特别是境外媒体的恶意误导;国内房市、股市持续低迷;一些政策沟通协调不够,致使不少企业的避险意识浓厚,保守心理上升,"躺平"心态增加。所以无论是从国际环境还是从国内环境来看,无论是从供给看还是从需求看,2023年面临的环境还是复杂严峻的。

同时也要看到,我们仍然有保持国民经济持续回升向好的基本因素。在以习近平同志为核心的党中央坚强领导引领下和习近平新时代中国特色社会主义思想的指导下,在二十大精神的鼓舞下,一定会激发新的能量。中央持续实施"六稳""六保"政策,国内有1.6亿市场主体,只要我们统筹好疫情防控和国民经济发展,一定能够保持经济回稳向好的势头。

怎样保持好这个势头?第一,最为重要的就是认真贯彻学习党的二十大精神,更好地指导我们的经济工作,夺取统筹疫情防控和经济社会发展的双胜利,真正做到中央要求的"疫情要防住,经济要稳住,发展要安全"。要实现这个目标,真正创造国企敢干、民企敢闯、外企敢投的环境和氛围,一是要更科学、更精准地进行疫情防控;二是问责导向要更加科学,不严格执行国家防控规定的要问责,严格执行国家防控规定、由于病毒变异速度太快而出现零星病例,则不要问责,要不断完善问责制度。如果做到这一点,恢复消费也不是难事,因为很多消费需求受到较长时间的抑制。

第二,要继续实施积极的财政政策和货币政策。一是适当增加财政赤字。现在很多地方甚至一些沿海地市,经济下行,财政收支减少，加上采取大规模留抵退税、减税让利措施，同时防疫支出增加，在这种条件下就要考虑适当增加财政赤字。二是继续实施留抵退税政策和缓缴社保费政策，减轻企业资金压力，帮助企业渡过难关。三是继续降低企业的融资成本。四是要保持合理适度的货品供应量。

第三，采取得力的实际举措，彰显"两个坚持""两个毫不动摇"。什么是"两个坚持"？习近平总书记在二十大报告中指出，"要坚持社会主义市场经济改革的方向，坚持高水平的对外开放"。"两个毫不动摇"是毫不动摇巩固和发展公有制经济，毫不动摇鼓励、支持、引导非公有制经济发展。特别是要切实贯彻落实党的二十大强调的"优化民营企业发展环境，依法保护民营企业产权和企业家权益，促进民营经济发展壮大"。中国的民营经济减少了，特别是大、强、优的民营企业减少了。所以二十大报告中的这三句话非常有针对性，只有这样预期才能稳住，信心才能增强，经济才能发展。

第四，在新闻宣传上，思想宣传战线要及时、主动地澄清一些错误言论，特别是影响信心的言论。

总之，尽管2023年经济环境复杂严峻，存在一些不确定因素，但在以习近平同志为核心的党中央的坚强领导下，有习近平新时代中国特色社会主义思想的科学指引，有44年改革开放所创造的坚实基础，有1.6亿户经受过市场考验的市场主体，我们一定能够克服重重困难，确保国民经济运行保持在合理区间，在全面建设社会主义现代化国家的新征程上开好局、起好步。

中国经济 50 人论坛丛书
Chinese Economists 50 Forum

第十二章 党的二十大为经济企稳回升、长期向好提供了强大思想动力[①]

杨伟民[②]

[①] 本文根据 2022 年 11 月 17 日长安讲坛第 397 期内容整理而成。
[②] 杨伟民，论坛学术委员会成员，十三届全国政协常委、经济委员会副主任，原中央财经领导小组办公室副主任。

党的二十大是一次具有里程碑意义的大会，是在迈上全面建设社会主义现代化国家新征程、向第二个百年奋斗目标进军的关键时刻召开的一次十分重要的大会，是一次高举旗帜、凝聚力量、团结奋进的大会。会议对全面建设社会主义现代化国家、全面推进中华民族伟大复兴进行了战略谋划，对统筹推进"五位一体"总体布局、协调推进"四个全面"战略布局作出了全面部署。学习宣传贯彻党的二十大精神是当前和今后一个时期全党全国的首要政治任务。本文从两个方面谈一下学习体会，一是二十大报告中的经济发展逻辑，二是中国经济企稳回升的着力点。

一、二十大报告中的经济发展逻辑

二十大报告中的经济发展逻辑，由高到低，是五个逐步落实的逻辑。第一,"两个任务"——中心任务和首要任务是经济发展的顶层逻辑。第二,"两个坚持"("两个高水平")——坚持市场经济改革方向(高水平社会主义市场经济体制)、坚持高水平对外开放是"两个任务"的实现路径。第三,"两个作用"——发挥市场决定性作用,更好地发挥政府作用,是构建高水平社会主义市场经济体制的核心要义。第四,制度型开放是推进高水平对外开放的重点。第五,宏观政策出发点是扩大内需同供给侧结构性改革有机结合。

(一)中心任务和首要任务是顶层逻辑

我们党历经百年奋斗史,在不同时期有不同的中心任务。在抗日战争时期、解放战争时期以及中华人民共和国成立初期,都有当时的中心任务。1978—2000年,这20多年的中心任务是解决人民的温饱问题,使人民生活达到小康水平。2000—2020年,第二个20年的中心任务是全面建成小康社会,实现第一个百年奋斗目标。前两个中心任务都已顺利完成,所以习近平总书记在二十大报告中庄严宣告:从现在起,中国共产党的中心任务就是团结带领全国各族人民全面建成社会主义现代化强国、实现第二个百年奋斗目标,以中国式现代化全面推进中华民族伟大复兴。时间是从现在开始到2050年,中心任务是全面建成社会主义现代化强国。各项工作都要围绕中心工作展开,为中心任务服务。这是一个大逻辑、基本逻辑,大逻辑决定小逻辑,后面提及的首要任务、改革开放、宏观政策出发点等都是围绕大逻辑展开。

二十大报告从三个角度定义了中国式现代化。一是"五大特征":人口规模巨大、全体人民共同富裕、物质文明和精神文明相协调、人与自然和谐共生、走和平发展道路。二是"五位一体"目标:经济上的富强、政治上的民主、文化上的文明、社会上的和谐、生态文明上的美丽。三是本质要求,概括起来有四个方面:"两个坚持",即坚持中国共产党领导,坚持中国特色社会主义;"五位一体"任务,即实现高质量发展,发展全过程人民民主,丰富人民精神世界,实现全体人民共同富裕,促进人与自然和谐共生;"一个世界意义",即推动构建人类命运共同体,中国式现代化具有世界性意义,14亿人口全面进入现代化,将会改变人类到目前为止的现代化格局,改变世界政治、经济大格局;"一个最终范式",就是创造人类文明新形态。

建设现代化强国的战略安排分两步走:第一步,2035年基本实现社会主义现代化。关于2035年目标,"十四五"规划建议当中也做出了描述,这次又有一些新提法。比如人均国内生产总值达到中等发达国家水平,实现高水平科技自立自强,形成新发展格局,居民人均可支配收入再上新台阶,农村基本具备现代生活条件,国家安全体系和能力全面加强等,这都是与"十四五"规划建议相比的新表述。第二步,到2050年建成富强民主文明和谐美丽的社会主义现代化强国。

全面建设现代化强国的中心任务,决定了下一步的首要任务。三个角度定义的现代化,包括现代化强国中的经济富强、本质要求中的高质量发展、"五大特征"中的共同富裕,这些都是经济发展方面的要求,表明现代化的基础是富裕,这就需要经济发展。二十大报告讲到,没有坚实的物质技术基础,就不可能全面建成社会主义现代化强国。中心任务接下来的逻辑,必然是把高质量发展作为首要任务。

到底什么样的发展才叫高质量发展?高质量发展可以从不同的维度来定义。二十大提出,推动经济实现质的有效提升和量的合理增长,这是从质与量关系的全新视角进一步定义了高质量发展(见图12-1)。质的有效提升和量的合理增长,意味着高质量发展是质量与数量的统一,只有数量、没有质量不是高质量发展,只有质量、没有数量也不是高质量发展。在高质量发展阶段,增长速度仍然重要,如果没有量的合理增长,质就没有了载体。

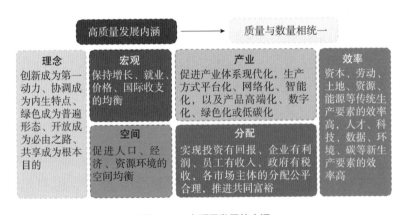

图 12-1 高质量发展的内涵

通过图 12-1,我们可以从不同角度来分析高质量发展的内涵。从发展理念角度看,党的十九届六中全会对高质量发展作出了明确定义,即创新成为第一动力、协调成为内生特点、绿色成为普遍形态、开放成为必由之路、共享成为根本目的的发展。从宏观角度看，就是要保持经济增长、就业、价格、国际收支的均衡。现在美国和欧洲是低增长、高通胀，显然不是一种高质量发展。我国2022年前三个季度经济增长3%，低于潜在增长率，不在合理区间，物价指标良好，10月的CPI和PPI都比上月下降，这与欧美国家形成强烈对比。但是我国的青年失业率高，最高的7月曾经达到19.9%，10月降到17.9%。从空间角度看，要促进人口、经济、资源环境的空间均衡。从产业角度看，要促进产业体系现代化，生产方式平台化、网络化、智能化，以及产品高端化、数字化、绿色化或低碳化。从分配角度看，要实现投资有回报、企业有利润、员工有收入、政府有税收，各市场主体的分配公平合理，有利于共同富裕。从效率角度看，资本、劳动、土地、资源、能源等传统生产要素的效率高，人才、科技、数据、环境、碳等新生产要素的效率高。

（二）"两个坚持"是"两个任务"的实现路径

如何抓首要任务、推动高质量发展？二十大报告讲了四句话，提出纲领性的实现路径，即完整、准确、全面贯彻新发展理念，坚持社会主义市场经济改革方向，坚持高水平对外开放，加快构建新发展格局。

这四句话其实有这样一种逻辑关系：新发展理念是理论指南，深化改革、扩大开放、构建新格局，都要贯彻落实新发展理念。构建新发展格局是目的、结果。主要路径是"两个坚持"，即坚持社会主义市场经济改革方向，坚持高水平对外开放。

为什么强调要坚持改革和开放？在全面建成小康社会、实现第一个百年奋斗目标阶段，我国取得经济持续快速发展和社会长期稳定"两大奇迹"的根本原因，就是深化改革、扩大开放。在全面建设现代化国家、实现第二个百年奋斗目标阶段，仍要坚持社会主义市场经济改革方向，坚持高水平对外开放，这样才能构建新发展格局，实现高质量发展，全面建成社会主义现代化强国。对改革开放，绝不能有丝毫的动摇，要有道路自信、理论自信。

（三）"两个作用"是构建高水平市场经济体制的核心要义

在二十大报告关于经济发展的篇章中，构建高水平社会主义市场经济体制是未来五年高质量发展的第一项任务，说明中央认为，改革对未来全面建设现代化国家具有决定性意义。

如何构建高水平市场经济体制？首先还是要发挥市场配置资源的决定性作用。在十八届三中全会决定的说明中，习近平总书记讲了这样一段话："市场配置资源是最有效率的形式。市场决定资源配置是市场经济的一般规律，市场经济本质上就是市场决定资源配置的经济。健全社会主义市场经济体制必须遵循这条规律。"这就讲清楚了我国市场经济的一般和特殊的关系，所有市场经济国家都是市场决定资源配置，我们虽然是社会主义市场经济制度，也要遵循这个一般规律。下一步经济体制改革的核心问题，仍是处理好政府和市场的关系，仍要紧紧围绕市场在资源配置中起决定性作用来展开经济体制改革。

怎样更好地发挥市场配置资源的决定性作用？二十大报告提出，完善产权保护、市场准入、公平竞争、社会信用等市场经济的

第十二章 党的二十大为经济企稳回升、长期向好提供了强大思想动力

基础制度。这说明在这些市场经济的基础制度方面，我们还有不少短板和缺陷，需要加快健全。

构建高水平社会主义经济体制，就决定了必然坚持"两个毫不动摇"。以公有制为主体、多种所有制经济共同发展，这是我国的基本经济制度。1992年党的十四大确立了社会主义市场经济体制的改革目标，民营经济迎来大发展，同时大量外资涌入中国。所以这个制度是在市场经济条件下逐步发展和形成的，在计划经济条件下不可能形成多种所有制经济。

怎样坚持"两个毫不动摇"？既要推动国有资本和国有企业做强做优做大，同时要优化民营企业发展环境，依法保护民营企业产权和企业家权益，促进民营经济发展壮大。促进民营经济发展壮大，这在党的代表大会和全会文件中是首次提出，是一个非常重大的新提法。为什么这么提？从现实意义看，民营企业预期转弱成为当前经济发展的重要制约，需要在思想上、理论上再给定心丸。从长远意义看，发展壮大民营经济是中国特色社会主义制度的内在要求，因为民营经济是全面建设现代化国家、实现中国式现代化的重要主体之一。

在更好发挥政府作用方面，要健全宏观经济治理体系，这是一个新概念。2020年的十九届五中全会以后，"宏观调控"被"宏观经济治理"替代了。宏观经济治理是具有中国特色的、比宏观调控含义更广的一个范畴。因为我国经济面临的问题不全是周期性的，很多是体制性、结构性问题，有些是经济治理不完善、方法不当造成的，这些问题不是宏观调控能够解决的。同时，这也是全面建设现代化国家阶段的多元化目标所决定的。

（四）制度型开放是推进高水平对外开放的重点

现在国际环境发生了很大变化，这个时候是不是要关上开放的大门？不是，环境越复杂，越要敞开大门、扩大开放。在2020—2021年的经济增长当中，如果没有强大的外需拉动，我们的经济不会实现迅速恢复回升。另外，我们还要大量进口资源和初级产品，这决定了中国的发展离不开国际市场和国际资源。

过去衡量开放程度的指标是贸易额有多大、引进外资有多少，这是一种商品流动、要素流动型开放，下一步要转向以制度型开放为重点。继续扩大贸易和投资，需要拓展制度型开放，扩大规则、规制、管理、标准等的开放，同国际通行的规则、规制、管理、标准相衔接。制度型开放是相互的，不是我国完全被动地去适应，有些我国也应该去引领。

（五）扩大内需同供给侧结构性改革有机结合是宏观政策出发点

"十二五"规划建议强调扩大内需战略，是为了应对国际金融危机，避免经济大的起落。但是扩大内需政策的边际效应在逐步递减，前期刺激政策的一些不良效果开始显现。2015年，我们面临"四降一升"——增长速度、财政收入、企业利润、工业品价格持续下降，金融风险上升。所以，"十三五"规划建议提出加大结构性改革力度，并演变为供给侧结构性改革，解决"四降一升"，止住经济下滑态势。通过两年的实施，2017年经济增长速度止住了下滑态势。但是2018年、2019年由于美国制造贸易摩擦，造成我国出口下滑，2018年、2019年经济增长速度不如2017年。2020年

第十二章 党的二十大为经济企稳回升、长期向好提供了强大思想动力

新冠肺炎疫情暴发，加上美国对我国的全面遏制，国内外环境特别是国际环境发生重大变化，所以习近平总书记提出要构建新发展格局，既要扩大内需，又要深化供给侧结构性改革，两者不可偏废。

构建新发展格局，要把握好六个关键词。

一是格局。构建适应新阶段、新理念，不需刺激就能实现内生高质量发展的新格局，实现与潜在增长率相匹配的发展格局。重点在"新格局"，不在"双循环"。

二是循环。要畅通生产、分配、支出，以及生产与生产、生产与分配、分配与支出、支出与生产之间的循环，打通各环节之间的堵点，清理各方面的淤点。重点在循环，而不是单纯的市场、物流、供应链。

三是开放。要促进开放的国内国际双循环相互促进，通过"世界工厂"促进形成"世界市场"。重点是"双循环"相互促进，而不是"单循环""内循环"。以国内大循环为主体，不是要分开国内市场与国际市场。在"卡脖子"领域实现自立自强，但不是所有技术和产品都要自己干、从头干。

四是整体。构建新发展格局是就全国经济整体而言的，一个地区、一个行业、一个企业本来就已经是融入全国经济发展格局的，重点不是再融入，而是促进形成。

五是构建。政府要积极主动作为，通过努力工作来构建，新发展格局不是自然而然就能形成。怎么构建，关键在改革，政府要推动对形成旧格局的体制机制改革，减少对发展什么、发展多少等的干预。

六是系统。坚持系统观点，把握多目标平衡，把扩大内需战略、深化供给侧结构性改革、收入分配制度改革等统合到构建新发展格局中。构建新发展格局，既要扩大内需，也要深化供给侧结构性改革，还要改革收入分配制度，推进共同富裕。

二十大报告提出，增强国内大循环内生动力和可靠性，提升国际循环质量和水平，是针对当前面临的突出问题提出的政策方向。要优化总需求格局，进一步增强内需，特别是居民消费对经济发展的拉动力。要优化国际循环格局，重点是解决好关键技术和初级产品受制于人的情况，提高进出口、吸引外资、对外投资等的质量和水平。要优化消费格局，重点解决政府消费占比提高、居民消费占比下降的问题。要优化供给格局，重点是把发展经济的着力点放在实体经济上，在关系安全发展的领域加快补齐短板，提升战略性资源供应保障能力，加快发展国内供给不足的产业及其制成品和服务产品，特别是解决科技自立自强问题。要优化分配格局，重点是按照共同富裕的方向，完善分配制度，提高居民收入在国民收入分配中的比重，提高劳动报酬在初次分配中的比重，缩小城乡、区域、行业、群体之间的收入差距和消费差距等。

二、中国经济企稳回升的着力点

二十大报告关于经济发展的逻辑及其新论断、新思路、新战略、新举措，为经济重回合理区间和长期向好提供了强大思想动力和理论依据，有利于在经济发展的重大问题上统一思想认识。贯彻

第十二章 党的二十大为经济企稳回升、长期向好提供了强大思想动力

落实二十大精神,要尽快转化为政策上的强大动力,转化为市场主体和各级政府的行动力。

当前有哪些是经济发展不可回避的,或者是需要重点关注、采取政策措施来解决好的重大问题?主要有以下七个问题:一是经济增长重回合理区间,二是居民消费稳定增长,三是房地产市场稳定,四是平台经济健康发展,五是碳达峰碳中和,六是共同富裕,七是宏观经济治理。围绕这七个问题,我们具体分析一下二十大报告如何为经济企稳回升提供强大思想动力。

(一)有利于促进经济增长重回合理区间

2022年第一季度经济增长4.8%,第二季度受疫情影响滑落到0.4%,第三季度企稳回升至3.9%,比第二季度明显改善,但是全年增长将低于5.5%的预期目标(见图12-2)。这样的增长速度低于我国潜在增长率,不符合长期向好的基本面,不是我国经济的常态,所以必须扭转。

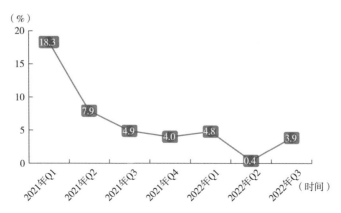

图12-2 2021—2022年第三季度GDP同比增长

工业增加值和服务业生产指数在月度之间波动幅度很大,具有受新冠肺炎疫情冲击的典型特点。2022年1—2月正常恢复,3月逆转走弱,4月探底,5月弱恢复,6月恢复加快,7—8月有所减弱,9月工业和服务业分化,10月工业和服务业双双减弱(见图12-3)。

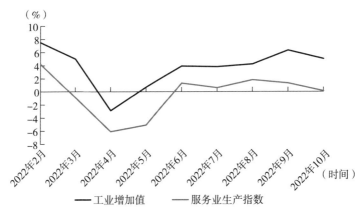

图12-3　2022年工业增加值和服务业生产指数同比增速

从改革开放40多年的情况来看(见图12-4),目前经济增长速度是比较低的,需要尽快扭转这种局面。目前经济中的很多问题是增长速度过低的一种结果或者反映。为什么出现增长速度过低呢?从短期来看,有三个方面的原因:一是受新冠肺炎疫情冲击,包括层层加码的不当防控;二是2021年中央经济工作会议提出的"三重压力"(需求收缩、供给冲击、预期转弱)2022年仍然存在,而且预期转弱、需求收缩进一步发展;三是主引擎失速,房地产业和信息技术服务业这两个主引擎,从2021年第三季度开始下滑、动力减弱。

第十二章 党的二十大为经济企稳回升、长期向好提供了强大思想动力

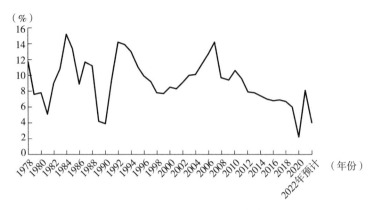

图 12-4　1978—2022 年经济增长

从长期来看，主要是以下几个因素：一是思想上片面理解高质量发展，有的认为在高质量发展阶段增长速度不重要了；二是经济治理体系不完善，方向和任务确定之后，方式方法不当，就会出现合成谬误；三是第三个 10 年的发展模式仍在艰难探索中。21 世纪以来第一个 10 年在相当程度上靠工业及其出口来拉动增长，第二个 10 年主要靠以房价上涨为龙头，房地产企业、金融机构、地方政府相互支撑拉动增长。第三个 10 年的发展模式到底是什么样的？目前还在艰难探索中。

二十大报告提出的"两个任务"，是改革开放以来党一直坚持的以经济建设为中心的基本路线在新时代的新表述，既一脉相承，又与时俱进。所谓一脉相承，就是向全党、全国、全世界宣告，在今后 30 年全面建成社会主义现代化强国的新征程中，仍要坚持以经济建设为中心，坚持发展是硬道理，发展是解决我国一切问题的基础和关键，发展是党执政兴国的第一要务等战略思想，不动摇、不懈怠、不偏向、不争论。所谓与时俱进，就是全面建设社会主义

现代化国家，不能再单纯追求高速度，现代化国家本质上是多目标的。在多目标中，也要抓主要矛盾，抓首要任务，高质量发展是首要任务，坚持以高质量发展为主题。"两个任务"的提出，有利于统一思想，全党全国要一心一意谋高质量发展，聚精会神搞现代化建设。

（二）有利于促进居民消费稳定增长

2001—2020年这20年的最终消费中，居民消费比重下降了4.5个百分点，而政府消费比重提高了4.5个百分点，扩大内需政策出发点不是这样的，但结果却是在一定程度上提高了政府消费比重（见图12-5）。

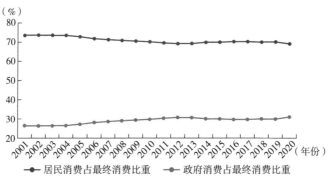

图12-5 2001—2020年最终消费中居民消费和政府消费占比

政府消费占GDP的比重，由2010年的14.7%提高至2020年的17%（见图12-6）。土地财政及其债务拉动的财政收入增长较快，带动了公共管理等公共服务行业增长，但对企业收入和居民收入形成挤压，还提高了地方政府杠杆率。

第十二章 党的二十大为经济企稳回升、长期向好提供了强大思想动力

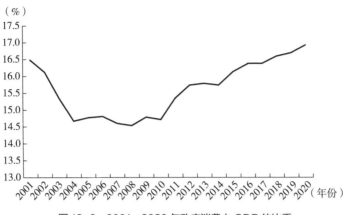

图 12-6　2001—2020 年政府消费占 GDP 的比重

从短期来看，2021 年以来社会消费品零售总额增速逐月下滑，2021 年 12 月降到 1.7%，2022 年 4 月降至 -11.1%，之后逐步恢复至 8 月的 5.4%，9 月、10 月再呈下降趋势，10 月降至 -0.5%（见图 12-7）。

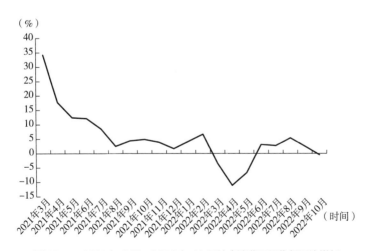

图 12-7　2021 年 3 月—2022 年 10 月社会消费品零售额同比增长

从包括居民服务消费的居民人均消费支出来看，2022年前三季度居民人均消费支出为17 878元，同比增长1.5%，加上居民住房消费的大幅萎缩，居民总消费实际上已大幅萎缩（见图12-8）。

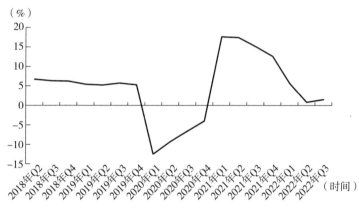

图12-8　2018年第二季度—2022年第三季度居民人均消费支出累计增长

坚持以人民为中心的发展思想，推进共同富裕，最终要看居民消费增长。居民消费无论是长期还是短期，都是需求端影响增长的最主要因素。当前的需求收缩主要是居民消费收缩，内需不足主要是居民消费不足。消费是2023年以及未来经济增长重回合理区间的关键。要改变以扩大投资为主的扩大内需政策，转变为以扩大居民消费为主，实行给居民让利的金融政策、给居民减税降费的财税政策。

二十大报告提出的关于共同富裕、居民收入、居民消费、改善民生的论断，有利于在思想上更加重视居民消费，采取促进消费的政策措施，促进居民消费稳定增长。

（三）有利于促进房地产市场稳定

近 10 多年来形成的以房价上涨为龙头，房地产企业、金融机构、地方政府相互支撑拉动增长的格局，随着人口趋势性变化以及房地产、金融、地方政府的风险敞口增多已不可持续。加上严监管，房地产投资持续下降，2022 年 9 月同比增速是 –8%，10 月同比增速是 –8.8%（见图 12-9）。

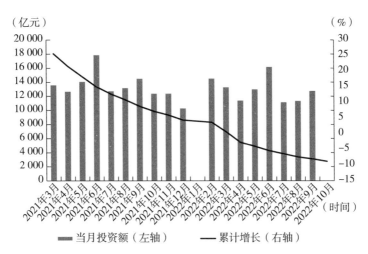

图 12-9　2021 年 3 月—2022 年 10 月房地产开发当月投资额和投资累计增长

同时，商品房销售面积和金额也逐月下滑，2022 年 10 月同比增速分别为 –22.3% 和 –26.1%（见图 12-10），比房地产投资下滑幅度更大，这说明居民购房预期比房地产企业建房预期更差。

随着房地产投资和销售额大幅下滑，2021 年第三季度以来，房地产增加值连续五个季度负增长。2022 年第三季度比第二季度有改善，为 –4.2%（见图 12-11）。房地产占我国 GDP 的 6.8% 左右，这样大的一个产业，负增长幅度这么大，其他行业很难填补，所以房地产也是今后经济增长能否回到合理区间的一个关键点。

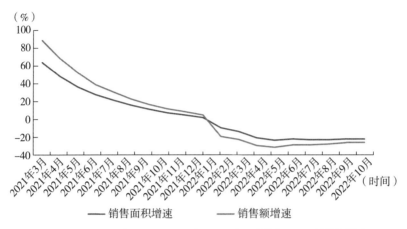

图 12-10　2021 年 3 月—2022 年 10 月商品房销售面积和销售额增速

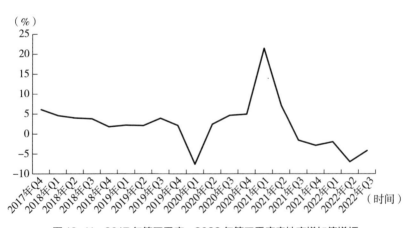

图 12-11　2017 年第四季度—2022 年第三季度房地产增加值增幅

二十大报告提出，坚持房子是用来住的、不是用来炒的定位，加快建立多主体供给、多渠道保障、租购并举的住房制度。这说明中央认为，房地产问题，不仅是一个短期的风险防控和价格调控问题，还是一个房地产的制度问题。中国的房地产还不是一个夕阳产业。住房跟其他类产品不一样，房子是建在特定空间的，是搬不走的。中国家庭户人均居住面积达到40多平方米，乘14亿人口，房子的总量很大，但是不是达到了峰值。人是流动的，而房子是不能动的。住宅峰值不能仅看静止的总量，更要看人口流动后的动态总量。房地产问题主要还是结构性、区域性、体制性的，以及调控不当和监管力度过大、过急带来的，也不是地方和一两个部门能解决的。房地产是全局性、整体性、综合性的问题，要瞄准新的住房制度、新的发展模式，多部门尽快协同制定综合性、长期性、制度性的房地产新政。

二十大报告再次强调新的住房制度，有利于在思想上重视房地产的制度建设，促进房地产平稳健康发展，而房地产平稳健康发展是经济发展的一个关键点。

（四）有利于推动平台经济健康发展

数字经济是未来经济发展的主要形态和增长源泉。过去10年，信息技术服务业年均名义增长17.5%，有力拉动了经济增长。2021年以来开始减速，从2020年第四季度的21%，降到2022年第三季度的7.9%（见图12-12）。这种腰斩式的减速，不全是因为受新冠肺炎疫情影响（2020年第一季度增长14.6%）。信息技术服务业是过去10年来吸收大学生就业的一个主要渠道，现在这些行业扩张放缓，不招人或者少招人，所以2022年青年失业率很高，就业压力很大。

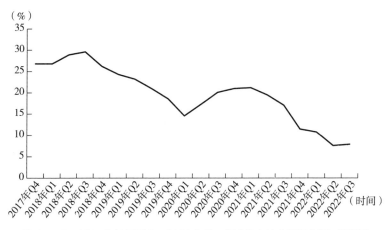

图 12-12　2017 年第四季度—2022 年第三季度信息技术服务业增加值增长

二十大报告提出,要加快发展数字经济,构建新一代信息技术、人工智能等新的增长引擎,加快发展物联网,打造具有国际竞争力的数字产业集群,建设网络强国、数字中国等。数字经济是未来发展的大趋势,也是带动经济增长的重要动力。但是数字经济目前面临商业模式创新不够、关键技术供给能力不足、国际化程度不高,以及制度规则建设滞后、治理模式不成熟等问题。

2022 年第一季度中央政治局会议强调,"要促进平台经济健康发展,完成平台经济专项整改,实施常态化监管,出台支持平台经济规范健康发展的具体措施"。第二季度中央政治局会议进一步提出,"要推动平台经济规范健康持续发展,完成平台经济专项整改,对平台经济实施常态化监管,集中推出一批'绿灯'投资案例"。时隔三个月,中央政治局两次专门强调平台经济,说明党中央对平台经济发展高度重视。

二十大报告和中央政治局提出的要求,有利于给平台经济发展以稳定的政策预期，加快完善相应的法律法规和政策措施，推动平台经济乃至数字经济的健康发展。

（五）有利于积极稳妥推进碳达峰碳中和

二十大报告提出，要立足我国能源资源禀赋，坚实先立后破，有计划、分步骤实施碳达峰行动。先立后破，就是先把少排碳、不排碳的新能源和可再生能源立起来，然后再破除传统的高排碳能源。太阳能、风能等新能源固然好，但其具有间接性、不稳定性，风电在有风的时候才能发电，太阳能只能白天发电。怎样克服这种波动性？必须有其他电源作为匹配，进行灵活性调节。欧洲主要以天然气作为调节性电源，俄乌冲突爆发之后，欧洲面临能源危机。中国没有那么多的天然气发电，主要还是靠煤电。先立后破的"立"，还包括煤电的灵活性改造，煤电的调峰能力提升，所以，煤电的灵活性改造、调峰规模，决定着新能源的消纳规模，从而建设规模。

二十大报告提出，完善能源消耗总量和强度调控，重点控制化石能源消费，逐步转向碳排放总量和强度"双控"制度。与"十四五"规划纲要的提法相比，把能源消耗总量和强度调控后面的"制度"二字删掉，在逐步转向碳排放总量和强度"双控"后面加上了"制度"。要实现这种转变，就需要完善碳排放统计核算制度，健全碳排放权市场交易制度。

二十大报告提出的关于碳达峰碳中和的论断以及新的一些举措，有利于解决"双碳"问题上的急躁冒进、"运动式"、"一刀切"

等问题，有利于我们处理好以下几个关系。

一是减碳与发展的关系。减碳不能建立在经济减速的基础上，我国的中心任务是建设现代化国家，首要任务是高质量发展，要在经济发展基础上实现减碳。

二是减碳与安全的关系。要确保能源供应，减碳要建立在能源安全保障基础上，不能影响民生。

三是减碳与考核的关系。"能耗双控"不等于"双碳"，碳达峰碳中和不是能源消费达峰，更不是电力消费达峰。我国人均生活用电水平比 OECD 国家低得多。所以，"能耗双控"是过渡性的，应尽早实现"能耗双控"向碳排放总量和强度"双控"转变。

四是减碳与减煤的关系。必须立足国情，以煤为主，先立后破，先增后减。大力发展可再生能源阶段，需要用更多的煤电作为灵活性调节电源。这个时候每度电的煤耗可能比过去高一些，增加一部分能源消耗，但目的是今后更多消纳可再生能源，所以是值得的。煤电要逐步从"主角"变成"配角"，发挥主力调节性电源电量的作用。

从过去 20 年的情况来看，2013 年煤炭产量和消费量曾达到峰值，之后逐步下降，近年开始上升（见图 12-13）。2021 年原煤产量和煤炭消费量都大幅提高，煤炭产量已经超过 2013 年，煤炭消费量比 2013 年的峰值只差不到 1 000 万吨。2022 年煤炭产量和煤炭消费量可能会再创新高。所以未来减碳任务确实很艰巨，但又不能不生产和消费煤炭。

第十二章 党的二十大为经济企稳回升、长期向好提供了强大思想动力

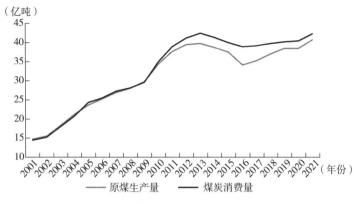

图 12-13　2001—2021 年原煤产量和煤炭消费量

2021 年 1—9 月的原煤产量是 29 亿吨，2022 年 1—9 月是 33 亿吨，与 2021 年同期相比增加 4 亿吨（见图 12-14）。煤炭主要用于发电，但是 2022 年前 9 个月火力发电只微增 0.5%，说明煤炭仍处于一个紧平衡的状态，在一定程度是供不应求的，当然其中也有国际市场的影响。

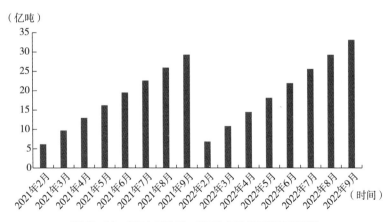

图 12-14　2021 年 2 月—2022 年 9 月原煤产量累计

五是减碳与能耗强度的关系。过去20年，我国经济总量增加了10倍，从10万亿元到100万亿元；同期主要初级产品的进口量都在成倍增加（见图12-15），有些产品像煤炭、棉花、铁矿、小麦的进口增长倍数甚至高于GDP增长倍数。这说明我国自有资源无法满足14亿人过上美好生活的需求和支撑100万亿元GDP，需要大量进口初级产品加工成制成品再出口，这就必然形成高载能产业结构。过去我们出口的主要是劳动密集型产品，如服装、鞋帽、工艺美术品等，现在这些产品相对份额在减少，我国机电产品出口占出口总量的50%以上。机械产品是高耗钢产业，高耗钢意味着高载能，所以单位GDP能耗必然较高。需要从全局出发看待和调控"两高"行业。

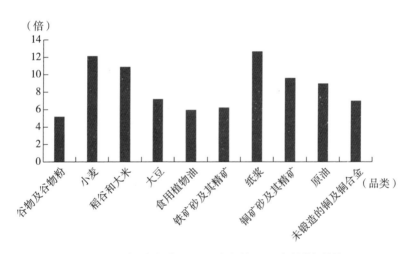

图12-15　主要初级产品2020年相较2001年的增长倍数

如何建立碳排放总量和强度"双控"制度呢？我认为，应实行市场为主、行政为辅，行业为主、地区为辅的制度。按照全国"一盘棋"原则，统一对高排碳的火电、钢铁、有色、建材、石化、化工、交通等行业进行碳排放总量控制，拍卖排放配额，企业进入碳市场交易。地区控制为辅，对国家统一控制以外行业，实行以省（市、区）为单元的控制制度，不对省级以下地方政府分解。

二十大报告的论述，有利于在处理好各方面关系的基础上，积极稳妥地推进碳达峰碳中和。

（六）有利于扎实推进共同富裕

居民消费的背后是分配问题。20年来，居民人均可支配收入占人均GDP比重下降了近3.65个百分点（见图12-16）。虽然实现了"两同步"（经济增长和居民收入增长同步），但没有做到"两提高"（提高居民收入在国民收入分配中的比重、提高劳动报酬在初次分配中的比重）。

图12-16　2001—2021年居民人均可支配收入占人均GDP比重

营业盈余是指一定时期内本国产业生产者的增加值超过雇员报酬、固定资本消耗及间接税净额后的余额。生产决定分配，最近十几年金融和房地产带动的增长必然使分配向其倾斜。2020年，金融业营业盈余5万亿元，房地产营业盈余3.8万亿元，合计8.8万亿元，占GDP的8.8%，占全部营业盈余的36%，占服务业营业盈余的68%（见图12-17）。这必然会蚕食了居民收入和其他行业收入。

二十大报告提出，中国式现代化是全体人民共同富裕的现代化。共同富裕是中国特色社会主义的本质要求，也是一个长期的历史过程。着力维护和促进社会公平正义，着力促进全体人民共同富裕，坚决防止两极分化。分配制度是促进共同富裕的基础性制度，要完善分配制度，促进机会公平，完善要素分配政策制度，探索多种渠道增加中低收入群体要素收入，多渠道增加城乡居民财产性收入，完善个人所得税制度，规范财富积累机制，引导、支持有意愿、有能力的企业、社会组织和个人积极参与公益慈善事业。

这些论述有利于科学把握共同富裕的内涵，扎实推进共同富裕。共同富裕的核心要义是人的全面发展。共同富裕是效率与公平统一，必须处理好发展和分配的关系。共同富裕不排斥非劳动收入，要坚持社会主义基本分配制度。分配是共同富裕的手段，但不是全部，还要营造权利平等的制度环境，促进起点公平、机会平等，促进要素自由流动。共同富裕不是回到平均主义。

推进共同富裕要解决的问题包括：居民可支配收入占国民收入的比重偏低、企业部门收入在行业间不平衡；以中等收入群体为主体的橄榄型居民收入格局远未形成；城乡居民收入差距仍然较大，

第十二章 党的二十大为经济企稳回升、长期向好提供了强大思想动力

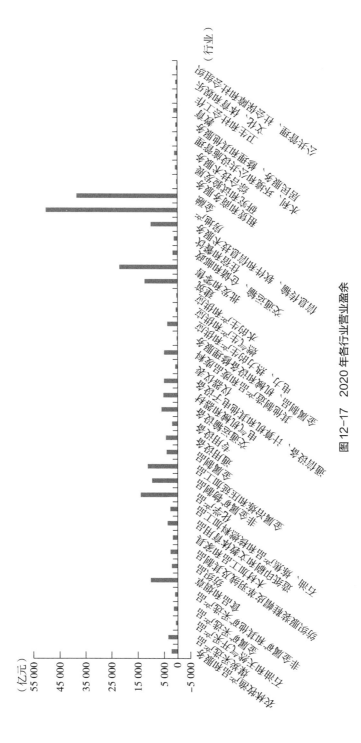

图12-17 2020年各行业营业盈余

区域间收入差距和消费差距较大；行业间收入差距过大；基本公共服务均等化程度不高等。

共同富裕的实现路径：一是坚持以高质量发展为主题；二是提高居民收入占国民收入比重；三是实施中等收入群体倍增计划；四是提高低收入群体收入；五是促进城乡协调发展；六是推进农业转移人口融入城市；七是促进区域协调发展；八是推进要素配置市场化；九是加强政府对收入分配的调节；十是推进基本公共服务均等化。

（七）有利于完善宏观经济治理

二十大报告提出，到2035年基本实现国家治理体系和治理能力现代化，提出健全宏观经济治理体系，坚持问题导向，坚持系统观念。这些都是重要的思想方法和工作方法。

完善宏观经济治理的时代背景是我国发展进入多目标的全面建设现代化国家的新阶段。比如，要推动高质量发展，不再简单以GDP增长论英雄；加强生态环境保护，给子孙后代留下天蓝、地绿、水净的美好家园；统筹发展和安全，保障粮食、能源和战略性矿产资源安全；扎实推进共同富裕，全体人民共同富裕取得更为明显的实质性进展；2030年前实现二氧化碳排放达到峰值，2060年前实现碳中和等。

目标多元了，工作难度明显增大，但经济治理体系和能力还没有跟上，多重目标约束下的经济治理效能亟待提升。怎样提高治理效能，完善宏观经济治理？第一，把握市场与政府平衡，坚持市场机制，不是重视某一项工作、某个目标，就设立一套指标，层层分解、限期完成。第二，把握多目标平衡，目标之间有主次、有先后，高质量发展是首要任务，不能为了完成某一目标或指标牺牲经济发展。第三，把握发展与监管平衡，监管的目的是被监管者更健康、更规范地发展，既要抓监管，也要顾及发展。第四，把握长期与短期平衡，长期目标需要久久为功，打持久战，不能打成攻坚战、歼灭战。第五，把握政策之间平衡，制定政策要瞻前顾后，站在本部门、本地区职责立场制定政策无可厚非，但都应顾及对全局的影响，防止出现合成谬误。第六，把握好依法行政和依文件行事平衡，坚持依法行政，有法的要依法办事，没法的要补上，减少依文件行事。第七，把握抓落实与问责平衡，不是所有工作都能层层分解、压给地方、压到基层，以及责任到人、精准问责到人。

二十大报告提出的坚持系统观念原则等，有利于健全经济治理体系，完善治理方式，促进国家经济治理体系和治理能力现代化。

附录1

中国经济50人论坛简介

中国经济50人论坛,是由我国经济学界部分有识之士于1998年6月在北京共同发起组成的、独立的学术群体。论坛聚集了具有国内一流水准、享有较高的社会声誉并且致力于中国经济问题研究的一批著名经济学家。

论坛以公益性、纯学术性为原则,组织年会、长安讲坛、内部研讨会、各地经济理论研讨会、国际学术交流等研究活动,深入探讨中国宏观经济改革等重大课题。论坛学术讨论秉承三个基本因素:一是有超前性学术研究的需要,二是有讲真话的学术作风,三是有相互尊重的学术氛围。论坛宗旨是把各个领域有着深入理论研究的专家,对中国经济问题及政策建议的研究成果集合起来,希望用他们研究的思想精华推动深化结构性改革,促进中国经济转型和持续稳定增长。

论坛依据章程,实行定期换届选举,确保论坛组织和成员的更新与活力。

论坛学术委员会是论坛的最高领导机构,负责论坛活动的规划与指导。

第四届论坛学术委员会成员:白重恩、蔡昉、樊纲、江小涓、隆国强、杨伟民、易纲。

论坛学术委员会荣誉成员:吴敬琏、刘鹤。

论坛秘书长:徐剑。

附录2

中国经济50人论坛成员名录

(第四届)

论坛学术委员会荣誉成员：

吴敬琏　　刘　鹤

论坛学术委员会成员：

白重恩　　蔡　昉　　樊　纲　　江小涓　　隆国强
杨伟民　　易　纲

论坛成员（以姓名汉语拼音为序）：

白重恩　中华全国工商业联合会第十三届执行委员会副主席，
　　　　清华大学经济管理学院院长、教授

蔡　昉　十三届全国人大常委、农业与农村委员会副主任委员，
　　　　中国社会科学院国家高端智库首席专家、学部委员、研究员

曹远征　中银国际研究有限公司董事长，教授、研究员

陈东琪　中国宏观经济研究院研究员

陈锡文　十三届全国人大常委、农业与农村委员会主任委员，教授

樊　纲　中国经济体制改革研究会副会长，国民经济研究所所长，
　　　　中国（深圳）综合开发研究院院长，教授、研究员

方星海	中国证券监督管理委员会副主席
郭树清	十四届全国人大常委、财政经济委员会副主任委员， 中国银行保险监督管理委员会党委书记、主席， 中国人民银行党委书记、副行长，研究员
韩　俊	安徽省委书记，研究员
韩文秀	中央财经委员会办公室分管日常工作的副主任
黄益平	北京大学国家发展研究院副院长、教授
江小涓	十三届全国人大常委、社会建设委员会副主任委员， 中国行政管理学会会长，教授、研究员
李剑阁	孙冶方经济科学基金会理事长，研究员
李　扬	国家金融与发展实验室理事长， 中国社会科学院学部委员、研究员
廖　岷	中央财经委员会办公室副主任，财政部副部长
林毅夫	十四届全国政协常委、经济委员会副主任， 北京大学国家发展研究院名誉院长、教授
刘尚希	中国财政科学研究院院长、研究员
刘世锦	十三届全国政协经济委员会副主任， 中国发展研究基金会副理事长，研究员
刘　伟	十三届全国政协常委，中国人民大学原校长、教授
刘元春	上海财经大学校长、教授
隆国强	国务院发展研究中心副主任、研究员
楼继伟	十三届全国政协常委、外事委员会主任，研究员
陆　磊	国家外汇管理局副局长，研究员
马建堂	十四届全国政协常委、经济委员会副主任， 国务院发展研究中心原党组书记、研究员
钱颖一	清华大学经济管理学院教授、清华大学文科资深教授

宋晓梧	北京师范大学中国收入分配研究院院长,研究员
汤　敏	国务院参事,友成企业家扶贫基金会副理事长
汪同三	中国社会科学院学部委员、研究员
王　建	中国宏观经济学会副会长、研究员
王一鸣	中国国际经济交流中心副理事长、研究员
魏　杰	清华大学文化经济研究院院长、教授
吴晓灵	清华大学五道口金融学院理事长、研究员
夏　斌	当代经济学基金会理事长,中国首席经济学家论坛主席,研究员
肖　捷	十四届全国人大常委会副委员长
谢伏瞻	十三届全国政协常委、经济委员会副主任,中国社会科学院学部委员、研究员
许善达	国家税务总局原副局长,高级经济师
徐　忠	中国银行间市场交易商协会副秘书长、研究员
杨伟民	十三届全国政协常委、经济委员会副主任,原中央财经领导小组办公室副主任
姚　洋	北京大学国家发展研究院院长、教授
易　纲	十四届全国政协常委、经济委员会副主任,中国人民银行行长,教授
余　斌	国务院发展研究中心副主任、研究员
余永定	中国社会科学院学部委员、研究员
张维迎	北京大学国家发展研究院教授
张晓晶	中国社会科学院金融研究所所长、研究员
张晓朴	中央财经委员会办公室经济一局局长、研究员
周其仁	北京大学国家发展研究院教授
周小川	博鳌亚洲论坛副理事长,教授、研究员

附录 3

中国经济 50 人论坛企业家理事会成员名录

召 集 人：段永基　　郁　亮

秘 书 长：林荣强

副秘书长：王小兰

监 事 会：段永基　　林荣强

理事会成员（以姓名汉语拼音为序）：

曹德云	中国保险资产管理业协会执行副会长兼秘书长
陈东升	泰康保险集团股份有限公司董事长兼首席执行官
邓召明	鹏华基金管理有限公司总裁
丁建勇	上海东昌企业集团有限公司董事长
段国圣	中国保险资产管理业协会会长， 泰康资产管理有限责任公司首席执行官
段永基	四通集团公司董事长
桂松蕾	中新融创资本管理有限公司董事长
黄朝晖	中国国际金融股份有限公司首席执行官

林荣强	信远控股集团有限公司董事长
林　涛	贝壳找房（北京）科技有限公司高级副总裁
刘光超	北京市道可特律师事务所主任
刘晓艳	易方达基金管理有限公司总裁
刘志硕	中关村并购母基金合伙人，大河创投创始合伙人
卢志强	中国泛海控股集团有限公司董事长兼总裁
宁　旻	联想控股股份有限公司董事长
潘　刚	内蒙古伊利实业集团股份有限公司董事长兼总裁
潘仲光	上海潘氏投资有限公司董事长
平　凡	上海朗盛投资有限公司董事长兼首席执行官
汤道生	腾讯科技（北京）有限公司高级执行副总裁
田晓安	北京字节跳动科技有限公司副总裁
田熠菲	新理益集团有限公司总裁
王小兰	时代集团公司总裁
杨宇东	第一财经总编辑
郁　亮	万科企业股份有限公司董事长
张　进	江苏神通阀门股份有限公司合伙人
张　毅	金杜律师事务所中国管理委员会主席
张志洲	敦和资产管理有限公司首席执行官
赵　民	北京正略钧策管理顾问有限公司董事长
周远志	新意资本基金管理（深圳）有限公司总裁
朱德贞	厦门德屹股权投资管理有限公司董事长